JN106188

韓国語活用ガイドブック

KANKOKUGO KATSUYOU GUIDE BOOK

チョ・ヒチョル

チョン・ソヒ

駿河台出版社
SURUGADAI SHUPPANSHA

装丁・本文デザイン　小熊未央

안녕하세요?

　韓国語学習者の大きな悩みの一つは文法、特に文型を覚えることでしょう。本書は学習者の悩みの解決に役立つために文型に特化した本です。

　具体的には使用頻度の高い動詞80、形容詞40を中心として、基本的な活用を提示しました。たとえば、

　項目1.「**가다**」では、「**집에 가요**（家に帰ります）」、「**회사에 갔어요**（会社に行きました）」、「**여행을 갑니다**（旅行に行きます）」などのように活用の基本となる「해요体」と「합니다体」を用例として出し基礎を固めるようにしました。

　また、コラムではことばの背景をなしている韓国語・韓国文化の説明や、ネイティブスピーカーのような言い方が身につくよう微妙なニュアンスまで示しています。

　「**가다**」は基本的に「～へ・に 行く」にあたる「-에 가다 . -로 가다 」と言いますが、「여행（旅行）、유학（留学）」などの移動の目的を伴うことばの場合は「**여행을 가다**（旅行を行く）」、「**유학을 가다**（留学を行く）」などのように「-을／를」を用いることなどを分かりやすく記しています。

　なお、練習問題を通じて「行きたいです（**가고 싶어요!**）」「行けば（**가면**）」「行きましょうか（**갈까요?**）」などの活用を自分で解きながら身につけ、入れ替え練習を通じて、学習の定着ができるような工夫をしました。

　さらに、各活用形にあたる「아들이 초등학교에 **갑니다**」「산에 **가면** 산나물，들에 **가면** 들나물」「나도 이제 학교 **가요**」などの広告を活用の順番に載せ、当該単語の使い方に親しめるようにしました。

　読者の皆さんがこのテキストを通じて、韓国語の活用を身につけ、韓国語の会話や総合的な力を伸ばし、韓国語と韓国を楽しめるきっかけになってほしいと思います。

著者

本書の使い方

第1部 動詞編 80項目　　第2部 形容詞編 40項目

第1部動詞編80項目、第2部形容詞編40項目で構成され、見出し語ごとに「**解要体**」と「**合니다体**」を提示しました。その下に韓国語で当該語の語釈を載せ、「**韓韓辞書**」にもなれるようにしました。

当該語が実際使われている本の広告などを載せました。3つの広告にはそれぞれ活用形ⅠⅡⅢの活用が含まれています。

見出し語に関連してコラムからことばの背景をなしている文化的・社会的な理解を深めましょう！

 53

알다 わかる・知る ⟷ 모르다 わからない・知らない

알아요 / 알았어요　　　몰라요 / 몰랐어요
압니다 / 알았습니다　　모릅니다 / 몰랐습니다
わかります / わかりました　　わかりません / わかりませんでした
#語幹　　　르変則

알다 : 사물의 뜻이나 가치 등을 이해하다.
　　　（物事の意味や価値などが理解できる。）
모르다 : 사물의 뜻이나 가치 등을 이해 못하다.
　　　（物事の意味や価値などが理解できない。）

◦ 이름을 알아요?　　　　名前がわかりますか。
◦ 주소를 몰라요.　　　　住所がわかりません。
◦ 답을 알았어요.　　　　答えがわかりました。
◦ 그 사람을 잘 모릅니다.　あの人をよく知りません。
◦ 내용을 몰랐습니다.　　　内容がわかりませんでした。

　「知る」と「わかる」の反意語は否定形の「知らない」と「わからない」ですが、韓国語は「知る」も「わかる」も「알다」で、反意語は否定形を使わずに「모르다」という別のことばを使います。なお、韓国には「아는 게 병（知るのが病）」、また、「知らぬが仏」にあたる「모르는 게 약이다（知らないのが薬だ）」ということわざがあります。

| 176 |

 53

알다 わかる・知る ⟷ 모르다 わからない・知らない

알아요 / 알았어요　　　몰라요 / 몰랐어요
압니다 / 알았습니다　　모릅니다 / 몰랐습니다
わかります / わかりました　　わかりません / わかりませんでした
#語幹　　　르変則

알다 : 사물의 뜻이나 가치 등을 이해하다.
　　　（物事の意味や価値などが理解できる。）
모르다 : 사물의 뜻이나 가치 등을 이해 못하다.
　　　（物事の意味や価値などが理解できない。）

見出し語の対義語も使って、立場による使い分けができるように、セットでしっかり覚えておきましょう！

 53

알다 わかる・知る ⟷ 모르다 わからない・知らない

알아요 / 알았어요　　　몰라요 / 몰랐어요
압니다 / 알았습니다　　모릅니다 / 몰랐습니다
わかります / わかりました　　わかりません / わかりませんでした
#語幹　　　르変則

알다 : 사물의 뜻이나 가치 등을 이해하다.
　　　（物事の意味や価値などが理解できる。）
모르다 : 사물의 뜻이나 가치 등을 이해 못하다.
　　　（物事の意味や価値などが理解できない。）

見出し語と一緒によく使う同類の単語を覚えておくと会話や作文に役立つでしょう！

〈活用情報〉と〈練習1〉の活用表から活用形を確認し、書き込み欄に読みながら書く練習ができるようにしました。また、〈活用表〉の右上にある単語を使って、読みながら再確認！

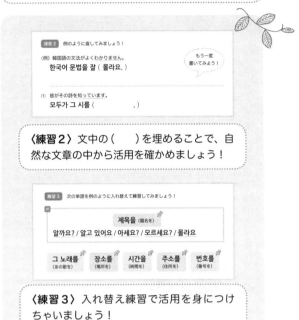

〈練習2〉文中の（　）を埋めることで、自然な文章の中から活用を確かめましょう！

〈練習3〉入れ替え練習で活用を身につけちゃいましょう！

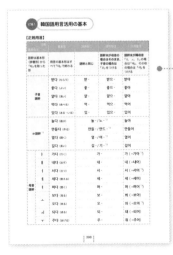

10課ごとに〈まとめ練習〉をもうけました。これまで身につけた語彙・活用を再確認してみましょう！　そして、日韓・韓日翻訳問題で語彙や活用の力試しをしてみましょう。練習1では単語のヒントを出しています。

〈付録1〉「韓国語用言活用の基本」で主な活用をまとめて暗記したり、活用形を確認したりするときに使ってみましょう！

〈付録2〉「韓国語活用一覧表」には多くの活用を載せているので、活用辞書として使ってみましょう！

目次

● まえがき
● 本書の使い方

第1部

動詞編

가다 行く

가요 / 갔어요	갑니다 / 갔습니다
行きます / 行きました	行きます / 行きました

사람·동물·탈것 등이 자기쪽에서 먼 곳으로 이동하다.

（人・動物・乗り物などが自分のところから遠くへ移動する。）

- 집에 가요.　　　　家に帰ります。
- 유학을 가요.　　　留学に行きます。
- 회사에 갔어요.　　会社に行きました。
- 여행을 갑니다.　　旅行に行きます。
- 등산을 갔습니다.　山登りに行きました。

　「가다」は日本語と同じく「〜に／へ行く」という意味ですが、「여행 (旅行)、등산 (登山)、유학 (留学)」などのように名詞そのものが移動の目的を持っている場合は「여행을 가다」、「등산을 가다」などのように「- 을 / 를 가다」を使います。

　また「마음이 가다 (心が引かれる)」、「맛이 가다 (味がおかしくなる)」などの慣用表現もあります。

活用情報

	活用形Ⅰ	活用形Ⅱ	活用形Ⅲ
가다 (行く)	가	가	가

노래방에
(カラオケに)

練習1 上の「活用情報」を見て練習してみましょう！

活用形	文型	日本語	書き込み	確認
Ⅰ 가	願望 Ⅰ + 고 싶어요	・行きたいです	가고 싶어요	가고 싶어요
	確認・同意 Ⅰ + 지요?	・行くでしょう？		가지요?
	禁止 Ⅰ + 지 마세요	・行かないでください		가지 마세요
Ⅱ 가	否定の仮定 안 +Ⅱ+ 면	・行かなければ		안 가면
	命令・疑問 Ⅱ + 세요 (?)	・行ってください ・行きますか		가세요 가세요?
	誘い掛け・推測 Ⅱ + ㄹ까요?	・行きましょうか ・行くでしょうか		갈까요?
Ⅲ 가	現在・未来形 Ⅲ + 요 (Ⅰ + ㅂ / 습니다)	・行きます		가요 (갑니다)
	過去形 Ⅲ + ㅆ어요 (Ⅲ + ㅆ습니다)	・行きました		갔어요 (갔습니다)
	願い・依頼 Ⅲ + 주세요	・行ってください		가 주세요

→他の活用は付録の「動詞活用一覧表」(P404) を参照

動詞編

形容詞編

活用一覧表

練習 2 例のように直してみましょう！

〈例〉 私ももう学校に行きます。

나도 이제 학교에 (가요.)

> もう一度
> 書いてみよう！

⑴ 昨日は学校に<u>行きました</u>。

어제는 학교에 (.)

⑵ トボン山にはどのように<u>行きますか</u>。

도봉산에는 어떻게 (?)

⑶ 明洞駅まで<u>行ってください</u>。

명동역까지 (.)

〈解答〉⑴ **갔어요**　⑵ **가요**　⑶ **가 주세요**

練習 3 次の単語を例のように入れ替えて練習してみましょう！

例

카페 （カフェ） **에**

가고 싶어요 / 가세요 / 갈까요? / 같이 가요! / 갔어요

서울
（ソウル）

도쿄
（東京）

백화점
（百貨店）

미술관
（美術館）

박물관
（博物館）

가르치다 教える ⟷ 배우다 習う

가르쳐요 / 가르쳤어요
가르칩니다 / 가르쳤습니다
教えます / 教えました

배워요 / 배웠어요
배웁니다 / 배웠습니다
習います / 習いました

가르치다 : **지식이나 기예 등을 전하여 익히도록 하다.**
(知識や技芸などを伝えて、身につけるようにする。)

배우다 : **지식이나 기예 등을 익히다.**
(知識や技芸などを覚える。)

- 영어를 가르쳐요.   英語を教えます。
- 한국어를 배워요.   韓国語を習います。
- 수학을 가르쳤어요.   数学を教えました。
- 춤을 배웁니다.   ダンスを習います。
- 노래를 배웠습니다.   歌を習いました。

韓国語には「**가르치다 (教える)**」と似ていることばに「**가리키다 (指す)**」があります。韓国人も間違えて使うことが多々ありますが、「**가리키다**」は「方向や時刻などを知らせる」という意味です。単語を書くときや発音するときは注意しましょう！ なお、「**가르치다 (教える)**」の反意語としての「**배우다**」は「習う、教わる、学ぶ」などの意味を持っています。

	活用形 I	活用形 II	活用形 III
가르치다 (教える)	가르치	가르치	가르쳐
배우다 (習う)	배우	배우	배워

練習 1　上の「活用情報」を見て練習してみましょう！

영어를
(英語を)

活用形	文型	日本語	書き込み	確認
I 가르치 배우	願望 I + 고 싶어요	・教えたいです ・習いたいです	가르치고 싶어요 배우고 싶어요	가르치고 싶어요 배우고 싶어요
	現在連体形 I + 는	・教える〜 ・習う〜		가르치는 – 배우는 –
	禁止 I + 지 마세요	・教えないでください ・習わないでください		가르치지 마세요 배우지 마세요
II 가르치 배우	誘い掛け II + ㄹ까요?	・教えましょうか ・習いましょうか		가르칠까요? 배울까요?
	同時進行 II + 며	・教えながら ・習いながら		가르치며 배우며
III 가르쳐 배워	現在・未来形 III + 요 (I + ㅂ/습니다)	・教えます ・習います		가르쳐요 (가르칩니다) 배워요 (배웁니다)
	過去形 III + ㅆ어요 (III + ㅆ습니다)	・教えました ・習いました		가르쳤어요 (가르쳤습니다) 배웠어요 (배웠습니다)
	否定 안 + III + 요	・教えません ・習いません		안 가르쳐요 안 배워요
	試み・提案 III + 보세요	・教えてみてください ・習ってみてください		가르쳐 보세요 배워 보세요

➡他の活用は付録の「動詞活用一覧表」（P404）を参照

練習2　例のように直してみましょう！

〈例〉韓国語をこのように教えます。

한국어를 이렇게 (가르쳐요.)

> もう一度
> 書いてみよう！

(1)　私はコンピューターを習います。

저는 컴퓨터를 (　　　　　　　　.)

(2)　よく分かりません。教えてください。

잘 모르겠습니다. (　　　　　.)

(3)　韓国の食事マナーも習いたいです。

한국의 식사 예절도 (　　　　　.)

〈解答〉(1) 배웁니다 / 배워요　(2) 가르쳐 주세요　(3) 배우고 싶어요

練習3　次の単語を例のように入れ替えて練習してみましょう！

例

영어를 (英語を)

가르쳐요 / 가르칩니다 / 배우고 싶어요 / 배웠어요

피아노를
(ピアノを)

그림을
(絵を)

댄스를
(ダンスを)

노래를
(歌を)

태권도를
(テコンドーを)

가지다 持つ

가져요 / 가졌어요	가집니다 / 가졌습니다
持ちます / 持ちました	持ちます / 持ちました

무엇을 손에 쥐거나 몸에 지니다.
（何かを手に握ったり、身につけたりする。）

- 용기를 가져요.　　　　　　　勇気を持ちます。
- 희망을 가져요.　　　　　　　希望を持ちます。
- 취미를 가졌어요.　　　　　　趣味を持ちました。
- 모임을 가집니다.　　　　　　集まりを持ちます。
- 좋은 시간을 가졌습니다.　　良い時間を持ちました。

　「가지다」は「持つ」と同じく、「所持する」、「所有する」、「権利・資格などを備えている」、「気持ち・感情などを心に抱く」などの意味を持っています。

　ただし、「右手で持つ」、「荷物を両手に持つ」などのように「手でものを持つ」ことは、「가지다」ではなく、「들다」という表現を使います。なお、「가지다」の縮約形は「갖다」です。

	活用形Ⅰ	活用形Ⅱ	活用形Ⅲ
가지다 (持つ)	가지	가지	가져

練習1 上の「活用情報」を見て練習してみましょう！

목표를
（目標を）

活用形	文型	日本語	書き込み	確認
Ⅰ 가지	願望 Ⅰ + 고 싶어요	・持ちたいです	가지고 싶어요	가지고 싶어요
	逆接 Ⅰ + 지만	・持つけれど		가지지만
	順序 Ⅰ + 기 전에	・持つ前に		가지기 전에
Ⅱ 가지	仮定 Ⅱ + 면	・持てば		가지면
	計画・意図 Ⅱ + 려고 해요	・持とうとします		가지려고 해요
	理由・発見 Ⅱ + 니까	・持つので・持ったら		가지니까
Ⅲ 가져	現在・未来形 Ⅲ + 요 （Ⅰ + ㅂ/습니다）	・持ちます		가져요 （가집니다）
	試み・提案 Ⅲ + 보세요	・持ってみてください		가져 보세요
	過去不可能形 못 + Ⅲ + ㅆ어요 （못 + Ⅲ + ㅆ습니다）	・持てませんでした		못 가졌어요 （못가졌습니다）

➡他の活用は付録の「動詞活用一覧表」（P404）を参照

〈例〉これは私が初めて持った鍵です。

이게 내가 처음 (가진) 열쇠예요.

> もう一度
> 書いてみよう！

(1) いい本を持ちたいです。

좋은 책을 (　　　　　　 **.)**

(2) 趣味を持ってみてください。

취미를 (　　　　　　 **.)**

(3) 忙しくて対話の時間をなかなか持てませんでした。

바빠서 대화의 시간을 좀처럼 (　　　　　　 **.)**

〈解答〉(1) **가지고 싶어요** (2) **가져 보세요** (3) **못 가졌어요**

練習3　次の単語を例のように入れ替えて練習してみましょう！

例

취미를 (趣味を)

가지고 싶어요 / 가지려고 해요 / 가져 보세요 / 못 가졌어요

시간을
(時間を)

여유를
(余裕を)

자신감을
(自信感を)

꿈을
(夢を)

k-pop CD 를
(k-pop CD を)

걷다 歩く

걸어요 / 걸었어요
歩きます / 歩きました

걷습니다 / 걸었습니다
歩きます / 歩きました

ㄷ変則

바닥에서 발을 번갈아 떼어 옮기면서 움직여 위치를 옮기다.
（地面から足を交互に離して動きながら位置を変える。）

- **거리를 걸어요.**　　　　街を歩きます。
- **공원을 걸어요.**　　　　公園を歩きます。
- **자주 걸었어요.**　　　　よく歩きました。
- **매일 걷습니다.**　　　　毎日歩きます
- **산길을 걸었습니다.**　　山道を歩きました。

　「**걷다**」の意味は「歩く」ですが、文脈によって「散歩する」との意味としても使えます。「**걷다**」は「**ㄷ変則**」のことばで、「活用形Ⅱ・Ⅲ」のとき、パッチムの「**ㄷ**」が「**ㄹ**」に変わり、「**걸으면**」「**걸어요**」になります。

　なお、「**걷다**」の名詞形は「**걸음**」で、「**걸음이 빠르다**（歩くのが速い）」、「**걸음이 느리다**（歩くのが遅い）」とも表現します。

	活用形 I	活用形 II	活用形 III
걷다 (歩く)	걷	걸으	걸어

練習 1　上の「活用情報」を見て練習してみましょう！

자주
(度々)

活用形	文型	日本語	書き込み	確認
I　걷	願望 I + 고 싶어요	・歩きたいです	걷고 싶어요	걷고 싶어요
	確認・同意 I + 지요?	・歩くでしょう？		걷지요?
	約束 I + 기로 해요	・歩くことにしましょう		걷기로 해요
II　걸으	仮定・条件 II + 면	・歩けば		걸으면
	命令・疑問 II + 세요 (?)	・歩いてください ・歩かれますか		걸으세요 걸으세요?
	誘い掛け・推測 II + ㄹ까요?	・歩きましょうか ・歩きでしょうか		걸을까요?
III　걸어	現在・未来形 III + 요 (I + ㅂ / 습니다)	・歩きます		걸어요 (걷습니다)
	過去の否定 안 + III + ㅆ어요 (안 + III + ㅆ습니다)	・歩きませんでした		안 걸었어요 (안 걸었습니다)
	義務・当然 III + 야 돼요	・歩かなければなりません		걸어야 돼요

➡ 他の活用は付録の「動詞活用一覧表」（P404）を参照

練習2　例のように直してみましょう！

〈例〉よちよち<u>歩きます</u>。
　　　아장아장 (걸어요.)

💬 もう一度
書いてみよう！

⑴　10分くらい<u>歩けば</u>目的地に着きます。
　　10 분쯤 (　　　　　) 목적지에 도착합니다.

⑵　週末には一緒に<u>歩くことにしましょう</u>。
　　주말에는 같이 (　　　　　.)

⑶　できるだけたくさん<u>歩かなければなりません</u>。
　　되도록 많이 (　　　　　.)

〈解答〉⑴ **걸으면**　⑵ **걷기로 해요**　⑶ **걸어야 해요**

練習3　次の単語を例のように入れ替えて練習してみましょう！

例

같이 (いっしょに)

걷고 싶어요 / 걷기로 해요 / 걸을까요? / 걸어요! / 걸었어요

산책로를
(散歩道を)

강가를
(川辺を)

바닷가를
(海辺を)

천천히
(ゆっくり)

빨리
(速く)

걸다 かける

걸어요 / 걸었어요
かけます / かけました

겁니다 / 걸었습니다
かけます / かけました

ㄹ 語幹

어떤 물체를 떨어지지 않도록 어디에 매달다.

（ある物を落ちないようにどこかにぶら下げる。）

- 전화를 걸어요. 　　　　　　電話をかけます。
- 말을 걸어요. 　　　　　　　声をかけます。
- 금메달을 목에 걸었어요. 　金メダルを首にかけました。
- 코트를 겁니다. 　　　　　　コートをかけます。
- 간판을 걸었습니다. 　　　　看板をかけました。

　「귀에 걸면 귀걸이 코에 걸면 코걸이 (耳にかければ耳輪、鼻にかければ鼻輪)」
ということわざがあります。その意味は、ものの見方によってどうとでも取れる
ということです。
　なお、「**걸다** (かける)」は語幹が「**ㄹ**」で終わる「**ㄹ語幹**」のことばなので、「活
用形Ⅰ・Ⅱ」は「**걸**」と「**거**」の二通りがあり、「**걸고**」「**거는**」、「**걸면**」「**거니**」に
なります。

22

活用情報

	活用形 I	活用形 II	活用形 III
걸다 (かける)	걸 / 거	걸 / 거	걸어

전화를
(電話を)

練習 1 上の「活用情報」を見て練習してみましょう！

活用形	文型	日本語	書き込み	確認
I 걸 / 거	願望 I + 고 싶어요	・かけたいです	걸고 싶어요	걸고 싶어요
	感嘆・確認 I + 네요	・かけますね		거네요
	禁止 I + 지 마세요	・かけないでください		걸지 마세요
II 걸 / 거	過去連体形 II + ㄴ	・かけた〜		건 –
	命令・疑問 II + 세요 (?)	・かけてください ・かけますか		거세요 거세요?
	誘い掛け・推測 II + ㄹ까요?	・かけましょうか ・かけるでしょうか		걸까요?
III 걸어	現在・未来形 III + 요 (I + ㅂ / 습니다)	・かけます		걸어요 (겁니다)
	過去形 III + ㅆ어요 (III + ㅆ습니다)	・かけました		걸었어요 (걸었습니다)
	試み・提案 III + 보세요	・かけてみてください		걸어 보세요

➡ 他の活用は付録の「動詞活用一覧表」（P404）を参照

動詞編

形容詞編

活用一覧表

例のように直してみましょう！

〈例〉私は恋に命を<u>かけました</u>。

나는 사랑에 목숨을 (걸었어요.)

> もう一度
> 書いてみよう！

(1) いつ電話を<u>かけましょうか</u>。

언제 전화를 (　　　　?)

(2) 部屋にカレンダーを<u>かけましょう</u>。

방에 달력을 (　　　.)

(3) 一度声を<u>かけてみてください</u>。

한번 말을 (　　　　.)

〈解答〉(1) 걸까요　(2) 걸어요　(3) 걸어 보세요

練習 3 次の単語を例のように入れ替えて練習してみましょう！

例

액자를 (額縁を)

걸고 싶어요 / 거세요 / 걸까요? / 걸어요 / 걸었어요

달력을
(カレンダーを)

모자를
(帽子を)

그림을
(絵を)

사진을
(写真を)

명예를
(名誉を)

6

걸리다 かかる

걸려요 / 걸렸어요
かかります / かかりました

걸립니다 / 걸렸습니다
かかります / かかりました

① **(무엇이 어느 위치에) 매달리다.**
((何かがある位置に) ぶらさがる。)

② **시간이 들다.** (時間がかかる。)

③ **병이 들다.** (病気にかかる。)

- **시간이 걸려요.**   時間がかかります。
- **마음에 걸려요?**   気になりますか。
- **병에 걸렸어요.**   病気にかかりました。
- **감기에 걸립니다.**   風邪を引きます。
- **그물에 걸렸습니다.**   網にひっかかりました。

　日本語の「風邪を引く」を韓国語で、「**감기가 들다** (感気が入る)」、「**감기에 걸리다** (感気にかかる)」とも言います。また、「**걸리다**」は「**졸다가 선생님한테 걸렸어요** (居眠りしていて先生に見つかりました)」、「**떡이 목에 걸리다** (餅がのどにひっかかる)」などのようにも使われます。なお、「お金がかかる」ことは「**돈이 걸리다** (×)」ではなく、「**돈이 들다** (〇)」と言います。

	活用形Ⅰ	活用形Ⅱ	活用形Ⅲ
걸리다 (かかる)	걸리	걸리	걸려

練習1 　上の「活用情報」を見て練習してみましょう！

시간이
(時間が)

活用形	文型	日本語	書き込み	確認
Ⅰ 　 걸리	感嘆・確認 Ⅰ + 네요	・かかりますね	걸리네요	걸리네요
	否定 Ⅰ + 지 않아요	・かかりません		걸리지 않아요
	途中 Ⅰ + 다가	・かかっていて		걸리다가
Ⅱ 　 걸리	仮定・条件 Ⅱ + 면	・かかれば		걸리면
	理由 Ⅱ + 니까	・かかるから		걸리니까
	推測 Ⅱ + ㄹ까요?	・かかるでしょうか		걸릴까요?
Ⅲ 　 걸려	現在・未来形 Ⅲ + 요 (Ⅰ + ㅂ/습니다)	・かかります		걸려요 (걸립니다)
	過去形 Ⅲ + ㅆ어요 (Ⅲ + ㅆ습니다)	・かかりました		걸렸어요 (걸렸습니다)
	否定 안 +Ⅲ + 요	・かかりません		안 걸려요

➡他の活用は付録の「動詞活用一覧表」（P404）を参照

練習2 例のように直してみましょう！

〈例〉クジラが網にかかりました。

고래가 그물에 (걸렸어요.)

もう一度
書いてみよう！

(1) 学校まではどのくらいかかりますか。

학교까지는 얼마나 (　　　　?　)

(2) 思ったより時間がかかりますね。

생각보다 시간이 많이 (　　　.　)

(3) 寒いと風邪を引くから気を付けてください。

추우면 감기에 (　　　　) 조심하세요.

〈解答〉(1) 걸려요　(2) 걸리네요　(3) 걸리니까

練習3 次の単語を例のように入れ替えて練習してみましょう！

例

마음에 (気に)

걸리네요 / 걸리지만 / 걸릴까요? / 안 걸립니다 / 걸렸어요

하루가
(一日が)

광고가
(広告が)

감기에
(風邪に)

전시장에
(展示場に)

양심에
(良心に)

27

7

공부하다 勉強する

공부해요 / 공부했어요　공부합니다 / 공부했습니다

勉強します / 勉強しました　勉強します / 勉強しました

학문이나 기술을 배워서 지식을 얻다.

(学問や技術を習って知識を得る。)

● 한국어를 공부해요.　　　　韓国語を勉強します。

● 주말에 공부해요.　　　　　週末に勉強します。

● 2 년쯤 공부했어요.　　　　2 年くらい勉強しました。

● 도서관에서 공부합니다.　　図書館で勉強します。

● 친구하고 공부했습니다.　　友達と勉強しました。

　「공부하다」の「공부 (工夫)」は「勉強」という意味です。日本語と韓国語は、字面は同じでも、意味や用法にずれのあることばがあります。韓国語において、「애인 (愛人)」は「恋人」、「팔방미인 (八方美人)」は「何事にも長けている人」という意味で、日本語での意味とはちょっと異なります。

　なお、韓国固有の漢語もあり、「남편 (男便)：夫」、「동생 (同生)：弟・妹」、「지갑 (紙匣)：財布」、「친구 (親旧)：友達」、「공책 (空冊)：ノート」、「방석 (方席)：座布団」、「선물 (膳物)：プレゼント」、「편의점 (便宜店)：コンビニ」などのように韓国語と日本語は似て非なるものですね。

活用情報

公부하다（勉強する）	活用形Ⅰ	活用形Ⅱ	活用形Ⅲ
공부하다（勉強する）	공부하	공부하	공부해

練習 1 　上の「活用情報」を見て練習してみましょう！

외구어를
（外国語を）

活用形	文型	日本語	書き込み	確認
Ⅰ 공부하	願望 Ⅰ＋**고 싶어요**	・勉強したいです	공부하고 싶어요	공부하고 싶어요
	逆接 Ⅰ＋**지만**	・勉強するが		공부하지만
	状況説明 Ⅰ＋**는데**	・勉強しますが		공부하는데
Ⅱ 공부하	仮定・条件 Ⅱ＋**면**	・勉強すれば		공부하면
	命令・疑問 Ⅱ＋**세요（?）**	・勉強してください ・勉強しますか		공부하세요 공부하세요?
	誘い掛け・推測 Ⅱ＋**ㄹ까요?**	・勉強しましょうか ・勉強するでしょうか		공부할까요?
Ⅲ 공부해	現在・未来形 Ⅲ＋**요** （Ⅰ＋**ㅂ/습니다**）	・勉強します		공부해요 （공부합니다）
	過去不可能形 **못**＋Ⅲ＋**ㅆ어요** （**못**＋Ⅲ＋**ㅆ습니다**）	・勉強できませんでした		공부 못 했어요 （공부 못 했습니다）
	試み・提案 Ⅲ＋**보세요**	・勉強してみてください		공부해 보세요

⇒他の活用は付録の「動詞活用一覧表」（P404）を参照

動詞編

形容詞編

活用一覧表

〈例〉一人で<u>勉強</u>するのがいいです。

혼자 (공부하는) 게 좋아요.

もう一度
書いてみよう！

(1) 韓国文化も<u>勉強</u>したいです。

한국 문화도 (　　　　　　　.)

(2) 一生懸命<u>勉強</u>しますが、発音が難しいです。

열심히 (　　　　　) 발음이 어려워요.

(3) 友達と一緒に<u>勉強</u>すればとても楽しいです。

친구하고 같이 (　　　　　) 너무 즐거워요.

〈解答〉(1) 공부하고 싶어요　(2) 공부하지만　(3) 공부하면

練習3　次の単語を例のように入れ替えて練習してみましょう！

例

카페에서 (カフェで)

<u>공부하고 싶어요</u> / <u>공부하는데</u> / <u>공부할까요?</u> / <u>공부했어요</u>

공원에서
(公園で)

한국어를
(韓国語を)

같이
(一緒に)

미술을
(美術を)

문화를
(文化を)

30

그리다 描く

그려요 / 그렸어요
描きます / 描きました

그립니다 / 그렸습니다
描きます / 描きました

動詞編

形容詞編

活用一覧表

연필이나 붓 등을 이용하여 선이나 색으로 사물을 나타내다.

(鉛筆や筆などを利用して、線や色で物を表す。)

- 그림을 그려요. 　　　絵を描きます。
- 사진을 보고 그려요. 　写真を見て描きます。
- 얼굴을 그렸어요. 　　顔を描きました。
- 물감으로 그립니다. 　絵の具で描きます。
- 지도를 그렸습니다. 　地図を描きました。

「그림 (絵)」ということばは「그리다 (描く)」からできた名詞です。他に、「꾸다 (夢を見る)」から「꿈 (夢)」、「자다 (寝る)」から「잠 (睡眠)」、「묻다 (問う)」から「물음 (問い)」、「살다 (生きる)」から「삶 (生)」、「죽다 (死ぬ)」から「죽음 (死)」、「느끼다 (感じる)」から「느낌 (感じ)」などができました。

31

	活用形 I	活用形 II	活用形 III
그리다 (描く)	그리	그리	그려

練習 1 上の「活用情報」を見て練習してみましょう！

꽃을
(花を)

活用形	文型	日本語	書き込み	確認
I 그리	願望 I + 고 싶어요	・描きたいです	그리고 싶어요	그리고 싶어요
	確認・同意 I + 지요?	・描くでしょう？		그리지요?
	動作の反復 I + 곤 해요	・描いたりします		그리곤 해요
II 그리	意図・計画の否定形 안 + II + 려고	・描こうと思いません		안 그리려고 해요
	命令・疑問 II + 세요 (?)	・描いてください ・描きますか		그리세요 그리세요?
	誘い掛け・推測 II + ㄹ까요?	・描きましょうか ・描くでしょうか		그릴까요?
III 그려	現在・未来形 III + 요 (I + ㅂ / 습니다)	・描きます		그려요 (그립니다)
	過去形 III + ㅆ어요 (III + ㅆ습니다)	・描きました		그렸어요 (그렸습니다)
	願い・依頼 III + 주세요	・描いてください		그려 주세요

➡ 他の活用は付録の「動詞活用一覧表」（P404）を参照

練習2 　例のように直してみましょう！

〈例〉美しい秋を描きます。

아름다운 가을을 (그려요.)

もう一度
書いてみよう！

(1) 週末は時々公園に行って絵を描いたりします。

주말에는 가끔 공원에 가서 그림을 (　　　　　.　)

(2) ここに地図を描いてください。

여기에 약도를 (　　　　　.　)

(3) 猫を描きましょうか。

고양이를 (　　　　　?　)

〈解答〉(1) 그리곤 해요　(2) 그려 주세요　(3) 그릴까요

練習3 　次の単語を例のように入れ替えて練習してみましょう！

例

얼굴을 (顔を)

그리세요? / 그리곤 해요 / 그릴까요? / 그려 주세요! / 그렸어요

그림을
(絵を)

수채화를
(水彩画を)

강아지를
(子犬を)

거리를
(街を)

풍경을
(風景を)

기다리다 待つ

기다려요 / 기다렸어요   기다립니다 / 기다렸습니다
待ちます / 待ちました   待ちます / 待ちました

사람이나 때가 오거나 어떤 일이 이루어질 때까지 시간을 보내다.

（人や時期が来たり、あることが行われたりするまで時間を過ごす。）

- 친구를 기다려요.　　　　　友達を待ちます。
- 카페에서 기다려요.　　　　カフェで待ちます。
- 오래 기다렸어요?　　　　　お待たせしました（←長く待ちましたか）。
- 발표를 기다립니다.　　　　発表を待ちます。
- 답장을 기다렸습니다.　　　返事を待ちました。

　　日本語のあいさつは慣用的に使うことが多いです。例えば待ち合わせで相手が先に来ていたとき、自分は約束の時間に遅れなかったとしても「お待たせしました」、「お待ちどおさま」など、待ち遠しい思いをさせて申し訳ないという気持ちを込めてあいさつをしますが、韓国語においては特にこういった慣用的な表現をあまり使わず、その時々の適宜な話題を口にすることが多いです。

活用情報

	活用形 I	活用形 II	活用形 III
기다리다 (待つ)	기다리	기다리	기다려

練習 1 上の「活用情報」を見て練習してみましょう！

메일을
（メールを）

活用形	文型	日本語	書き込み	確認
I 기다리	動作の進行 I + 고 있어요	・待っています	기다리고 있어요	기다리고 있어요
	状況説明 I + 는데	・待つのに		기다리는데
	禁止 I + 지 마세요	・待たないでください		기다리지 마세요
II 기다리	仮定・条件 II + 면	・待てば		기다리면
	命令・疑問 II + 세요 (?)	・待ってください ・待ちますか		기다리세요 기다리세요?
	意志・約束 II + ㄹ게요	・待ちます		기다릴게요
III 기다려	現在・未来の不可能 못 + III + 요 (못 + I + ㅂ / 습니다)	・待てません		못 기다려요 (못 기다립니다)
	過去形 III + ㅆ어요 (III + ㅆ습니다)	・待ちました		기다렸어요 (기다렸습니다)
	願い・依頼 III + 주세요	・待ってください		기다려 주세요

⇒他の活用は付録の「動詞活用一覧表」（P404）を参照

動詞編

形容詞編

活用一覧表

〈例〉カフェで友達を待ちます。

카페에서 친구를 (기다려요.)

もう一度
書いてみよう！

⑴ これ以上待てません。

더 이상 (　　　　　　.　)

⑵ 30分も待っています。

30 분이나 (　　　　　　.　)

⑶ 明洞駅の改札口で待ちますよ。

명동역 개찰구에서 (　　　　　.　)

〈解答〉⑴ **못 기다려요** ⑵ **기다리고 있어요** ⑶ **기다릴게요**

練習3　次の単語を例のように入れ替えて練習してみましょう！

例

역에서 (駅で)

기다리는데 / 기다려 주세요 / 기다릴게요 / 기다렸어요

열 시까지
(10時まで)

서점에서
(書店で)

연락을
(連絡を)

메일을
(メールを)

편지를
(手紙を)

기르다 育てる・（髪を）伸ばす・飼う

길러요 / 길렀어요
育てます / 育てました

기릅니다 / 길렀습니다
育てます / 育てました

르変則

① **아이나 동식물을 키우다.**
（子供や動植物を育てる。）

② **머리카락이나 수염 등을 길게 자라게 하다.**
（髪やひげなどを、長く伸びた状態にする。）

- **동식물을 길러요.** 　動植物を育てます。
- **채소를 길러요.** 　野菜を栽培します。
- **고양이를 길렀어요.** 　猫を飼いました。
- **머리를 기릅니다.** 　髪を伸ばします。
- **좋은 습관을 길렀습니다.** 　良い習慣をつけました。

　日本ではペットとしての犬と猫の人気が拮抗していますが、韓国では断然犬の人気が高いです。でも、近年は猫の人気も上昇中のようです。
　特に「**도둑고양이**（泥棒猫の意）」と言われてきた野良猫は「**길냥이**（道の猫の意）」と呼ばれるようになりました。また、ペットのことを「**반려동물**（伴侶動物）」、ペットの犬を「**반려견**（伴侶犬）」と言います。

	活用形Ⅰ	活用形Ⅱ	活用形Ⅲ
기르다 (育てる)	기르	기르	길러

練習1　上の「活用情報」を見て練習してみましょう！

고양이를
(猫を)

活用形	文型	日本語	書き込み	確認
Ⅰ	願望 Ⅰ + 고 싶어요	・育てたいです	기르고 싶어요	기르고 싶어요
기르	現在連体形 Ⅰ + 는	・育てる〜		기르는 –
	容易・傾向 Ⅰ + 기 쉬워요	・育てやすいです		기르기 쉬워요
Ⅱ	経験 Ⅱ + ㄴ 적이 있어요	・育てたことがあります		기른 적이 있어요
기르	理由 Ⅱ + 니까	・育てるので		기르니까
	誘い掛け・推測 Ⅱ + ㄹ까요?	・育てましょうか ・育てるでしょうか		기를까요?
Ⅲ	現在・未来形 Ⅲ + 요 (Ⅰ + ㅂ / 습니다)	・育てます		길러요 (기릅니다)
길러	過去形 Ⅲ + ㅆ어요 (Ⅲ + ㅆ습니다)	・育てました		길렀어요 (길렀습니다)
	試み・提案 Ⅲ + 보세요	・育ててみてください		길러 보세요

➡他の活用は付録の「動詞活用一覧表」（P404）を参照

練習2 例のように直してみましょう！

〈例〉恐竜を飼います。

공룡을 (길러요.)

もう一度
書いてみよう！

---

(1) 早寝早起きする習慣をつけたいです。

일찍 자고 일찍 일어나는 습관을 (　　　　　　.)

---

(2) 髪を長く伸ばしたことがありますか。

머리를 길게 (　　　　　　?)

---

(3) 子犬を飼っているので心強くて良いです。

강아지를 (　　　　　) 든든하고 좋아요.

〈解答〉(1) 기르고 싶어요　(2) 기른 적이 있어요　(3) 기르니까

練習3 次の単語を例のように入れ替えて練習してみましょう！

例

손톱을 (爪を)

기르고 싶어요 / 기르기 쉬워요 / 기를까요? / 길러 보세요!

수염을
(ひげを)

강아지를
(子犬を)

상추를
(サンチュを)

인재를
(人材を)

인내심을
(忍耐心を)

練習1 次の空欄を埋めて文を完成してみましょう。

(1) 可愛い子犬を飼いたいです。〈기르다〉
귀여운 강아지를 (.)

(2) 魚が網にひっかかりました。〈걸리다〉
물고기가 그물에 (.)

(3) 週末に一緒に韓国語を勉強しましょうか。〈공부하다〉
주말에 함께 한국어를 (?)

(4) 旅先の風景を描いたりしました。〈그리다〉
여행지의 풍경을 (.)

(5) 南口の改札口で待っています。〈기다리다〉
남쪽 출구 개찰구에서 (.)

(6) 今日はデパートに行かないでください。〈가다〉
오늘은 백화점에 (.)

(7) 高校のとき、中国語を習いました。〈배우다〉
고등학교 때 중국어를 (.)

(8) 持ちたいものを全部持ちました。〈가지다〉
갖고 싶은 것을 다 (.)

(9) 今日、いっしょにちょっと歩きましょうか。〈걷다〉
오늘 같이 좀 (?)

(10) 電話をかけますが、今日も出ません。〈걸다〉
전화를 (   ) 오늘도 받지 않아요.

〈解答〉(1) 기르고 싶어요 (2) 걸렸어요 (3) 공부할까요 (4) 그리곤 했어요 (5) 기다리고 있어요
(6) 가지 마세요 (7) 배웠어요 (8) 가졌어요 (9) 걸을까요 (10) 걸지만

練習2　次の文を日本語と韓国語に訳してみましょう。

(1) 같이 등산을 갈까요?

_____

(2) 오래간만에 대화의 시간을 가지려고 해요.

_____

(3) 요즘은 별로 감기에 걸리지 않아요.

_____

(4) 열심히 공부하지만 발음은 어려워요.

_____

(5) 일러스트를 그리고 싶어요.

_____

(6) 韓国の文化も学んでみてください。

_____

(7) 公園を歩きました。

_____

(8) 壁に写真をかけました。(壁：벽)

_____

(9) ここで待てばいいでしょうか。

_____

(10) 猫を飼ったことがあります。

_____

〈解答〉(1) 一緒に登山に行きましょうか。　(2) 久しぶりに対話の時間を持とうと思います。　(3) 最近はあまり風邪を引きません。　(4) 一生懸命勉強しますが、発音は難しいです。　(5) イラストを描きたいです。　(6) 한국 문화도 배워 보세요.　(7) 공원을 걸었어요.　(8) 벽에 사진을 걸었어요.　(9) 여기에서 기다리면 돼요?　(10) 고양이를 기른 적이 있어요.

깎다 削る・切る・刈る・むく・値切る

깎아요 / 깎았어요
切ります / 切りました

깎습니다 / 깎았습니다
切ります / 切りました

① 물건의 표면이나 과일 등의 껍질을 얇게 벗겨 내다.
（道具で物の表面や果物などの皮を薄く剥がす。）

② 풀이나 털 등을 짧게 자르다.
（草や毛などを短く切る。）

- 사과를 깎아요. リンゴをむきます。
- 연필을 깎아요. 鉛筆を削ります。
- 발톱을 깎았어요. 足の爪を切りました。
- 물건 값을 깎습니다. 品の値引きをします。
- 머리를 깎았습니다. 髪をカットしました。

　「깎다」にもいろいろあり、「사과를 깎다（リンゴをむく）」、「연필을 깎다（鉛筆を削る）」、「값을 깎다（値段をまける）」などのように広く使われます。
　また、男性の場合「髪を切る」ことも「머리를 깎다」と言います。ただし、女性が髪を切ることは「자르다（切る）」と言います。

活用情報

	活用形 I	活用形 II	活用形 III
깎다 (削る)	깎	깎으	깎아

연필을
(えんぴつを)

練習1　上の「活用情報」を見て練習してみましょう！

活用形	文型	日本語	書き込み	確認
I 깎	願望 I + 고 싶어요	・削りたいです	깎고 싶어요	깎고 싶어요
	状況説明 I + 는데	・削りますが		깎는데
	禁止 I + 지 마세요	・削らないでください		깎지 마세요
II 깎으	理由 II + 니까	・削るから		깎으니까
	計画・意図 II + 려고 해요	・削ろうと思います		깎으려고 해요
	誘い掛け・推測 II + ㄹ까요?	・削りましょうか ・削るでしょうか		깎을까요?
III 깎아	現在・未来形 III + 요 (I + ㅂ / 습니다)	・削ります		깎아요 (깎습니다)
	過去形 III + ㅆ어요 (III + ㅆ습니다)	・削りました		깎았어요 (깎았습니다)
	願い・依頼 III + 주세요	・削ってください		깎아 주세요

→他の活用は付録の「動詞活用一覧表」（P404）を参照

動詞編
形容詞編
活用一覧表
ㄱ

43

　例のように直してみましょう！

〈例〉なぜ、ひげを<u>剃らないですか</u>。

　　왜 수염을 (안 깎으세요?)

> もう一度
> 書いてみよう！

⑴　高過ぎます。少し<u>安くしてください</u>。

　　너무 비싸요. 좀 (　　　　　　.　)

⑵　リンゴを<u>むいているから</u>ちょっと食べてから帰りなさい。

　　사과를 (　　　　　　) 좀 먹고 가요.

⑶　息子は入隊のため髪を<u>切りました</u>。

　　아들은 입대를 위해 머리를 (　　　　　　.　)

〈解答〉⑴ 깎아 주세요　⑵ 깎으니까　⑶ 깎았어요

　次の単語を例のように入れ替えて練習してみましょう！

例

손톱을 (爪を)

깎고 싶어요 / 깎는데 / 깎을까요? / 깎아요! / 깎아 주세요

값을
(値段を)

껍질을
(皮を)

잔디를
(芝生を)

배를
(梨を)

머리를
(髪を)

44

12

끊다 切る・絶つ・やめる

끊어요 / 끊었어요	끊어요 / 끊었어요
切ります / 切りました	切ります / 切りました

(길게 이어진 것이나 계속 해 오던 일 등이) 더 이상 이어지지 못하게 되다.

（長く続く物や続けてきた事などがそれ以上続かなくなる。）

- 이로 실을 끊어요.　　　　歯で糸を切ります。
- 당분간 술을 끊어요.　　　当分の間、お酒をやめてください。
- 표를 끊었어요.　　　　　切符を買いました。
- 전화를 끊습니다.　　　　電話を切ります。
- 담배를 끊었습니다.　　　タバコをやめました。

　「끊다」は「切る」の他に「やめる」という意味もあります。「タバコをやめる」は「담배를 끊다」、「お酒をやめる」は「술을 끊다」と言います。それで、韓国では、禁煙ポスターなどによくハサミでタバコを切る絵が登場します。

　一般的に「끊다」はちょっと細長いものを切ったり、続けていたことを止めたりするときに使います。

	活用形Ⅰ	活用形Ⅱ	活用形Ⅲ
끊다 (切る)	끊	끊으	끊어

練習1 上の「活用情報」を見て練習してみましょう！

테이프를
（テープを）

活用形	文型	日本語	書き込み	確認
Ⅰ 끊	願望 Ⅰ+ 고 싶어요	・切りたいです	끊고 싶어요	끊고 싶어요
	変化 Ⅰ+ 게 돼요	・切るようになります		끊게 돼요
	難易・判断 Ⅰ+ 기 어려워요	・切りにくいです		끊기 어려워요
Ⅱ 끊으	過去連体形 Ⅱ+ ㄴ	・切った～		끊은 –
	命令・疑問 Ⅱ+ 세요 (?)	・切ってください		끊으세요 끊으세요?
	誘い掛け・推測 Ⅱ+ ㄹ까요?	・切りましょうか		끊을까요?
Ⅲ 끊어	現在・未来形 Ⅲ+ 요 （Ⅰ+ ㅂ / 습니다）	・切ります		끊어요 （끊습니다）
	過去不可能形 못 +Ⅲ+ ㅆ어요 （못 +Ⅲ+ ㅆ습니다）	・切れませんでした		못 끊었어요 （못 끊었습니다）
	試み・提案 Ⅲ+ 보세요	・切ってみてください		끊어 보세요

➡他の活用は付録の「動詞活用一覧表」（P404）を参照

46

練習2 例のように直してみましょう！

〈例〉 タバコは<u>やめることができます</u>。

담배는 (끊을 수 있어요.)

> もう一度
> 書いてみよう！

(1) ゴールラインのテープを<u>切りたいです</u>。

결승점의 테이프를 (　　　　　　．)

(2) よく聞こえません。一応電話を<u>切ってみてください</u>。

잘 안 들려요. 전화를 일단 (　　　　　　．)

(3) 悪い習慣を一朝にして<u>断つのは難しいです</u>。

나쁜 습관을 하루아침에 (　　　　　　　．)

〈解答〉⑴ 끊고 싶어요 ⑵ 끊어 보세요 ⑶ 끊기는 어려워요

練習3 次の単語を例のように入れ替えて練習してみましょう！

例

술은 (お酒を)

끊고 싶어요 / 끊으세요 / 끊을까요? / 끊어요! / 끊었어요

담배를
(タバコを)

커피를
(コーヒーを)

인연을
(ご縁を)

관계를
(関係を)

고무줄을
(ゴム紐を)

13

나가다 出ていく ↔ 나오다 出てくる

나가요 / 나갔어요
나갑니다 / 나갔습니다
出ていきます / 出ていきました

나와요 / 나왔어요
나옵니다 / 나왔습니다
出てきます / 出てきました

나가다 : **안에서 밖으로 가다.**
（中から外に行く。）

나오다 : **안에서 밖으로 오다.**
（中から外に来る。）

- **산책하러 밖으로 나가요.** 散歩しに外へ出ます。
- **수돗물이 나와요.** 水道水が出ます。
- **4 번 출구로 나왔어요.** 4番出口を出ました。
- **식후에 커피가 나옵니다.** 食後にコーヒーが出ます。
- **동생은 조금 전에 나갔습니다.** 弟は先ほど出かけました。

　「나가다」は「나다 (出る) ＋가다 (行く)」、「나오다」は「나다 (出る) ＋오다 (来る)」からできたことばです。しかし、「나다 (出る)」は単独では使うことはほとんどなく、「소리가 나다 (音がする)」、「냄새가 나다 (においがする)」などのように、慣用的に使われることが多いです。

48

動詞編

形容詞編

活用一覧表

活用情報

	活用形Ⅰ	活用形Ⅱ	活用形Ⅲ
나가다 (出ていく)	**나가**	**나가**	**나가**
나오다 (出てくる)	**나오**	**나오**	**나와**

밖으로
（外へ）

練習 1 上の「活用情報」を見て練習してみましょう！

活用形	文型	日本語	書き込み	確認
Ⅰ **나가** **나오**	動作の進行 Ⅰ+**고 있어요**	・出ています	나가고 있어요 나오고 있어요	나가고 있어요 나오고 있어요
	逆接 Ⅰ+**지만**	・出るが		나가지만 나오지만
	動作の反復 Ⅰ+**곤 하다**	・出たりします		나가곤 하다 나오곤 하다
Ⅱ **나가** **나오**	仮定・条件 Ⅱ+**면**	・出ると		나가면 나오면
	理由 Ⅱ+**니까**	・出るから		나가니까 나오니까
	誘い掛け・推測 Ⅱ+**ㄹ까요?**	・出ましょうか ・出るでしょうか		나갈까요? 나올까요?
Ⅲ **나가** **나와**	現在・未来形 Ⅲ+**요** （Ⅰ+**ㅂ/습니다**）	・出ます		나가요 （나갑니다） 나와요 （나옵니다）
	過去形 Ⅲ+**ㅆ어요** （Ⅲ+**ㅆ습니다**）	・出ました		나갔어요 （나갔습니다） 나왔어요 （나왔습니다）
	順序 Ⅲ+**서**	・出て（から）		나가서 나와서

➡他の活用は付録の「動詞活用一覧表」（P404）を参照

例のように直してみましょう！

〈例〉外に出るからいいです。

　　밖에 (나오니까) 좋아요.

もう一度
書いてみよう！

⑴　夕食後には、散歩しに外に出たりします。

　　저녁 식사 후에는 산책하러 밖으로 (　　　　　　.　)

⑵　1番出口を出るとすぐカフェがあります。

　　1 번 출구로 (　　　　　　) 바로 카페가 있어요.

⑶　今日は家から朝早く出ました。

　　오늘은 집에서 아침 일찍 (　　　　　　.　)

〈解答〉 ⑴ 나가곤 해요　 ⑵ 나오면 / 나가면　 ⑶ 나왔어요

練習3　次の単語を例のように入れ替えて練習してみましょう！

例

노래자랑 (のど自慢)　에

나가고 싶어요 / 나가세요 / 나갈까요? / 같이 나가요! / 나갔어요

올림픽
（オリンピック）

텔레비전
（テレビ）

콘테스트
（コンテスト）

시합
（試合）

대회
（大会）

14

나누다 分ける・分かち合う

나누어요 / 나누었어요
分けます / 分けました

나눕니다 / 나누었습니다
分けます / 分けました

하나를 둘 이상으로 가르거나, 종류가 같은 것끼리 모으다.

（1つを2つ以上に分けたり、種類が同じもの同士で集める。）

- 기쁨을 같이 나누어요.   喜びを分かち合います。
- 슬픔을 함께 나누어요.   悲しみを分かち合います。
- 친구와 이야기를 나누었어요.   友達と話を交わしました。
- 두 팀으로 나눕니다.   2つのチームに分けます。
- 인사를 나누었습니다.   あいさつを交わしました。

　「**나누다**」は「分ける」という意味ですが、語幹に接尾語の「**- 기**」を付けると名詞形になります。つまり「**나누기**」は「割り算」、「**더하다** (足す)」は「**더하기** (足し算)」、「**빼다** (引く)」は「**빼기** (引き算)」、「**곱하다** (かける)」は「**곱하기** (掛け算)」になります。

　他にも「**나눗셈** (割り算)」、「**덧셈** (足し算)」、「**뺄셈** (引き算)」「**곱셈** (掛け算)」ということばもあります。

	活用形Ⅰ	活用形Ⅱ	活用形Ⅲ
나누다 (分ける)	나누	나누	나누어 / 나눠

練習1 活用表：「活用情報」を見て練習してみましょう！

팀을
（チームを）

活用形	文型	日本語	書き込み	確認
Ⅰ 나누	願望 Ⅰ＋고 싶어요	・分けたいです	나누고 싶어요	나누고 싶어요
	不可能 Ⅰ＋지 못해요	・分けられません		나누지 못해요
	動作の反復 Ⅰ＋곤 하다	・分けたりします		나누곤 해요
Ⅱ 나누	仮定・条件 Ⅱ＋면	・分ければ		나누면
	過去連体形 Ⅱ＋ㄴ	・分けた～		나눈 –
	誘い掛け・推測 Ⅱ＋ㄹ까요?	・分けましょうか ・分けるでしょうか		나눌까요?
Ⅲ 나누어 / 나눠	現在・未来形 Ⅲ＋요 （Ⅰ＋ㅂ / 습니다）	・分けます		나누어요 （나눕니다）
	過去形 Ⅲ＋ㅆ어요 （Ⅲ＋ㅆ습니다）	・分けました		나누었어요 （나누었습니다）
	順序 Ⅲ＋서	・分けて（から）		나누어서

➡他の活用は付録の「動詞活用一覧表」（P404）を参照

練習2 例のように直してみましょう！

〈例〉一緒に話を交わしたいです。

　같이 이야기를 (나누고 싶어요.)

> もう一度
> 書いてみよう！

---

(1) 食パンが大きいので友達と分けて食べました。

　식빵이 커서 친구하고 (　　　　) 먹었어요.

---

(2) リンゴを4つに分けましょうか。

　사과를 네 쪽으로 (　　　　?)

---

(3) 8を4で割ると2になります。

　8 을 4 로 (　　　　) 2 가 돼요.

〈解答〉(1) **나누어**　(2) **나눌까요**　(3) **나누면**

練習3 次の単語を例のように入れ替えて練習してみましょう！

例

기쁨을 (喜びを)

나누고 싶어요 / 나누곤 해요 / 나눕니다 / 나누어요 / 나누었어요

이야기를
(話を)

대화를
(会話を)

정보를
(情報を)

즐거움을
(楽しさを)

슬픔을
(悲しみを)

15

나다 出る

나요 / 났어요	납니다 / 났습니다
出ます / 出ました	出ます / 出ました

무언가가 생기다.
（何かができる。）

- 눈물이 나요. — 涙が出ます。
- 생각이 나요. — 思い出します。
- 자리가 났어요. — 席が空きました。
- 시간이 납니다. — 時間が空きます。
- 새싹이 났습니다. — 新芽が出ました。

　「出る」は独自で使われるほか、慣用的に使われることも多いです。「**불이 나다**（火が出る→火事が起きる）」、「**병이 나다**（病気が出る→病気になる）」、「**사고가 나다**（事故が出る→事故が起きる）」、「**고장이 나다**（故障が出る→故障する）」、「**화가 나다**（怒りが出る→腹が立つ）」、「**틈이 나다**（暇が出る→暇ができる）」などです。

活用情報

	活用形Ⅰ	活用形Ⅱ	活用形Ⅲ
나다 (出る)	나	나	나

눈물이
(涙が)

練習1 上の「活用情報」を見て練習してみましょう！

活用形	文型	日本語	書き込み	確認
Ⅰ 나	進行・継続 Ⅰ+ **고 있어요**	・出ています	나고 있어요	나고 있어요
	現在連体形 Ⅱ+ **는**	・出る～		나는 -
	動作の反復 Ⅰ+ **곤 해요**	・出たりします		나곤 해요
Ⅱ 나	仮定・条件 Ⅱ+ **면**	・出ると		나면
	理由 Ⅱ+ **니까**	・出るので		나니까
	推測 Ⅱ+ **ㄹ까요?**	・出るでしょうか		날까요?
Ⅲ 나	現在・未来の否定形 **안** +Ⅲ+ **요** (**안** +Ⅰ+ **ㅂ / 습** **니다**)	・出ません		안 나요 (안 납니다)
	過去形 Ⅲ+ **ㅆ어요** (Ⅲ+ **ㅆ습니다**)	・出ました		났어요 (났습니다)
	原因・理由 Ⅲ+ **서**	・出るので		나서

➡ 他の活用は付録の「動詞活用一覧表」（P404）を参照

動詞編

形容詞編

活用一覧表

例のように直してみましょう！

〈例〉腹が立って話しました。

（ 화가 나서 ） 말했어요.

> もう一度
> 書いてみよう！

⑴ 最近は高校のときの友達を思い出したりします。

요즘에는 고등학교 때 친구가 생각 (　　　　　.）

⑵ 火のない所に煙が出ましょうか。

아니 땐 굴뚝에 연기가 (　　　　?）

⑶ 額にニキビがたくさん出（来）ました。

이마에 여드름이 많이 (　　　　.）

〈解答〉⑴ 나곤 해요　⑵ 날까요　⑶ 났어요

練習3　次の単語を例のように入れ替えて練習してみましょう！

例

코피가 （鼻血が）

<u>나니까</u> / <u>날까요?</u> / <u>나곤 해요</u> / <u>나요!</u> / <u>났어요</u> / <u>나면</u>

콧물이
（鼻水が）

기침이
（咳が）

땀이
（汗が）

연기가
（煙が）

기억이
（記憶が）

16

남다 残る・余る

남아요 / 남았어요
残ります / 残りました

남습니다 / 남았습니다
残ります / 残りました

① **나머지나 이익이 생기다.**
(余りや利益ができる。)

② **떠나지 않고 머물러 있다.**
(離れないで留まっている。)

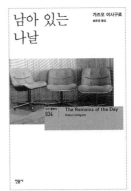

- **집에 남아요.** 　　　　　　家に残ります。
- **기억에 남아요.** 　　　　　記憶に残ります。
- **흉터가 남았어요.** 　　　　傷跡が残っていました。
- **인상에 남습니다.** 　　　　印象に残ります。
- **회비가 남았습니다.** 　　　会費が余りました。

　韓国語は一部の動詞の語幹に接尾辞「**- 이, - 히, - 리, - 기, - 우, - 구, - 추**」をつけると使役形になります。つまり、「**남다** (残る)」の使役形は「**남기다** (残す)」、「**먹다** (食べる)」は「**먹이다** (食べさせる)」、「**읽다** (読む)」は「**읽히다** (読ませる)」、「**걷다** (歩く)」は「**걸리다** (歩かせる)」、「**씻다** (洗う)」は「**씻기다** (洗わせる)」、「**타다** (乗る)」は「**태우다** (乗せる)」、「**달다** (熱する)」は「**달구다** (熱する)」、「**낮다** (低い)」は「**낮추다** (低める)」になります。

	活用形Ⅰ	活用形Ⅱ	活用形Ⅲ
남다 (残る)	남	남으	남아

練習 1 　上の「活用情報」を見て練習してみましょう！

기억에
(記憶に)

活用形	文型	日本語	書き込み	確認
Ⅰ 남	願望 Ⅰ + 고 싶어요	・残りたいです	남고 싶어요	남고 싶어요
	逆接 Ⅰ + 지만	・残るが		남지만
	状況説明 Ⅰ + 는데	・残りますが		남는데
Ⅱ 남으	仮定・条件 Ⅱ + 면	・残れば		남으면
	未来連体形 Ⅱ + ㄹ	・残る〜		남을 –
	誘い掛け・推測 Ⅱ + ㄹ까요?	・残りましょうか ・残るでしょうか		남을까요?
Ⅲ 남아	現在・未来形 Ⅲ + 요 （Ⅰ + ㅂ / 습니다）	・残ります		남아요 （남습니다）
	過去形 Ⅲ + ㅆ어요 （Ⅲ + ㅆ습니다）	・残りました		남았어요 （남았습니다）
	結果の継続 Ⅲ + 있어요	・残っています		남아 있어요

→他の活用は付録の「動詞活用一覧表」（P404）を参照

練習2 例のように直してみましょう！

〈例〉残っている時間があまりありません。

（ 남아 ）있는 시간이 별로 없어요.

もう一度
書いてみよう！

(1) 未練が残りますが、もう別れましょう。

아쉬움이 （　　　　）이만 헤어져요.

(2) 開場まで時間が余ればお茶でもしましょうか。

개장 시간까지 시간이 （　　　　）차라도 마실까요?

(3) 昔のことですがまだ記憶に残っています。

오래 전의 일인데 아직도 기억에 （　　　　.　）

〈解答〉(1) 남지만　(2) 남으면　(3) 남아 있어요

練習3 次の単語を例のように入れ替えて練習してみましょう！

例

인상에 (印象に)

남고 싶어요 / 남으니까 / 남을까요? / 남아요 / 남아 있어요

추억으로
(思い出に)

역사에
(歴史に)

가슴에
(胸に)

집에
(家に)

오랫동안
(長い間)

17

낫다 治る

나아요 / 나았어요	낫습니다 / 나았습니다
治ります / 治りました	治ります / 治りました

ㅅ変則

(상처나 병 등의) 몸의 이상이 없어지다.

（傷や病気などの体の異常がなくなる。）

● 감기는 잘 먹으면 나아요.　　風邪はしっかり食べると治ります。

● 푹 쉬면 나아요.　　　　　　ゆっくり休めば治ります。

● 몸살이 다 나았어요.　　　　モムサルが完全に治りました。

● 스트레스가 풀리면 낫습니다.　ストレスが取れれば治ります。

● 독감이 나았습니다.　　　　　インフルエンザが治りました。

　　病気の受け止め方は国ごとに似て非なるところがあり、韓国では「몸살 (モムサル)」は人一倍気にします。「몸살 (モムサル)」とは、悪寒、頭痛などを伴う風邪で、とても体が怠い症状のことです。韓国人は無性に「몸살 (モムサル)」の症状を感じるのか、市販の風邪薬の効能書きにも欠かせません。

活用情報

	活用形 I	活用形 II	活用形 III
낫다 (治る)	낫	나으	나아

병이
(病気が)

練習 1 上の「活用情報」を見て練習してみましょう！

活用形	文型	日本語	書き込み	確認
I 낫	進行・過程 I + **고 있어요**	・治っています	낫고 있어요	낫고 있어요
	選択・経験 I + **기도 해요**	・治ったりもします		낫기도 해요
	願い I + **기를 바라요**	・治ってほしいです		낫기를 바라요
II 나으	仮定・条件 II + **면**	・治れば		나으면
	理由 II + **니까**	・治るので		나으니까
	推測・確信 II + **ㄹ 거예요**	・治るでしょう ・治ります		나을 거예요
III 나아	現在・未来形 III + **요** （I + **ㅂ / 습니다**）	・治ります		나아요 （낫습니다）
	過去否定形 안 + III + **ㅆ어요** （안 + III + **ㅆ습니다**）	・治りませんでした		안 나았어요 （안 나았습니다）
	原因・理由 III + **서**	・治ったので		나아서

➡他の活用は付録の「動詞活用一覧表」（P404）を参照

動詞編

形容詞編

活用一覧表

練習2 例のように直してみましょう！

〈例〉病気が治れば旅行に行きたいです。

병이 (나으면) 여행 가고 싶어요

もう一度
書いてみよう！

⑴ 風邪気味があるとき、柚子茶を飲むと治ったりもします。

감기 기운이 있을 때 유자차를 마시면 (　　　　　　 **.)**

⑵ 家でゆっくり休んだら治りますよ。

집에서 푹 쉬면 (　　　　　 **.)**

⑶ 病気が治ったので一緒に旅行に行きました。

병이 (　　　　 **) 같이 여행을 갔어요.**

〈解答〉⑴ **낫기도 해요** ⑵ **나을 거예요** ⑶ **나아서**

練習3 次の単語を例のように入れ替えて練習してみましょう！

例

감기가 （風邪が）

낫고 있어요 / 낫기도 해요 / 나을 거예요 / 나아요 / 안 나았어요

독감이
（インフルエンザが）

두통이
（頭痛が）

요통이
（腰痛が）

몸살이
（モムサルが）

18

내다 出す・払う

내요 / 냈어요	냅니다 / 냈습니다
出します / 出しました	出します / 出しました

① **안에서부터 밖으로 나오게 하다.**
(中から外に出るようにする。)

② **돈을 치르다.**
(お金を払う。)

- **식사비를 내요.** 食事代を払います。
- **신청서를 내요.** 申請書を出します。
- **용기를 냈어요.** 勇気を出しました。
- **힘을 냅니다.** 力を出します。
- **소리를 냈습니다.** 声を出しました。

「내다 (出る)」も「나다 (出す)」と同じように、「**시간을 내다** (時間を出す→時間を割く)」、「**화를 내다** (怒りを出す→怒る)」、「**소리를 내다** (音・声を出す)」などのように慣用的に使われることが多いです。他方、「ゴミを出す」は「**쓰레기를 버리다** (ゴミを捨てる)」、「手紙を出す」は「**편지를 보내다** (手紙を送る)」などのように言い回しが日本語とちょっと違う場合もあります。

動詞編　形容詞編　活用一覧表

	活用形Ⅰ	活用形Ⅱ	活用形Ⅲ
내다 (出す)	내	내	내어 / 내

練習1 上の「活用情報」を見て練習してみましょう！

숙제를
(宿題を)

活用形	文型	日本語	書き込み	確認
Ⅰ 내	順序 Ⅰ + 기 전에	・出す前に	내기 전에	내기 전에
	状況説明 Ⅰ + 는데	・出すが		내는데
	目標・志向 Ⅰ + 도록 해요	・出すようにしましょう		내도록 해요
Ⅱ 내	仮定・条件 Ⅱ + 면	・出せば		내면
	計画・意図 Ⅱ + 려고 해요	・出そうと思います		내려고 해요
	意志・約束 Ⅱ + ㄹ게요	・出します		낼게요
Ⅲ 내어 / 내	現在・未来形 Ⅲ + 요 （Ⅰ + ㅂ / 습니다）	・出します		내요 （냅니다）
	過去不可能形 못 +Ⅲ+ ㅆ어요 （못 +Ⅲ+ ㅆ습니다）	・出せませんでした		못 냈어요 （못 냈습니다）
	願い・依頼 Ⅲ + 주세요	・出してください		내 주세요

➡他の活用は付録の「動詞活用一覧表」（P404）を参照

練習2　例のように直してみましょう！

〈例〉声に出して読めばいいです。

소리 (내어) 읽으면 좋아요.

もう一度
書いてみよう！

(1) 申請書を期日内に出すようにしましょう。

신청서를 제때에 (　　　　　　.)

(2) 今日の食事代は自分が払います。

오늘 식사비는 제가 (　　　.)

(3) ちょっと時間を割いてください。

시간 좀 (　　　　.)

〈解答〉(1) 내도록 해요　(2) 낼게요　(3) 내 주세요

練習3　次の単語を例のように入れ替えて練習してみましょう！

例

퀴즈를 (クイズを)

내기 전에 / 내도록 해요 / 내려고 해요 / 내 주세요 / 냈어요

문제를
(問題を)

세금을
(税金を)

수수료를
(手数料を)

시간을
(時間を)

리포트를
(レポートを)

놀다 遊ぶ

놀아요 / 놀았어요	놉니다 / 놀았습니다
遊びます / 遊びました	遊びます / 遊びました

ㄹ語幹

일을 하지 않고 즐겁게 시간을 보내거나 쉬다.

（働かないで、楽しく時間を過ごしたり、休んだりする。）

- 아이들이 놀아요.　　子供たちが遊びます。
- 공원에서 놀아요.　　公園で遊びます。
- 친구하고 놀았어요.　　友達と遊びました。
- 백화점이 놉니다.　　百貨店は休みです。
- 밖에서 놀았습니다.　　外で遊びました。

　「놀다」は「遊ぶ」の他に、「休む」という意味もあります。韓国では今は小学校、中学校などで土曜日は全部休みにしていますが、2006年から2011年までは、毎月2・4番目の土曜日だけを休みにしていました。そこで2・4番目の休みの土曜日のことを「놀토（놀다（休む）＋토요일（土曜日））」と言っていました。
　また、「놀다」の名詞形は「놀이（遊び）」と言い、レジャーランドのことは「놀이동산」と言います。

活用情報

	活用形 I	活用形 II	活用形 III
놀다 (遊ぶ)	놀 / 노	놀 / 노	놀아

주말에
(週末に)

練習 1 上の「活用情報」を見て練習してみましょう！

活用形	文型	日本語	書き込み	確認
I 놀 / 노	願望 I + 고 싶어요	・遊びたいです	놀고 싶어요	놀고 싶어요
	同意・確認 I + 지요?	・遊ぶでしょう？		놀지요?
	状況説明 I + 는데	・遊ぶのに		노는데
II 놀 / 노	仮定・条件 II + 면	・遊んだら		놀면
	理由 II + 니까	・遊ぶから		노니까
	意図・計画 II + 려고 해요	・遊ぼうと思います		놀려고 해요
III 놀아	現在・未来形 III + 요 (I + ㅂ / 습니다)	・遊びます		놀아요 (놉니다)
	過去形 III + ㅆ어요 (III + ㅆ습니다)	・遊びました		놀았어요 (놀았습니다)
	許可 III + 도 돼요 (?)	・遊んでもいいです （か）		놀아도 돼요 (?)

➡他の活用は付録の「動詞活用一覧表」（P404）を参照

〈例〉いっしょに<u>遊んで</u>ください。

같이 (놀아) 주세요.

> もう一度
> 書いてみよう！

⑴　昨日は友達と公園で<u>遊びました</u>。

어제는 친구하고 공원에서 (　　　　　.)

⑵　試験が終わったら思いっきり<u>遊びたい</u>です。

시험이 끝나면 마음껏 (　　　　　.)

⑶　友達と一緒に<u>遊んだら</u>楽しいです。

친구들과 같이 (　　　) 재미있어요.

〈解答〉⑴ **놀았어요**　⑵ **놀고 싶어요**　⑶ **놀면**

練習3　次の単語を例のように入れ替えて練習してみましょう！

例

내일 (明日)

놀고 싶어요 / 놀아도 돼요? / 놀지 마세요 / 놀까요? / 놀아요!

휴일에
(休日に)

여기서
(ここで)

교실에서
(教室で)

시부야에서
(渋谷で)

놓다 置く

놓아요 / 놓았어요
置きます / 置きました

놓습니다 / 놓았습니다
置きます / 置きました

일정한 자리에 두다.
（一定の場所に置く。）

● 꽃을 놓아요.   お花を置きます。

● 테이블 위에 놓아요.   テーブルの上に置きます。

● 식탁에 수저를 놓았어요.   食卓にスプーンと箸を置きました。

● 물건은 제자리에 놓습니다.   物は決まった場所に置きます。

● 가방 옆에 놓았습니다.   カバンの横に置きました。

> 「놓다」は「置く」という意味ですが、日本語と同じく「〜ておく」という補助動詞の意味として使われることもあります。また、韓国語だけの「놓다」の使い方もあり、「**수를 놓다** (刺繍を置く→刺繍をする)」、「**주사를 놓다** (注射を置く→注射をする)」、「**마음을 놓다** (心を置く→安心する)」、「**다리를 놓다** (橋を置く→橋を架ける)」などの表現もあります。

	活用形Ⅰ	活用形Ⅱ	活用形Ⅲ
놓다 (置く)	놓	놓으	놓아

練習 1　上の「活用情報」を見て練習してみましょう！

여기에
（ここに）

活用形	文型	日本語	書き込み	確認
Ⅰ 놓	願望 Ⅰ + 고 싶어요	・置きたいです	놓고 싶어요	놓고 싶어요
	逆接 Ⅰ + 지만	・置くが		놓지만
	選択・経験 Ⅰ + 기도 해요	・置いたりもします		놓기도 해요
Ⅱ 놓으	過去連体形 Ⅱ + ㄴ	・置いた〜		놓은 -
	命令・疑問 Ⅱ + 세요 (?)	・置いてください ・置きますか		놓으세요 놓으세요?
	提案・推測 Ⅱ + ㄹ까요?	・置きましょうか ・置くでしょうか		놓을까요?
Ⅲ 놓아	現在・未来形 Ⅲ + 요 (Ⅰ + ㅂ / 습니다)	・置きます		놓아요 (놓습니다)
	過去形 Ⅲ + ㅆ어요 (Ⅲ + ㅆ습니다)	・置きました		놓았어요 (놓았습니다)
	試み・提案 Ⅲ + 보세요	・置いてみてください		놓아 보세요

➡ 他の活用は付録の「動詞活用一覧表」（P404）を参照

練習2　例のように直してみましょう！

〈例〉 橋を架けてくれてありがとうございます。

다리를 (놓아 주어) 고마워요.

もう一度
書いてみよう！

⑴　玄関に植木鉢を置いたりもします。

현관에 화분을 (　　　　　　．)

⑵　ドアの前に置いてください。

문 앞에 (　　　　　．)

⑶　リビングに加湿器を置きました。

거실에 가습기를 (　　　　　．)

〈解答〉⑴ **놓기도 해요** ⑵ **놓으세요** ⑶ **놓았어요**

練習3　次の単語を例のように入れ替えて練習してみましょう！

例

집에 (家に)

놓고 싶어요 / 놓기도 해요 / 놓을까요? / 놓아 보세요 / 놓았어요

현관에
(玄関に)

차에
(車に)

그림을
(絵を)

사진을
(写真を)

책상 위에
(机の上に)

練習1 次の空欄を埋めて文を完成してみましょう。

(1) 食べ物が少し残っていますが、包んでください。〈남다〉

음식이 좀 (　　　　　　) 싸 주세요. （＊飲食店などで）

(2) 風邪が早く治ることを願います。〈낫다〉

감기가 빨리 (　　　　　　.)

(3) 答案用紙を<u>出す前</u>にもう一度確認してください。〈내다〉

답안지를 (　　　　　) 다시 한번 확인하세요.

(4) もう子供たちが外で<u>遊んでもいい</u>ですか。〈놀다〉

이제는 아이들이 밖에서 (　　　　　?)

(5) この大きいカバンはどこに<u>置きましょうか</u>。〈놓다〉

이 큰 가방은 어디에 (　　　　　?)

(6) 今、果物を<u>むきましょうか</u>。〈깎다〉

지금 과일을 (　　　　　?)

(7) タバコを<u>やめてください</u>。タバコは健康によくありません。〈끊다〉

담배를 (　　　　　.) 담배는 건강에 안 좋아요.

(8) 月末に給料が<u>出ると</u>大丈夫です。〈나오다〉

월말에 월급이 (　　　　　) 괜찮아요!

(9) あなたと愛を<u>分かち合いたい</u>です。〈나누다〉

당신과 사랑을 (　　　　　.)

(10) 早く新芽が<u>出れば</u>いいでしょうね。〈나다〉

빨리 새싹이 (　　　　　) 좋겠어요.

〈解答〉 (1) 남았는데 (2) 낫기를 바랍니다 (3) 내기 전에 (4) 놀아도 돼요 (5) 놓을까요
　　　　(6) 깎을까요 (7) 끊으세요 (8) 나오면 (9) 나누고 싶어요 (10) 나면

練習2 次の文を日本語と韓国語に訳してみましょう。

(1) 더워서 머리를 좀 깎으려고 해요.

_____

(2) 일단 전화를 끊어 보세요.

_____

(3) 회사에서 몇 시에 나갈까요?

_____

(4) 이런 내용을 다 빼면 뭐가 남을까요? (빼다 : 除く)

_____

(5) 감기 몸살은 다 나았어요.

_____

(6) 3つのグループに分けました。

_____

(7) ドラマがとても悲しくて涙が出ます。

_____

(8) 今日の食事代は私が払います。(食事代 : 식사비)

_____

(9) 宿題が終わって、遊ぼうと思います。

_____

(10) 机の上に置いてみてください。

_____

〈解答〉(1) 暑くて髪をちょっと切ろうと思います。 (2) 一応、電話を切ってみてください。
(3) 会社から何時に出ましょうか。 (4) こんな内容を全部除いてしまうと何が残るでしょう
か。 (5) 風邪モムサルはすっかり治りましたか。 (6) 세 그룹으로 나누었어요. (7) ドラマが
너무 슬퍼서 눈물이 나요. (8) 오늘 식사비는 제가 낼게요. (9) 숙제를 마치고 놀려고 해
요. (10) 책상 위에 놓아 보세요.

느끼다 感じる

느껴요 / 느꼈어요
感じます / 感じました

느낍니다 / 느꼈습니다
感じます / 感じました

몸이나 마음으로 깨닫거나 알게 되다.
（体や心で、気づいたりわかるようになる。）

- 행복을 느껴요.　　　　幸せを感じます。
- 더위를 느껴요.　　　　暑さを感じます。
- 아픔을 느꼈어요.　　　痛みを覚えました。
- 책임을 느낍니다.　　　責任を感じます。
- 불편을 느꼈습니다.　　不便に思いました。

　　「！」は日本語では、「ビックリマーク」、または「感嘆符」と言いますが、韓国語では「느끼다 (感じる)」からできた「느낌표 (感じ標)」と言います。また、「？」は「묻다 (問う)」から「물음표 (問う標)：疑問符 / クェスチョンマーク」、「．」は「마치다 (終わる)」から「마침표 (終わり標)：終止符 / 句点」、「，」は「쉬다 (休む)」から「쉼표 (休み標)：休止符 / 読点」と言います。このように句読点は日本とは違うものを使いますね。なお、矢印の「→」は「화살표 (矢標)：矢印」と言います。

活用情報

	活用形Ⅰ	活用形Ⅱ	活用形Ⅲ
느끼다 (感じる)	느끼	느끼	느껴

練習1 上の「活用情報」を見て練習してみましょう！

불편을
(不便を)

活用形	文型	日本語	書き込み	確認
Ⅰ 느끼	進行・継続 Ⅰ + 고 있어요	・感じています	느끼고 있어요	느끼고 있어요
	逆接 Ⅰ + 지만	・感じますが		느끼지만
	動作の反復 Ⅰ + 곤 하다	・感じたりする		느끼곤 하다
Ⅱ 느끼	仮定・条件 Ⅱ + 면	・感じれば		느끼면
	理由 Ⅱ + 니까	・感じるから		느끼니까
	推測 Ⅱ + ㄹ까요?	・感じるでしょうか		느낄까요?
Ⅲ 느껴	現在・未来形 Ⅲ + 요 （Ⅰ + ㅂ / 습니다）	・感じます		느껴요 （느낍니다）
	過去不可能形 못 +Ⅲ+ ㅆ어요 （못 +Ⅲ+ ㅆ습니다）	・感じられませんでした		못 느꼈어요 （못 느꼈습니다）
	原因・理由 Ⅲ + 서	・感じて		느껴서

➡他の活用は付録の「動詞活用一覧表」（P404）を参照

動詞編

形容詞編

活用一覧表

例のように直してみましょう！

〈例〉最近は秋の天気を感じます。

요즘은 가을 날씨를 (느껴요.)

> もう一度
> 書いてみよう！

⑴ 少しの不便は感じますが大丈夫です。

약간의 불편을 (　　　　　　) 괜찮아요.

⑵ 寒さを感じて温かいコーヒを飲みました。

추위를 (　　　　) 따뜻한 커피를 마셨어요.

⑶ あの人から温かさを感じられませんでした。

그 사람한테서 따뜻함을 (　　　　　　.)

〈解答〉⑴ 느끼지만 　⑵ 느껴서 　⑶ 못 느꼈어요

練習3　次の単語を例のように入れ替えて練習してみましょう！

例

추위를 (寒さを)

느끼고 있어요 / 느끼지만 / 느끼니까 / 느껴요 / 느꼈어요

더위를
(暑さを)

기쁨을
(喜びを)

슬픔을
(悲しみを)

즐거움을
(楽しさを)

편안함을
(気楽さを)

22

다니다 通う

다녀요 / 다녔어요	다닙니다 / 다녔습니다
通います / 通いました	通います / 通いました

어떤 곳에 목적을 가지고 오가다.

(あるところに、目的を持って行き来する。)

● 구경을 다녀요.	見物に回ります。
● 학교에 다녀요.	学校に通います。
● 회사를 다녔어요.	会社に通いました。
● 지하철로 다닙니다.	地下鉄で通います。
● 멀리까지 다녔습니다.	遠くまで通いました。

「다니다」には「通う」という意味がありますが、「行って来る」は「(다니다＋오다)」から「다녀오다」と言います。「行ってきます！」は「다녀오겠습니다!」、「ただいま！」は「다녀왔습니다!（行ってきました！）」、「お帰りなさい！」は「다녀오셨어요?（行ってきましたか？）」という表現を使います。

	活用形 I	活用形 II	活用形 III
다니다 (通う)	다니	다니	다녀

練習 1 　上の「活用情報」を見て練習してみましょう！

회사에
（会社に）

活用形	文型	日本語	書き込み	確認
I 다니	進行・継続 I + 고 있어요	・通っています	다니고 있어요	다니고 있어요
	確認・同意 I + 지요?	・通うでしょう？		다니지요?
	禁止 I + 지 마세요	・通わないでください		다니지 마세요
II 다니	過去連体形 II + ㄴ	・通った〜		다닌 -
	命令・疑問 II + 세요 (?)	・通ってください ・通いますか		다니세요 다니세요?
	誘い掛け・推測 II + ㄹ까요?	・通いましょうか ・通うでしょうか		다닐까요?
III 다녀	現在・未来形 III + 요 (I + ㅂ/습니다)	・通います		다녀요 (다닙니다)
	過去形 III + ㅆ어요 (III + ㅆ습니다)	・通いました		다녔어요 (다녔습니다)
	試み・提案 III + 보세요	・通ってみてください		다녀 보세요

➡他の活用は付録の「動詞活用一覧表」（P404）を参照

練習2　例のように直してみましょう！

〈例〉学校に<u>行ってきます</u>。

学校に（ 다녀오겠습니다. ）

> もう一度
> 書いてみよう！

⑴　娘は中学校に<u>通っています</u>。

딸은 중학교에 （　　　　　　　　. ）

⑵　一緒に韓国料理を学びに<u>通いましょうか</u>。

같이 한국 요리를 배우러 （　　　　　? ）

⑶　料理教室に<u>通ったことがあります</u>。

요리 학원에 （　　　　　　　　. ）

〈解答〉⑴ **다니고 있어요**　⑵ **다닐까요**　⑶ **다닌 적이 있어요**

練習3　次の単語を例のように入れ替えて練習してみましょう！

例

직장 (職場) 에

다니고 있어요 / 다니세요 / 다닐까요? / 다녀요

학교 (学校)　백화점 (百貨店)　교회 (教会)　절 (お寺)　은행 (銀行)

23

닦다 磨く・拭く

닦아요 / 닦았어요
磨きます / 磨きました

닦습니다 / 닦았습니다
磨きます / 磨きました

문지르거나 훔쳐서 묻어 있는 것을 깨끗하게 하다.
（こすったり、拭ったりしてついているものをきれいにする。）

● 이를 닦아요.	歯を磨きます。
● 하루에 세 번 닦아요.	1日に3回磨きます。
● 깨끗하게 닦았어요.	きれいに磨きました。
● 바닥을 닦습니다.	床を拭きます。
● 손수건으로 눈물을 닦았습니다.	ハンカチで涙をぬぐいました。

　日本に比べたら韓国での「걸레 (雑巾)」の出番はずっと多いはずです。つまり「닦다 (拭く)」という行為が日常的に行われています。韓国の住宅は新しいマンションを含め、ほとんどオンドル部屋になっており、その上は油紙などでできている「장판 (壯板)」というのが敷かれているため、掃除道具は「걸레 (雑巾)」が主役です。

活用情報

	活用形 I	活用形 II	活用形 III
닦다 (磨く)	닦	닦으	닦아

練習 1 　上の「活用情報」を見て練習してみましょう！

> 창문을
> (窓を)

活用形	文型	日本語	書き込み	確認
I 닦	進行・継続 I + 고 있어요	・磨いています	닦고 있어요	닦고 있어요
	理由 I + 기 때문에	・磨くため		닦기 때문에
	逆接 I + 지만	・磨くけれど		닦지만
II 닦으	否定の仮定形 안 + II + 면	・磨かなければ		안 닦으면
	命令・疑問 II + 세요 (?)	・磨いてください ・磨きますか		닦으세요 닦으세요?
	誘い掛け・推測 II + ㄹ까요?	・磨きましょうか ・磨くでしょうか		닦을까요?
III 닦아	現在・未来形 III + 요 (I + ㅂ / 습니다)	・磨きます		닦아요 (닦습니다)
	過去形 III + ㅆ어요 (III + ㅆ습니다)	・磨きました		닦았어요 (닦았습니다)
	願い・依頼 III + 주세요	・磨いてください		닦아 주세요

⇒他の活用は付録の「動詞活用一覧表」（P404）を参照

〈例〉ご飯を食べたあと、歯をよく磨きます。

밥 먹은 후에 이를 잘 (닦아요.)

> もう一度
> 書いてみよう！

(1) 靴を毎日磨くためきれいです。

구두를 매일 (　　　　　　　　　) 깨끗해요.

(2) 今日は窓を拭きましょうか。

오늘은 창문을 (　　　　　　?　)

(3) タオルで汗を拭いてください。

수건으로 땀을 (　　　　　　.　)

〈解答〉(1) 닦기 때문에　(2) 닦을까요　(3) 닦아 주세요

練習3　次の単語を例のように入れ替えて練習してみましょう！

例

수건으로 (タオルで)

닦고 싶어요 / 닦으세요 / 닦을까요? / 닦습니다 / 닦아요

휴지로
(ティッシュで)

구두를
(靴を)

책상을
(机を)

바닥을
(床を)

알코올로
(アルコールで)

24

돌아가다 帰っていく ⟷ 돌아오다 帰ってくる

돌아가요 / 돌아갔어요　　　돌아와요 / 돌아왔어요
돌아갑니다 / 돌아갔습니다　돌아옵니다 / 돌아왔습니다
帰っていきます / 帰っていきました　帰ってきます / 帰ってきました

돌아가다 : **원래 있던 곳으로 다시 가다.**
（もともといたところに再び行く。）

돌아오다 : **원래 있던 곳으로 다시 오다.**
（もともといたところに再び来る。）

- 내일 고향으로 돌아가요.　明日、故郷へ帰ります。
- 유학을 간 딸이 돌아와요.　留学に行っていた娘が帰ってきます。
- 3년만에 돌아갑니다.　3年ぶりに帰ります。
- 집으로 돌아갔어요.　家に帰りました。
- 1시간 전에 돌아왔습니다.　1時間前に帰ってきました。

　「**돌아가다**」は「帰っていく」、「**돌아오다**」は「帰ってくる」という意味です。
　さて、一昔前、チョ・ヨンピルという歌手が歌った「帰れ釜山港へ」という歌が流行りましたね。その歌詞に「トラワヨ釜山港に逢いたいあなた」と韓国語の「**돌아와요**」をあえて訳さないで、韓国語そのままで歌いましたが、「**돌아와요**」は「帰ってきてください」という意味でした。

	活用形Ⅰ	活用形Ⅱ	活用形Ⅲ
돌아가다 (帰っていく)	돌아가	돌아가	돌아가
돌아오다 (帰ってくる)	돌아오	돌아오	돌아와

練習1 上の「活用情報」を見て練習してみましょう！

집으로
(家に)

活用形	文型	日本語	書き込み	確認
Ⅰ 돌아가 돌아오	願望 Ⅰ+고 싶어요	・帰りたいです	돌아가고 싶어요 돌아오고 싶어요	돌아가고 싶어요 돌아오고 싶어요
	逆接 Ⅰ+지만	・帰るが		돌아가지만 돌아오지만
	動作の反復 Ⅰ+곤 해요	・帰ったりもします		돌아가곤 해요 돌아오곤 해요
Ⅱ 돌아가 돌아오	仮定・条件 Ⅱ+면	・帰れば		돌아가면 돌아오면
	理由 Ⅱ+니까	・帰るので		돌아가니까 돌아오니까
	誘い掛け・推測 Ⅱ+ㄹ까요?	・帰りましょうか ・帰るでしょうか		돌아갈까요? 돌아올까요?
Ⅲ 돌아가 돌아와	現在・未来形 Ⅲ+요	・帰ります		돌아가요 돌아와요
	過去形 Ⅲ+ㅆ어요	・帰りました		돌아갔어요 돌아왔어요
	順序 Ⅲ+서	・帰ってから		돌아가서 돌아와서

➡他の活用は付録の「動詞活用一覧表」（P404）を参照

例のように直してみましょう！

〈例〉アメリカに留学に行った友達が帰ってきました。

미국에 유학간 친구가 （ 돌아왔어요. ）

もう一度
書いてみよう！

(1) 家から寮に帰りました。

집에서 기숙사로 （   . ）

(2) 私は久しぶりに韓国に帰るのでワクワクします。

저는 오랜만에 한국에 （   ） 설레요.

(3) 韓国に帰ってから連絡します。

한국에 （   ） 연락할게요.

〈解答〉(1) **돌아갔어요** (2) **돌아가니까** (3) **돌아가서**

次の単語を例のように入れ替えて練習してみましょう！

例

고향으로 （故郷へ）

돌아가고 싶어요 / 돌아가요 / 돌아와요? / 돌아왔어요

직장으로
（職場に）

일찍
（早く）

제자리로
（元のところに）

오늘
（今日）

이제
（もう）

되다 なる

되어요 / 되었어요
なります / なりました

됩니다 / 되었습니다
なります / なりました

무엇이 만들어지거나 이루어지다.

（何かが作られたり、なされたりする。）

- 올해 초등학생이 돼요. 今年、小学生になります。
- 이제 장마철이 돼요. もう梅雨の季節になります。
- 아들은 사회인이 되었어요. 息子は社会人になりました。
- 한국어를 배운 지 2 년이 됩니다. 韓国語を習って 2 年になります。
- 두 사람은 친구가 되었습니다. 2 人は友達になりました。

　　韓国語の助詞と日本語の助詞の多くは一対一の対応をなしていますが、「〜になる」というのは「- 에 되다」ではなく、「회사원이 되다」、「친구가 되다」などのように「- 이 / 가 되다 (〜がなる)」という表現を使います。
　　また、「〜に乗る」も「- 에 타다」ではなく、「전철을 타다」、「택시를 타다」などのように「- 을 / 를 타다 (〜を乗る)」になります。

活用情報

	活用形 I	活用形 II	活用形 III
되다 (なる)	되	되	되어 / 돼

練習 1 上の「活用情報」を見て練習してみましょう！

친구가
(友達に)

活用形	文型	日本語	書き込み	確認
I 되	願望 I + 고 싶어요	・なりたいです	되고 싶어요	되고 싶어요
	願い I + 기를 바라요	・なってほしいです		되기를 바라요
	確認・同意 I + 지요?	・なるでしょう？		되지요?
II 되	未来連体形 II + ㄹ	・なる〜		될 –
	理由 II + 니까	・なるから		되니까
	推測 II + 까요?	・なるでしょうか		될까요?
III 되어 / 돼	現在・未来形 III + 요 （I + ㅂ / 습니다）	・なります		되어요 （됩니다）
	過去形 III + ㅆ어요 （III + ㅆ습니다）	・なりました		되었어요 （되었습니다）
	試み・提案 III + 보세요	・なってみてください		되어 보세요

➡ 他の活用は付録の「動詞活用一覧表」（P404）を参照

練習2　例のように直してみましょう！

〈例〉私がちょっと不便になれば世の中は緑になります。

내가 조금 불편하면 세상은 초록이 (돼요.)

> もう一度
> 書いてみよう！

⑴　大人になるとお酒が飲めます。

어른이 (　　　　) 술을 마실 수 있어요.

⑵　政治家になりたいです。

정치가가 (　　　　　　　.)

⑶　娘は来年、医師になるでしょう。

딸은 내년에 의사가 (　　　　　　.)

〈解答〉⑴ **되면**　⑵ **되고 싶어요**　⑶ **될 거예요**

練習3　次の単語を例のように入れ替えて練習してみましょう！

例

가수가 (歌手に)

되고 싶어요 / 될까요? / 돼요 / 되죠? / 됐어요 / 되어 보세요

모델이 (モデルに)	**사장이** (社長に)	**회사원이** (会社員に)	**리더가** (リーダーに)	**배우가** (俳優に)

26

듣다 聞く・聴く

들어요 / 들었어요	들습니다 / 들었습니다
聞きます / 聞きました	聞きます / 聞きました

ㄷ変則

귀로 소리를 알아차리다.

（耳で音や声を感じとる。）

● 라디오를 들어요.	ラジオを聞きます。
● 노래를 들어요.	歌を聞きます。
● 소문을 들었어요.	うわさを聞きました。
● 봄의 소리를 듣습니다.	春の音を聞きます。
● 기쁜 소식을 들었습니다.	うれしい便りを聞きました。

　日本語の「聞く」に当たる韓国語は「듣다 (聞く)」と「묻다 (問う、尋ねる)」で、耳で聞くのは「듣다」、問う・尋ねることは「묻다」を使います。

　なお、「듣다」も「묻다」も「ㄷ変則」なので、「活用形Ⅱ・Ⅲ」のときは、「들으면」、「들어서」のように語幹末のパッチムが「ㄷ」から「ㄹ」に変わります。

	活用形 I	活用形 II	活用形 III
듣다 (聞く)	듣	들으	들어

練習 1 上の「活用情報」を見て練習してみましょう！

노래를
(歌を)

活用形	文型	日本語	書き込み	確認
I 듣	願望 I + 고 싶어요	・聞きたいです	듣고 싶어요	듣고 싶어요
	選択・経験 I + 기도 해요	・聞いたりもします		듣기도 해요
	動作の反復 I + 곤 해요	・聞いたりもします		듣곤 해요
II 들으	仮定・条件 II + 면	・聞けば		들으면
	命令・疑問 II + 세요 (?)	・聞いてください ・聞きますか		들으세요 들으세요?
	誘い掛け・推測 II + ㄹ까요?	・聞きましょうか ・聞くでしょうか		들을까요?
III 들어	現在・未来形 III + 요 (I + ㅂ / 습니다)	・聞きます		들어요 (듣습니다)
	過去形 III + ㅆ어요 (III + ㅆ습니다)	・聞きました		들었어요 (들었습니다)
	試み・提案 III + 보세요	・聞いてみてください		들어 보세요

➡他の活用は付録の「動詞活用一覧表」（P404）を参照

練習2　例のように直してみましょう！

〈例〉友達の話を<u>聞きながら</u>歩きました。

친구 이야기를 (들으며) 걸었어요.

もう一度
書いてみよう！

(1) 韓国語の宿題をしたり、CD を<u>聞いたり</u>もします。

한국어 숙제를 하기도 하고 CD 를 (　　　　　　.　)

(2) どんな歌を<u>聴きますか</u>。

무슨 노래를 (　　　　　　?　)

(3) 本当にいい音楽です。是非、<u>聴いてみてください</u>。

정말 좋은 음악이에요. 꼭 (　　　　　　.　)

〈解答〉(1) 듣기도 해요　(2) 들으세요　(3) 들어 보세요

練習3　次の単語を例のように入れ替えて練習してみましょう！

例

뉴스를 (ニュースを)

듣고 싶어요 / 듣곤 해요 / 들을까요? / 들어 보세요 / 들어요

이야기를
(話を)

라디오를
(ラジオを)

클래식을
(クラシックを)

음악을
(音楽を)

27

들다 持つ・(持ち) 上げる

들어요 / 들었어요
持ちます / 持ちました

듭니다 / 들었습니다
持ちます / 持ちました

ㄹ語幹

무엇을 손에 가지거나 잡고 있다.

（何かを手に持っていたり、握っている。）

- 가방을 들어요.　　　カバンを持ちます。
- 짐을 들어요.　　　　荷物を持ちます。
- 꽃을 들었어요.　　　お花を持ちました。
- 손을 듭니다.　　　　手をあげます。
- 고개를 들었습니다.　頭をあげました。

　一昔前、韓国ではバスや電車で、座っている人は自分の前に立っている知らない人のカバンなどを持ってあげることが常でしたが、近年はあまり見かけられなくなりました。

　「들다」は「持つ」の他に「食事などをとる」という意味もあります。なお、この「食事などをとる」との意味の「들다」の尊敬表現は「드시다」ですが、食堂などでは料理を運んできたお店の人がよく「맛있게 드세요!（おいしく召し上がってください）」とあいさつします。

	活用形Ⅰ	活用形Ⅱ	活用形Ⅲ
들다 (持つ)	들 / 드	들 / 드	들어

練習1 上の「活用情報」を見て練習してみましょう！

가방을
(カバンを)

活用形	文型	日本語	書き込み	確認
Ⅰ 들 / 드	願望 Ⅰ+고 싶어요	・持ちたいです	들고 싶어요	들고 싶어요
	状況説明 Ⅰ+는데	・持ちますが		드는데
	禁止 Ⅰ+지 마세요	・持たないでください		들지 마세요
Ⅱ 들 / 드	過去連体形 Ⅱ+ㄴ	・持った～		든 –
	命令・疑問 Ⅱ+세요 (?)	・持ってください ・持ちますか		드세요 드세요?
	誘い掛け・推測 Ⅱ+ㄹ까요?	・持ちましょうか ・持つでしょうか		들까요?
Ⅲ 들어	現在・未来の 不可能形 못+Ⅲ+요 (못+Ⅰ+ㅂ/습 니다)	・持てません		못 들어요 (못 듭니다)
	過去形 Ⅲ+ㅆ어요 (Ⅲ+ㅆ습니다)	・持ちました		들었어요 (들었습니다)
	願い・依頼 Ⅲ+주세요	・持ってください		들어 주세요

➡他の活用は付録の「動詞活用一覧表」（P404）を参照

例のように直してみましょう！

〈例〉カバンを持った学生たちがいました。

가방을 (든) 학생들이 있었어요.

⑴ 重い荷物を持たないでください。

무거운 짐을 (　　　　　　　.)

⑵ これは私が持ちましょうか。

이건 제가 (　　　　　?)

⑶ すみませんが、ちょっとカバンを持ってください。

죄송하지만 가방 좀 잠깐 (　　　　　　　.)

〈解答〉⑴ 들지 마세요　⑵ 들까요　⑶ 들어 주세요

練習3　次の単語を例のように入れ替えて練習してみましょう！

例

짐을 (荷物を)

드는데 / 드세요 / 들까요? / 들어 주세요 / 들어요 / 들었어요

손을	**깃발을**	**상자를**	**고개를**	**같이**
(手を)	(旗を)	(箱を)	(頭を)	(一緒に)

들어가다 入っていく ↔ 들어오다 入ってくる

들어가요 / 들어갔어요 　들어와요 / 들어왔어요
들어갑니다 / 들어갔습니다 　들어옵니다 / 들어왔습니다
入っていきます / 入っていきました 　入ってきます / 入ってきました

들어가다 : **안에서 밖으로 움직여 가다.**
（中から外へ移っていく。）

들어오다 : **밖에서 안으로 움직여 가다.**
（外から中へ移っていく。）

- **교실로 들어와요!** 　教室へ入ってください！
- **핸드백에 다 들어가요.** 　ハンドバッグに全部入ります。
- **대학에 들어갔어요.** 　大学に入りました。
- **오늘은 일찍 들어갑니다.** 　今日は、早めに帰ります。
- **집에 늦게 들어왔습니다.** 　家に遅く帰りました。

　韓国では、電車のことを「**열차 (列車)**」と言いますが、駅の案内アナウンスは、「**지금 ○○행 열차가 들어오고 있습니다** (今、○○行き列車が入っています)」、「**승객 여러분께서는 안전선 밖으로 물러서 주시기 바랍니다.** (乗客の皆さんは安全線の外にお下がりください)」と言っています。日本の「黄色線の内側」は、韓国では「**안전선 밖 (安全線の外)**」になります。

	活用形Ⅰ	活用形Ⅱ	活用形Ⅲ
들어가다 (入っていく)	들어가	들어가	들어가
들어오다 (入ってくる)	들어오	들어오	들어와

練習1 上の「活用情報」を見て練習してみましょう！

회의실에
(会議室に)

活用形	文型	日本語	書き込み	確認
Ⅰ 들어가 들어오	理由・根拠 Ⅰ+ **거든요**	・入りますよ	들어가거든요 들어오거든요	들어가거든요 들어오거든요
	連続生起 Ⅰ+ **자마자**	・入ってすぐ		들어가자마자 들어오자마자
	連体形 Ⅱ+ **는**	・入る〜		들어가는 – 들어오는 –
	禁止 Ⅰ+ **지 마세요**	・入らないでください		들어가지 마세요 들어오지 마세요
Ⅱ 들어가 들어오	仮定・条件 Ⅱ+ **면**	・入れば		들어가면 들어오면
	命令・疑問 Ⅱ+ **세요 (?)**	・入ってください ・入りますか		들어가세요 (?) 들어오세요 (?)
	誘い掛け・推測 Ⅱ+ **ㄹ까요?**	・入りましょうか ・入るでしょうか		들어갈까요? 들어올까요?
Ⅲ 들어가 들어와	現在・未来形 Ⅲ+ **요**	・入ります		들어가요 들어와요
	過去形 Ⅲ+ **ㅆ어요**	・入りました		들어갔어요 들어왔어요
	義務・当然 Ⅲ+ **야 해요**	・入らなければなりません		들어가야 해요 들어와야 해요

➡他の活用は付録の「動詞活用一覧表」（P404）を参照

練習2 例のように直してみましょう！

〈例〉洞窟の中に入ってみました

굴 속에 (들어가 봤어요.)

> もう一度
> 書いてみよう！

(1) このカバンはいかがですか。コンピューターも十分入りますよ。

이 가방은 어때요? 컴퓨터도 충분히 (　　　　　.)

(2) 今、入ればいいと思います。

지금 (　　　　　) 괜찮을 거예요.

(3) 今日は早く帰らなければなりません。

오늘은 일찍 (　　　　　.)

〈解答〉(1) 들어가거든요　(2) 들어가면　(3) 들어가야 해요

練習3 次の単語を例のように入れ替えて練習してみましょう！

例

잔디밭에 (芝生に)

들어가지 마세요 / 들어갈까요? / 들어가요 / 들어왔어요

창고에 (倉庫に)　지금 (今)　부엌에 (台所に)　방에 (部屋に)　전시관에 (展示館に)

떨어지다 落ちる・なくなる・下がる

떨어져요 / 떨어졌어요	떨어집니다 / 떨어졌습니다
落ちます / 落ちました	落ちます / 落ちました

위에서 아래로 내려가다.
（上から下へ下りていく。）

- 별똥별이 떨어져요.　　流れ星が落ちます。
- 빗방울이 떨어져요.　　雨粒が落ちます。
- 돈이 떨어졌어요.　　お金がなくなりました。
- 가격이 떨어집니다.　　価格が落ちます。
- 환율이 떨어졌습니다.　　為替レートが落ちました。

　「떨어지다」は「落ちる」という意味で、値段・気温・価値・名声・信用・成績なども対象になります。
　また、「떨어지다」は「（使い切って）なくなる」、「底をつく」や「離れる」という意味もあります。「돈이 떨어졌어요」は「お金がなくなりました」、「가족과 떨어져 살아요」は「家族と離れて暮らしています」という意味になります。

活用情報

		活用形Ⅰ	活用形Ⅱ	活用形Ⅲ
떨어지다 (落ちる)		떨어지	떨어지	떨어져

練習1　上の「活用情報」を見て練習してみましょう！

꽃잎이
（花びらが）

活用形	文型	日本語	書き込み	確認
Ⅰ 떨어지	進行・継続 Ⅰ + 고 있어요	・落ちています	떨어지고 있어요	떨어지고 있어요
	容易 Ⅰ + 기 쉬워요	・落ちやすいです		떨어지기 쉬워요
	逆接 Ⅰ + 지만	・落ちるが		떨어지지만
Ⅱ 떨어지	仮定 Ⅱ + 면	・落ちれば		떨어지면
	理由 Ⅱ + 니까	・落ちるから		떨어지니까
	推測 Ⅱ + ㄹ까요?	・落ちるでしょうか		떨어질까요?
Ⅲ 떨어져	現在・未来形 Ⅲ + 요 （Ⅰ + ㅂ/습니다）	・落ちます		떨어져요 （떨어집니다）
	過去形 Ⅲ + ㅆ어요 （Ⅲ + ㅆ습니다）	・落ちました		떨어졌어요 （떨어졌습니다）
	原因・理由 Ⅲ + 서	・落ちて		떨어져서

➡ 他の活用は付録の「動詞活用一覧表」（P404）を参照

例のように直してみましょう！

〈例〉入試で落ちたらどうしますか。

입시에서 (떨어지면) 어떻게 해요?

もう一度
書いてみよう！

(1) 面接試験で落ちました。

면접 시험에서 (.)

(2) 雨粒が落ちるから傘を持って出かけてください。

빗방울이 (   ) 우산을 가지고 나가세요.

(3) 輸入価格が落ちて安く買えます。

수입가격이 (   ) 싸게 살 수 있어요.

〈解答〉(1) 떨어졌어요 (2) 떨어지니까 (3) 떨어져서

練習 3 次の単語を例のように入れ替えて練習してみましょう！

例

값이 (値段が)

떨어지고 있어요 / 떨어지면 / 떨어질까요? / 떨어졌어요

환율이
(為替レートが)

인기가
(人気が)

눈물이
(涙が)

점수가
(点数が)

수치가
(数値が)

마시다 飲む

마셔요 / 마셨어요
飲みます / 飲みました

마십니다 / 마셨습니다
飲みます / 飲みました

물이나 술 같은 액체를 목구멍으로 넘기다.

（水や酒のような液体を喉を通させる。）

● 맥주를 마셔요.　　　　　　ビールを飲みます。

● 물을 자주 마셔요.　　　　　お水をよく飲みます。

● 블랙 커피를 마셨어요.　　　ブラックコーヒーを飲みました。

● 매일 우유를 마십니다.　　　毎日牛乳を飲みます。

● 맑은 공기를 마셨습니다.　　きれいな空気を吸いました。

　　日本語の「飲む」は、「水・酒やその他の飲み物を口から腹へ入れる」の他に「固形物をかみくだかずに腹に入れる」という意味もありますが、韓国語の「**마시다**」の対象は主に液体です。薬の場合は錠剤はもちろん飲み薬も「**마시다**」ではなく、「**약을 먹다 (薬を食べる)**」と言います。

　　さらに、「**국 (スープ)**」なども「**마시다 (飲む)**」ではなく、「**먹다 (食べる)**」を使います。韓国の「**국 (スープ)**」には具がたくさん入っているところから生じた表現かもしれません。

	活用形Ⅰ	活用形Ⅱ	活用形Ⅲ
마시다 (飲む)	**마시**	**마시**	**마셔**

練習 1 　上の「活用情報」を見て練習してみましょう！

물을
（水を）

活用形	文型	日本語	書き込み	確認
Ⅰ **마시**	願望 Ⅰ + **고 싶어요**	・飲みたいです	마시고 싶어요	마시고 싶어요
	確認・同意 Ⅰ + **지요?**	・飲むでしょう？		마시지요?
	禁止 Ⅰ + **지 마세요**	・飲まないでください		마시지 마세요
Ⅱ **마시**	過去連体形 Ⅱ + **ㄴ**	・飲んだ～		마신 –
	意図・計画 Ⅱ + **려고 해요**	・飲もうと思います		마시려고 해요
	誘い掛け・推測 Ⅱ + **ㄹ까요?**	・飲みましょうか ・飲むでしょうか		마실까요?
Ⅲ **마셔**	現在・未来形 Ⅲ + **요** （Ⅰ + **ㅂ/습니다**）	・飲みます		마셔요 （마십니다）
	過去形 Ⅲ + **ㅆ어요** （Ⅲ + **ㅆ습니다**）	・飲みました		마셨어요 （마셨습니다）
	試み・提案 Ⅲ + **보세요**	・飲んでみてください		마셔 보세요

➡他の活用は付録の「動詞活用一覧表」（P404）を参照

練習2 例のように直してみましょう！

〈例〉コーヒーを飲みながら勉強します。

커피를 (마시며) 공부해요.

> もう一度
> 書いてみよう！

(1) 今日はお酒が飲みたいです。

오늘은 술을 (　　　　　　.)

(2) マッコリは一回飲んだことがあります。

막걸리는 한 번 (　　　) 적이 있어요.

(3) 紅酢も飲んでみてください。

홍초도 (　　　　　　.)

〈解答〉(1) **마시고 싶어요** (2) **마신** (3) **마셔 보세요**

練習3 次の単語を例のように入れ替えて練習してみましょう！

例

술을 (お酒を)

마시고 싶어요 / 마시죠? / 마실까요 / 마셔요 / 마셔 보세요

홍차를
(紅茶を)

커피를
(コーヒーを)

주스를
(ジュースを)

막걸리를
(マッコリを)

練習1　次の空欄を埋めて文を完成してみましょう。

(1) 親切な市場の人たちから情を感じました。〈느끼다〉

친절한 시장 사람들한테서 정을 (　　　　　　　.)

(2) 生涯教育センターの韓国語教室に通っています。〈다니다〉

평생교육센터의 한국어 교실에 (　　　　　　　.)

(3) 靴がぴかぴかしています。靴をよく磨きますか。〈닦다〉

구두가 반짝반짝해요! 구두를 자주 (　　　　　　?)

(4) 年末には故郷に帰ったりもします。〈돌아가다〉

연말에는 고향에 (　　　　　　　.)

(5) 子供が成長したら何になるでしょうか。〈되다〉

아이가 자라면 뭐가 (　　　　　　?)

(6) 60年代のポップソングを聴きたいです。〈듣다〉

60년대의 팝송을 (　　　　　　　.)

(7) おいしく召し上がってください。〈드시다〉

맛있게 (　　　　　　　.)

(8) 今、会議室に入らないでください。〈들어가다〉

지금 회의실에 (　　　　　　　.)

(9) 夜になると、気温がぐんと下がります。〈떨어지다〉

밤이 되면 기온이 뚝 (　　　　　　　.)

(10) 今日はマッコリを飲みましょうか。〈마시다〉

오늘은 막걸리를 (　　　　　　?)

〈解答〉(1) 느꼈어요　(2) 다니고 있어요　(3) 닦으세요　(4) 돌아가곤 해요　(5) 될까요　(6) 듣고 싶어요　(7) 드세요　(8) 들어가지 마세요　(9) 떨어져요　(10) 마실까요

練習2 次の文を日本語と韓国語に訳してみましょう。

(1) 지하철에서는 주로 스마트폰으로 음악을 들어요.

_____

(2) 집에 들어가자마자 요리를 시작했어요.

_____

(3) 수돗물이 똑똑 떨어지고 있어요. (수돗물：水道水、똑똑：ぽとぽと)

_____

(4) 요즘은 행복을 느끼고 있어요.

_____

(5) 고등학교 때는 매일 학원에 다녔어요.

_____

(6) 両手に荷物を持ちました。

_____

(7) 暑いです。アイスコーヒーが飲みたいです。

_____

(8) ご飯を食べたあと、歯を磨きます。

_____

(9) 何時ごろ帰りましょうか。

_____

(10) 夜になったら、涼しくなりました。

_____

〈解答〉(1) 地下鉄では主にスマートフォンで音楽を聴きます。 (2) 家に入るやいなや料理を始めました。 (3) 水道水がぽとぽと落ちています。 (4) 最近は幸せを感じています。 (5) 高校のときは毎日、塾に通っていました。 (6) 양손에 짐을 들었어요. (7) 더워요. 아이스 커피를 마시고 싶어요. (8) 밥을 먹은 후에 이를 닦아요. (9) 몇 시 경에 돌아갈까요? (10) 밤이 되니까 시원해졌어요.

만나다 会う ⟷ 헤어지다 別れる

만나요 / 만났어요　　　헤어져요 / 헤어졌어요
만납니다 / 만났습니다　헤어집니다 / 헤어졌습니다
会います / 会いました　　別れます / 別れました

① 다른 사람과 마주 대하거나 우연히 마주치다.
（他の人と対面したり、偶然出くわす。）

② 다른 사람이나 장소로부터 떨어지다.
（他の人や場所から離れる。）

● 친구를 만나요.　　　　　友達に会います。

● 수업 후에 헤어져요.　　　授業のあと、別れます。

● 남친과 헤어졌어요.　　　彼氏と別れました。（남친 ← 남자친구）

● 여친을 만납니다.　　　　彼女に会います。（여친 ← 여자친구）

● 산에서 비를 만났습니다.　山で雨に遭いました。

　　韓国で男女の出会いは一昔前は「**미팅（ミーティング）**」といって、日本でいう「合コン」が一般的でしたが、近年は男女が知人の紹介で会う「**소개팅（소개＋미팅）**」が主流をなすことになりました。また、「**번개팅（번개＋미팅）**」というのもありましたが、これは「**번개**（稲妻）」のように、突然集まることを言っていました。

	活用形Ⅰ	活用形Ⅱ	活用形Ⅲ
만나다 (会う)	만나	만나	만나
헤어지다 (別れる)	헤어지	헤어지	헤어져

지금
(今)

練習1 上の「活用情報」を見て練習してみましょう！

活用形	文型	日本語	書き込み	確認
Ⅰ 만나 헤어지	願望 Ⅰ + 고 싶어요	・会いたいです ・別れたいです	만나고 싶어요 헤어지고 싶어요	만나고 싶어요 헤어지고 싶어요
	状況説明 Ⅰ + 는데	・会いますが ・別れますが		만나는데 헤어지는데
	禁止 Ⅰ + 지 마세요	・会わないでください ・別れないでください		만나지 마세요 헤어지지 마세요
Ⅱ 만나 헤어지	仮定・条件 Ⅱ + 면	・会えば ・別れれば		만나면 헤어지면
	疑問 Ⅱ + 세요?	・会いますか ・別れますか		만나세요? 헤어지세요?
	意図・計画 Ⅱ + 려고 해요	・会おうと思います ・別れようと思います		만나려고 해요 헤어지려고 해요
Ⅲ 만나 헤어져	現在・未来形 Ⅲ + 요 （Ⅰ + ㅂ / 습니다）	・会います ・別れます		만나요 (만납니다) 헤어져요 (헤어집니다)
	過去形 Ⅲ + ㅆ어요 （Ⅲ + ㅆ습니다）	・会いました ・別れました		만났어요 (만났습니다) 헤어졌어요 (헤어졌습니다)
	試み・提案 Ⅲ + 보세요	・会ってみてください ・別れてみてください		만나 보세요 헤어져 보세요

➡ 他の活用は付録の「動詞活用一覧表」（P404）を参照

動詞編

形容詞編

活用一覧表

〈例〉K-pop に出会って幸せになりました。

K-pop 을 (만나) 행복해졌어요.

もう一度
書いてみよう！

(1) 学校時代の友達に会いたいです。

학교 때 친구를 (.)

(2) 彼氏と別れようと思います。

남자 친구와 (.)

(3) いい人です。一度会ってみてください。

좋은 사람이에요. 한 번 (.)

〈解答〉(1) 만나고 싶어요 (2) 헤어지려고 해요 (3) 만나 보세요

練習3 次の単語を例のように入れ替えて練習してみましょう！

例

카페에서 (カフェで)

만나고 싶어요 / 만나는데 / 만나려고 해요 / 헤어졌어요

역에서
(駅で)

공원에서
(公園で)

빨리
(速く)

주말에
(週末に)

모두
(皆)

만들다 作る

만들어요 / 만들었어요
作ります / 作りました

만듭니다 / 만들었습니다
作ります / 作りました

ㄹ語幹

원료나 재료를 사용해서 뭔가를 생기게 하다.

（原料や材料を使って何かができるようにする。）

- 떡을 만들어요. 　　　　　 お餅を作ります。
- 쌀로 만들어요. 　　　　　 米で作ります。
- 영화를 만들었어요. 　　　 映画を作りました。
- 앨범을 만듭니다. 　　　　 アルバムを作ります。
- 자리를 만들었습니다. 　　 席を設けました。

　「만들다」は基本的に「物を作る」、「料理をする」などの「作る」という意味の他に、「**나를 미치게 만들다** (私を狂うように作る→狂いそうだ、狂わせる)」、「**여친을 화나게 만들다** (彼女を怒るように作る→彼女を怒らせる)」、「**부모님을 슬프게 만들다** (親を悲しく作る→親を悲しませる)」など、「- **게 만들다**」の形で「物事を引き起こす」、または「〜するように仕向ける、させる」の意味としても使われます。

	活用形 I	活用形 II	活用形 III
만들다 (作る)	만들 / 만드	만들 / 만드	만들어

練習 1 上の「活用情報」を見て練習してみましょう！

떡볶이를
(トッポキを)

活用形	文型	日本語	書き込み	確認
I 만들 / 만드	願望 I + 고 싶어요	・作りたいです	만들고 싶어요	만들고 싶어요
	動作の反復 I + 곤 해요	・作ったりもします		만들곤 해요
	現在連体形 II + 는	・作る～		만드는 –
II 만들 / 만드	仮定 II + 면	・作れば		만들면
	意志・約束 II + ㄹ게요	・作ります		만들게요
	理由 II + 니까	・作るので		만드니까
III 만들어	現在・未来形 III + 요 （I + ㅂ / 습니다）	・作ります		만들어요 （만듭니다）
	過去形 III + ㅆ어요 （III + ㅆ습니다）	・作りました		만들었어요 （만들었습니다）
	願い・依頼 III + 주세요	・作ってください		만들어 주세요

→他の活用は付録の「動詞活用一覧表」（P404）を参照

練習2　例のように直してみましょう！

〈例〉体を作るのが大事です。

몸을 (만드는) 게 중요해요.

もう一度
書いてみよう！

(1) 以前は家でお菓子を作ったりもしました。

전에는 집에서 과자를 (　　　　　　　.)

(2) 久しぶりに席を設けるので是非来てください。

오래간만에 자리를 (　　　　) 꼭 오세요.

(3) ちょっと、チャプチェを作ってください。

잡채 좀 (　　　　　　.)

〈解答〉(1) 만들곤 했어요　(2) 만드니까　(3) 만들어 주세요

練習3　次の単語を例のように入れ替えて練習してみましょう！

例

앨범을 (アルバムを)

만들고 싶어요 / 만들까요? / 만들어요 / 만들어 주세요

기회를
(機会を)

김치를
(キムチを)

모임을
(会合を)

책을
(本を)

자리를
(席を)

말하다 言う・話す

말해요 / 말했어요　　말합니다 / 말했습니다
言います / 言いました　　言います / 言いました

생각이나 느낌을 말로 나타내다.

（考えや感想をことばで表す。）

- 표정으로 말해요.　　表情で言います。
- 한국어로 말해요.　　韓国語で話します。
- 생각을 말했어요.　　考えを話しました。
- 느낌을 말합니다.　　感想を話します。
- 이유를 말했습니다.　　理由を話しました。

　「말하다」は「말（ことば）＋하다（する）」からできたことばです。

　どこの国も同じでしょうが、韓国でもことばの重みを語る表現が多いです。「말한 마디에 천 냥 빚을 갚는다（一言で一千両の借金を返す）」、「발 없는 말이 천리 간다（足のないことばが一千里を行く）」、「낮말은 새가 듣고 밤말은 쥐가 듣는다（昼のことばは鳥が聞き、夜のことばはネズミが聞く）」などなど、戒めのことわざも多いです。

	活用形 I	活用形 II	活用形 III
말하다 (言う)	**말하**	**말하**	**말해**

한국어로
(韓国語で)

練習 1　上の「活用情報」を見て練習してみましょう！

活用形	文型	日本語	書き込み	確認
I **말하**	願望 I + **고 싶어요**	・言いたいです	말하고 싶어요	말하고 싶어요
	状況説明 I + **는데**	・言いますが		말하는데
	目標・志向 I + **도록 해요**	・話すようにします		말하도록 해요
II **말하**	仮定・条件 II + **면**	・言えば		말하면
	命令 II + **세요**	・言ってください		말하세요
	誘い掛け・推測 II + **ㄹ까요?**	・言いましょうか ・言うでしょうか		말할까요?
III **말해**	現在・未来形 III + **요** (I + **ㅂ/습니다**)	・言います		말해요 (말합니다)
	過去形 III + **ㅆ어요** (III + **ㅆ습니다**)	・言いました		말했어요 (말했습니다)
	願い・依頼 III + **주세요**	・言ってください		말해 주세요

➡他の活用は付録の「動詞活用一覧表」（P404）を参照

動詞編

形容詞編

活用一覧表

例のように直してみましょう！

〈例〉流暢に話したいです。

유창하게 (말하고 싶어요.)

> もう一度
> 書いてみよう！

⑴ 韓国人の友達にはなるべく韓国語で<u>話すようにしてます</u>。

한국 친구에게는 되도록 한국어로 (　　　　　.　)

⑵ ゆっくり<u>話せば</u><u>聞き取れます</u>。

천천히 (　　　　) 알아들을 수 있어요.

⑶ ドラマを見て感想を<u>言ってください</u>。

드라마를 보고 감상을 (　　　　　.　)

〈解答〉⑴ 말하도록 해요 ⑵ 말하면 ⑶ 말해 주세요

練習3　次の単語を例のように入れ替えて練習してみましょう！

例

사실을 (事実を)

말하고 싶어요 / 말하세요 / 말할까요? / 말해요! / 말했어요

천천히	의견을	이유를	비밀을	생각을
(ゆっくり)	(意見を)	(理由を)	(秘密を)	(考えを)

34

맞추다 合わせる・当てる

맞추어요 / 맞추었어요
合わせます / 合わせました

맞춥니다 / 맞추었습니다
合わせます / 合わせました

어떤 약속이나 기준에 맞게 하다.

（ある約束や基準に合わせる。）

- 퍼즐을 맞추어요.　　　　パズルを合わせます。
- 음식의 간을 맞추어요.　　食べ物の味加減をします。
- 아이 입맛에 맞추었어요.　子供の口に合わせました。
- 카드 순서를 맞춥니다.　　カードの順番を整えます。
- 정답을 맞추었습니다.　　正解を当てました。

　　近年、「맞추다」と言ったら「안경 (めがね)」あたりを連想するかもしれません。
洋服などは普通に市販のものを買いますが、一昔前までは、特にスーツや靴など
は、「맞춤 (←맞추다)」(あつらえもの) が多かったですね。
　　各地の繁華街には、「맞춤 専門」の「맞춤 양복점 (注文洋服店)」、「맞춤 양장
점 (注文洋装店)」、「맞춤 양화점 (注文洋靴店)」などが、並んでいた時代もあり
ましたが、今は昔話！

	活用形Ⅰ	活用形Ⅱ	活用形Ⅲ
맞추다 (合わせる)	맞추	맞추	맞추어 / 맞춰

練習 1 　上の「活用情報」を見て練習してみましょう！

> 스케줄을
> (スケジュールを)

活用形	文型	日本語	書き込み	確認
Ⅰ 맞추	願望 Ⅰ + 고 싶어요	・合わせたいです	맞추고 싶어요	맞추고 싶어요
	難易 Ⅰ + 기 어려워요	・合わせにくいです		맞추기 어려워요
	目標・志向 Ⅰ + 도록 해요	・合わせるようにします		맞추도록 해요
Ⅱ 맞추	仮定の不可能 못 + Ⅱ + 면	・合わせられなかったら		못 맞추면
	命令・疑問 Ⅱ + 세요 (?)	・合わせてください ・合わせますか		맞추세요 맞추세요?
	誘い掛け・推測 Ⅱ + ㄹ까요?	・合わせましょうか ・合わせるでしょうか		맞출까요?
Ⅲ 맞추어 / 맞춰	現在・未来形 Ⅲ + 요 (Ⅰ + ㅂ / 습니다)	・合わせます		맞추어요 (맞춥니다)
	過去形 Ⅲ + ㅆ어요 (Ⅲ + ㅆ습니다)	・合わせました		맞추었어요 (맞추었습니다)
	試み・提案 Ⅲ + 보세요	・合わせてみてください		맞추어 보세요

→他の活用は付録の「動詞活用一覧表」（P404）を参照

116

練習2　例のように直してみましょう！

〈例〉足をそろえて歩きました。

발을 (맞추어) 걸었어요.

もう一度
書いてみよう！

(1)　日程を合わせにくいです。

일정을 (　　　　　　　　　.)

(2)　チームの服を何色で合わせましょうか。

팀의 옷을 무슨 색으로 (　　　　　?)

(3)　眼鏡を新しく作ってもらいました。

안경을 새로 (　　　　　　　.)

〈解答〉(1) **맞추기 어려워요**　(2) **맞출까요**　(3) **맞추었어요**

練習3　次の単語を例のように入れ替えて練習してみましょう！

例

일정을 (日程を)

맞추고 싶어요 / 맞추세요 / 맞출까요? / 맞춰 보세요 / 맞췄어요

시간을
(時間を)

답을
(答えを)

색을
(色を)

크기를
(大きさを)

높이를
(高さを)

35

먹다 食べる

먹어요 / 먹었어요
食べます / 食べました

먹습니다 / 먹었습니다
食べます / 食べました

음식물을 씹거나 마시거나 하여 뱃속에 들여 보내다.

（飲食物を噛んだり飲んだりして腹の中に入れる。）

● 아침을 먹어요.　　　　　　　朝ご飯を食べます。

● 약을 먹어요.　　　　　　　　薬を飲みます。

● 밥을 배부르게 먹었어요.　　　ご飯を腹一杯食べました。

● 햄버거를 먹습니다.　　　　　ハンバーガーを食べます。

● 늦게까지 술을 먹었습니다.　　遅くまでお酒を飲みました。

　韓国語の「먹다」は「食べる」だけでなく、「飲む」の意味としても広く使われています。「お酒を飲む」は「술을 마시다」と言いますが、よく「술을 먹다」とも言います。また、「薬を飲む」は「약을 마시다」ではなく、「약을 먹다」と言います。
　さて、衣食住の中でいちばん大事なのは「먹다（食べる）」！　日本の食文化の特徴は「持ち味を生かす」と言われていますが、韓国の食文化の特徴は「総合的な味を楽しむ」ことです。まさに「비빔밥（ビビンバ）」はその代表と言えます。

活用情報

	活用形 Ⅰ	活用形 Ⅱ	活用形 Ⅲ
먹다 (食べる)	먹	먹으	먹어

많이
(たくさん)

練習 1 上の「活用情報」を見て練習してみましょう！

活用形	文型	日本語	書き込み	確認
Ⅰ 먹	願望 Ⅰ+ 고 싶어요	・食べたいです	먹고 싶어요	먹고 싶어요
	成り行き・変化 Ⅰ+ 게 돼요	・食べるようになります		먹게 돼요
	禁止 Ⅰ+ 지 마세요	・食べないでください		먹지 마세요
Ⅱ 먹으	仮定・条件 Ⅱ+ 면	・食べれば		먹으면
	意図・計画 Ⅱ+ 려고 해요	・食べようと思います		먹으려고 해요
	誘い掛け・推測 Ⅱ+ ㄹ까요?	・食べましょうか ・食べるでしょうか		먹을까요?
Ⅲ 먹어	現在・未来形 Ⅲ+ 요 （Ⅰ+ ㅂ/습니다）	・食べます		먹어요 （먹습니다）
	過去不可能形 못+ Ⅲ+ ㅆ어요 못+（Ⅲ+ ㅆ습니다）	・食べられませんでした		못 먹었어요 （못 먹었습니다）
	試み・提案 Ⅲ+ 보세요	・食べてみてください		먹어 보세요

➡他の活用は付録の「動詞活用一覧表」（P404）を参照

例のように直してみましょう！

〈例〉毎朝、ご飯を食べます。

매일 아침에 밥을 (먹어요.)

もう一度
書いてみよう！

(1) 今はキムチをよく食べるようになりました。

이제는 김치를 잘 (　　　　　　.)

(2) 明日は友達と韓定食を食べようと思います。

내일은 친구하고 한정식을 (　　　　　　.)

(3) カンジャンケジャンを食べてみてください。おいしいです。

간장게장을 (　　　　　　.) 맛있어요.

〈解答〉(1) **먹게 됐어요**　(2) **먹으려고 해요**　(3) **먹어 보세요**

練習3　次の単語を例のように入れ替えて練習してみましょう！

例

가끔 (たまに)

먹고 싶어요 / 먹게 돼요 / 먹을까요? / 먹어요 / 먹었어요

식당에서
(食堂で)

도시락을
(お弁当を)

삼각김밥을
(おにぎりを)

불고기를
(プルコギを)

묻다 聞く ⟷ 대답하다 答える

물어요 / 물었어요   대답해요 / 대답했어요
묻습니다 / 물었습니다   대답합니다 / 대답했습니다
聞きます / 聞きました   答えます / 答えました

ㄷ変則

묻다   : **대답이나 설명을 요구하다.**
(答えや説明を求める。)

대답하다 : **물음, 부름, 요구에 응하여 말을 하다.**
(問い、呼びかけ、要求に応じて話す。)

● 길을 물어요.	道を尋ねます。
● 질문에 대답해요.	質問に答えます。
● 큰 소리로 대답했어요.	大きい声で答えました。
● 의견을 묻습니다.	意見を聞きます。
● 생각을 물었습니다.	考えを聞きました。

　「**묻다**」には「聞く」、「尋ねる」という意味があります。ただし、「(耳で) 聞く」という意味はありません。ところで「**길을 묻다** (道を尋ねる)」と言われると、日本人は「交番」をイメージすることが多いと思いますが、韓国人は「**파출소** (派出所)」で道を尋ねることはあまりなく、道行く人に尋ねることが多いです。

右側縦書き：動詞編 / 形容詞編 / 活用一覧表

121

	活用形Ⅰ	活用形Ⅱ	活用形Ⅲ
묻다 (聞く)	묻	물으	물어
대답하다 (答える)	대답하	대답하	대답해

練習1 上の「活用情報」を見て練習してみましょう！

큰 소리로
（大きい声で）

活用形	文型	日本語	書き込み	確認
Ⅰ 묻 대답하	選択・経験 Ⅰ＋기도	・聞いたりもします ・答えたりもします	묻기도 해요 대답하기도 해요	묻기도 해요 대답하기도 해요
	羅列 ＋고	・聞いて ・答えて		묻고 대답하고
	連続生起 Ⅰ＋자마자	・聞くやいなや ・答えるやいなや		묻자마자 대답하자마자
Ⅱ 물으 대답하	仮定・条件 Ⅱ＋면	・聞けば ・答えれば		물으면 대답하면
	命令 Ⅱ＋세요	・聞いてください ・答えてください		물으세요 대답하세요
	推測 Ⅱ＋ㄹ까요?	・聞きましょうか ・答えるでしょうか		물을까요? 대답할까요?
Ⅲ 물어 대답해	現在・未来形 Ⅲ＋요 （Ⅰ＋ㅂ/습니다）	・聞きます ・答えます		물어요 （묻습니다） 대답해요 （대답합니다）
	過去形 Ⅲ＋ㅆ어요 （Ⅲ＋ㅆ습니다）	・聞きました ・答えました		물었어요 （물었습니다） 대답했어요 （대답했습니다）
	試み・提案 Ⅲ＋보세요	・聞いてみてください ・答えてみてください		물어 보세요 대답해 보세요

➡他の活用は付録の「動詞活用一覧表」（P404）を参照

練習2　例のように直してみましょう！

〈例〉道を聞きながら訪ねていきました。

길을 (물으며) 찾아갔어요.

もう一度
書いてみよう！

(1) 韓国人は時々歳を聞いたりもします。

한국 사람들은 가끔 나이를 (　　　　　　.)

(2) その問題についてどのように答えるでしょうか。

그 문제에 대해 어떻게 (　　　　　　?)

(3) 店に入って価格を聞いてみてください。

가게에 들어가서 가격을 (　　　　　　.)

〈解答〉(1) 묻기도 해요　(2) 대답할까요　(3) 물어 보세요

練習3　次の単語を例のように入れ替えて練習してみましょう！

例

주소를 (住所を)

묻기도 해요 / 묻자마자 / 물을까요? / 대답해 보세요 / 대답했어요

이름을 (名前を)　이유를 (理由を)　안부를 (消息を)　길을 (道を)　의견을 (意見を)

바꾸다 変える

바꾸어요 / 바꾸었어요　　바꿉니다 / 바꾸었습니다
変えます / 変えました　　　変えます / 変えました

내용이나 상태를 종래와는 다른 것으로 하다.
（内容や状態を従来とは違うものにする。）

- 자리를 바꾸어요.　　　　　席を変えます。
- 표를 바꾸어요.　　　　　　チケットを変えます。
- 머리 모양을 바꾸었어요.　ヘアスタイルを変えました。
- 말투를 바꿉니다.　　　　　言い方を変えます。
- 약속 장소를 바꾸었습니다.　待ち合わせ場所を変更しました。

　韓国語の受身表現は、固有語動詞の語尾に「- 아 / 어지다」を付けたり、「漢語＋하다」動詞の「- 하다」を「- 되다」、「- 당하다」、「- 받다」に代えたりして作ります。

　他に「바꾸다（変える）」は「바꾸＋이＋다＝바뀌다（変わる）」、「닫다（閉める）」は「닫히다（閉まる）」、「팔다（売る）」は「팔리다（売られる）」、「안다（抱く）」は「안기다（抱かれる）」などのように固有語動詞に接尾辞「- 이, - 히, - 리, - 기」を付ける方法もあります。

活用情報

	活用形Ⅰ	活用形Ⅱ	活用形Ⅲ
바꾸다 (変える)	바꾸	바꾸	바꾸어 / 바꿔

練習1 上の「活用情報」を見て練習してみましょう！

> 채널을
> （チャンネルを）

活用形	文型	日本語	書き込み	確認
Ⅰ 바꾸	願望 Ⅰ + 고 싶어요	・変えたいです	바꾸고싶어요	바꾸고 싶어요
	確認・同意 Ⅰ + 지요?	・変えるでしょう？		바꾸지요?
	禁止 Ⅰ + 지 마세요	・変えないでください		바꾸지 마세요
Ⅱ 바꾸	仮定・条件 Ⅱ + 면	・変えれば		바꾸면
	命令・疑問 Ⅱ + 세요 (?)	・変えてください ・変えますか		바꾸세요 바꾸세요?
	誘い掛け・推測 Ⅱ + ㄹ까요?	・変えましょうか ・変えるでしょうか		바꿀까요?
Ⅲ 바꾸어 / 바꿔	現在・未来形 Ⅲ + 요 (Ⅰ + ㅂ / 습니다)	・変えます		바꾸어요 (바꿉니다)
	過去形 Ⅲ + ㅆ어요 (Ⅲ + ㅆ습니다)	・変えました		바꾸었어요 (바꾸었습니다)
	願い・依頼 Ⅲ + 주세요	・変えてください		바꾸어 주세요

➡他の活用は付録の「動詞活用一覧表」（P404）を参照

例のように直してみましょう！

〈例〉私たちが都市を<u>変えることができますか</u>。

우리가 도시를 (바꿀 수 있을까요?)

> もう一度
> 書いてみよう！

(1) 昨日買った服ですが、他の物で<u>交換したいです</u>。

어제 산 옷인데 (　　　　　　.)

(2) 今日はちょっと席を<u>変えましょうか</u>。

오늘은 자리를 좀 (　　　　　?)

(3) もっと大きいサイズに<u>交換してください</u>。

좀 더 큰 사이즈로 (　　　　　.)

〈解答〉(1) 바꾸고 싶어요　(2) 바꿀까요　(3) 바꿔 주세요

練習3　次の単語を例のように入れ替えて練習してみましょう！

例

CD 를 (CD を)

바꾸고 싶어요 / 바꿀까요? / 바꿔 주세요 / 바꿔요 / 바꿨어요

옷을	음악을	사진을	생각을	자리를
(服を)	(音楽を)	(写真を)	(考えを)	(席を)

버리다 捨てる

버려요 / 버렸어요	버립니다 / 버렸습니다
捨てます / 捨てました	捨てます / 捨てました

가지고 있던 것을 내던지다.

(持っていたものを放り投げる。)

- 헌옷을 버려요.   古着を捨てます。
- 쓰레기를 버려요.   ゴミを捨てます。
- 욕심을 버렸어요.   欲を捨てました。
- 나쁜 습관을 버립니다.   悪い習慣を捨てます。
- 소파를 버렸습니다.   ソファーを捨てました。

　「버리다」は「捨てる」という意味ですが、「버리다」が「- 아 / 어 버리다」のように補助動詞として使われるときは、「〜てしまう」という意味になります。

　「먹어 버리다」は「食べてしまう」、「타 버리다」は「焼けてしまう」、「잊어버리다」は「忘れてしまう」、「잃어버리다」は「失くしてしまう」です。なお、「잊어버리다」と「잃어버리다」は分かち書きをしません。

	活用形Ⅰ	活用形Ⅱ	活用形Ⅲ
버리다 (捨てる)	버리	버리	버려

練習 1 　上の「活用情報」を見て練習してみましょう！

쓰레기를
（ゴミを）

活用形	文型	日本語	書き込み	確認
Ⅰ 버리	願望 Ⅰ+고 싶어요	・捨てたいです	버리고 싶어요	버리고 싶어요
	選択・経験 Ⅰ+기도 해요	・捨てたりもします		버리기도 해요
	禁止 Ⅰ+지 마세요	・捨てないでください		버리지 마세요
Ⅱ 버리	禁止・不許可 Ⅱ+면 안 돼요	・捨ててはいけません		버리면 안 돼요
	命令・疑問 Ⅱ+세요 (?)	・捨ててください ・捨てますか		버리세요 버리세요?
	誘い掛け・推測 Ⅱ+ㄹ까요?	・捨てましょうか ・捨てるでしょうか		버릴까요?
Ⅲ 버려	現在・未来の否定 안 + Ⅲ + 요 (안 + Ⅰ + ㅂ / 습 니다)	・捨てません		안 버려요 (안 버립니다)
	過去形 Ⅲ+ㅆ어요 (Ⅲ+ㅆ습니다)	・捨てました		버렸어요 (버렸습니다)
	願い・依頼 Ⅲ+주세요	・捨ててください		버려 주세요

➡他の活用は付録の「動詞活用一覧表」（P404）を参照

練習2 例のように直してみましょう！

〈例〉捨てれば捨てるほど幸せになりました。

（ 버리면 ） 버릴수록 행복해졌어요.

もう一度
書いてみよう！

⑴ ここにゴミを<u>捨てないでください</u>。

여기에 쓰레기를 (　　　　　　　　.)

⑵ タバコの吸い殻をむやみに<u>捨ててはいけません</u>。

담배꽁초를 함부로 (　　　　　　　　.)

⑶ 要らないものは<u>捨ててください</u>。

필요없는 것은 (　　　　　　　　.)

〈解答〉⑴ 버리지 마세요　⑵ 버리면 안 돼요　⑶ 버려 주세요

練習3 次の単語を例のように入れ替えて練習してみましょう！

例

병을 (瓶を)

버리면 안 돼요 / 버리지 마세요 / 버려 주세요 / 버렸어요

캔을
(缶を)

페트병을
(ペットボトルを)

유리를
(ガラスを)

플라스틱을
(プラスチックを)

보내다 送る

보내요 / 보냈어요　　보냅니다 / 보냈습니다

送ります / 送りました　　送ります / 送りました

사람이나 물건 등을 다른 곳으로 이동시키다.

（人や物などを他のところに移動させる。）

- 딸에게 편지를 보내요.　　娘に手紙を出します。
- 선물도 보내요.　　プレゼントも送ります。
- 딸이 답장을 보냈어요.　　娘が返事を出しました。
- 박수를 보냅니다.　　拍手を送ります。
- 즐거운 시간을 보냈습니다.　　楽しい時間を過ごしました。

　　韓国人の親が、親元を離れて働いたり、勉強したりしている子供に「보내다 (送る)」の代表格は「김치」で間違いないでしょう。近年は国内だけでなく、外国にまで送ることによりトラブルの元になったりするようです。

　　アメリカの関税庁では健康食品や機能性飲料を任意に廃棄処分できるようになっており、「김치」も健康食品扱いされ、せっかく送ったものが子供の手に届かないこともあるそうです。

活用情報

	活用形Ⅰ	活用形Ⅱ	活用形Ⅲ
보내다 (送る)	보내	보내	보내

선물을
(贈り物を)

練習 1 上の「活用情報」を見て練習してみましょう！

活用形	文型	日本語	書き込み	確認
Ⅰ 보내	願望 Ⅰ + 고 싶어요	・送りたいです	보내고 싶어요	보내고 싶어요
	選択・経験 Ⅰ + 기도 해요	・送ったりもします		보내기도 해요
	禁止 Ⅰ + 지 마세요	・送らないでください		보내지 마세요
Ⅱ 보내	未来連体形 Ⅱ + ㄹ	・送る〜		보낼 –
	命令・疑問 Ⅱ + 세요 (?)	・送ってください ・送りますか		보내세요 보내세요?
	誘い掛け・推測 Ⅱ + ㄹ까요?	・送りましょうか ・送るでしょうか		보낼까요?
Ⅲ 보내	現在・未来形 Ⅲ + 요 (Ⅰ + ㅂ / 습니다)	・送ります		보내요 (보냅니다)
	過去形 Ⅲ + ㅆ어요 (Ⅲ + ㅆ습니다)	・送りました		보냈어요 (보냈습니다)
	願い・依頼 Ⅲ + 주세요	・送ってください		보내 주세요

➡他の活用は付録の「動詞活用一覧表」（P404）を参照

例のように直してみましょう！

〈例〉息子に送る手紙。

아들에게 (보내는) 편지.

もう一度
書いてみよう！

(1) 海苔は軽いので小包で送る予定です。

김은 가벼워서 소포로 (　　　　　　　　　.　)

(2) キムチも宅急便で送りましょうか。

김치도 택배로 (　　　　　　?　)

(3) 辛いラーメンとコチュジャンも送ってください。

매운 라면하고 고추장도 (　　　　　　.　)

〈解答〉(1) 보낼 예정이에요　(2) 보낼까요　(3) 보내 주세요

次の単語を例のように入れ替えて練習してみましょう！

例

소포를 (小包を)

보내고 싶어요 / 보낼까요? / 보내면 좋아요 / 보냈어요

김치를	**선물을**	**메일을**	**편지를**	**우편으로**
(キムチを)	(プレゼントを)	(メールを)	(手紙を)	(郵便で)

보다 見る

봐요 / 봤어요
見ます / 見ました

봅니다 / 봤습니다
見ます / 見ました

눈으로 사물의 모양이나 색 등을 느끼다.

（目で物の形や色などを感じる。）

● 한국 드라마를 봐요.　　　韓国のドラマを見ます。

● 시계를 자주 봐요.　　　時計をよく見ます。

● 아침 신문을 봤어요.　　　朝の新聞を読みました。

● 책을 봅니다.　　　本を読みます。

● 어제 시험을 봤습니다.　　　昨日、試験を受けました。

　「**보다**」は「見る」という意味ですが、韓国語の「**보다**」には「**집을 보다** (家を見る→留守番する)」、「**아이를 보다** (子供を見る→子守りをする)」の他に「**시험을 보다** (試験を見る→試験を受ける)」という表現も使います。

　近年は受験を控えている友達に「試験をうまく見るように！」ということで、「**보다** (見る)」にかけて手鏡をプレゼントすることもあります。

	活用形Ⅰ	活用形Ⅱ	活用形Ⅲ
보다 (見る)	보	보	보아 / 봐

練習1 上の「活用情報」を見て練習してみましょう！

영화를
（映画を）

活用形	文型	日本語	書き込み	確認
Ⅰ 보	願望 Ⅰ + 고 싶어요	・見たいです	보고싶어요	보고 싶어요
	理由・根拠 Ⅰ + 거든요	・見るんですよ		보거든요
	状況説明 Ⅰ + 는데	・見ますが		보는데
Ⅱ 보	同時進行 Ⅱ + 면서	・見ながら		보면서
	命令・疑問 Ⅱ + 세요 (?)	・見てください ・見ますか		보세요 보세요?
	誘い掛け・推測 Ⅱ + ㄹ까요?	・見ましょうか ・見るでしょうか		볼까요?
Ⅲ 보아 / 봐	現在・未来形 Ⅲ + 요 (Ⅰ + ㅂ / 습니다)	・見ます		보아요 / 봐요 (봅니다)
	過去形 Ⅲ + ㅆ어요 (Ⅲ + ㅆ습니다)	・見ました		보았어요 / 봤어 요 (보았습니다)
	意志・決心 Ⅲ + 야겠어요	・見なければなりません		보아야겠어요 / 봐야겠어요

➡他の活用は付録の「動詞活用一覧表」（P404）を参照

練習2 例のように直してみましょう！

〈例〉私たちは星を見ました。

우리는 별을 (보았어요 / 봤어요.)

> もう一度
> 書いてみよう！

⑴ 最近このドラマを見ますがとてもいいです。

요즘 이 드라마를 (   ) 무척 좋아요.

⑵ ドラマの字幕を見ながら韓国語の勉強もします。

드라마 자막을 (   ) 한국어 공부를 해요.

⑶ 「パラサイト」という映画を必ず見なければなりません。

'기생충' 이라는 영화를 꼭 (.)

〈解答〉⑴ **보는데** ⑵ **보면서** ⑶ **봐야겠어요**

練習3 次の単語を例のように入れ替えて練習してみましょう！

例

드라마를 (ドラマを)

보고 싶어요 / 보거든요 / 보면서 / 볼까요? / 봐요 / 봤어요

책을 (本を)   **신문을** (新聞を)   **그림을** (絵を)   **앨범을** (アルバムを)   **스케줄을** (スケジュールを)

練習1 次の空欄を埋めて文を完成してみましょう。

(1) 彼氏と3年間会っていますが、別れたいです。〈헤어지다〉

남자친구를 3년째 만나는데 (.)

(2) 週末にはたまにトッポキを作ったりもします。〈만들다〉

주말에는 가끔 떡볶이를 (.)

(3) 韓国の友達とは韓国語で話しますがちょっと難しいです。〈말하다〉

한국 친구와는 한국어로 (   ) 좀 어려워요.

(4) 彼女と服の色を合わせました。〈맞추다〉

여자 친구와 옷 색깔을 (.)

(5) 夜はおやつを食べないでください。〈먹다〉

밤에는 간식을 (.)

(6) 初対面に歳を聞くと失礼です。〈묻다〉

초면에 나이를 (   ) 실례예요.

(7) 自分の考えを変えました。〈바꾸다〉

자신의 생각을 (.)

(8) この本は捨てましょうか。〈버리다〉

이 책은 (?)

(9) さきほど、手紙を送りました。〈보내다〉

아까 편지를 (.)

(10) ニュースを見ながら夕食を食べます。〈보다〉

뉴스를 (   ) 저녁을 먹어요.

〈解答〉(1) 헤어지고 싶어요 (2) 만들곤 해요 (3) 말하는데 (4) 맞추었어요 (5) 먹지 마세요
(6) 물으면 (7) 바꾸었어요 (8) 버릴까요 (9) 보냈어요 (10) 보면서

練習2　次の文を日本語と韓国語に訳してみましょう。

(1) 옆 사람과 서로 묻고 대답하며 말하기 연습을 했어요.

_____

(2) 큰 수술 후에 인생에 대한 생각을 바꾸었어요. (수술：手術、인생：人生)

_____

(3) 오래된 옷은 버릴까요?

_____

(4) 사람은 누구나 만나면 헤어지기 마련이다. (– 기 마련이다：～するに決まっている)

_____

(5) 이 사과로 애플파이를 만들면 맛있을 거예요.

_____

(6) 楽しい週末をお過ごしください。

_____

(7) テレビを見ながらストレッチをします。

_____

(8) 慌てないでゆっくり話しましょう。

_____

(9) 答えを当てれば商品を差し上げます。

_____

(10) 食べすぎると太ります。

_____

〈解答〉(1) 隣の人とお互いに質問して答えながら会話の練習をしました。 (2) 大きな手術後に、人生に対する考え方を変えました。 (3) 古い服は捨てましょうか。 (4) 人は誰でも会ったら、別れるに決まっている。 (5) このリンゴでアップルパイを作るとおいしいでしょう。 (6) 즐거운 주말을 보내세요. (7) 텔레비전을 보면서 스트레칭을 해요. (8) 당황하지 말고 천천히 말해요. (9) 답을 맞추면 상품을 드립니다. (10) 너무 많이 먹으면 살쪄요.

부르다 呼ぶ・歌う

불러요 / 불렀어요
呼びます / 呼びました

부릅니다 / 불렀습니다
呼びます / 呼びました

르変則

① 상대를 향해 소리를 내서 주의를 끌다.
（相手に向かって声を出して注意を引く。）

② 곡조를 붙여 노래하다.
（節をつけて歌う。）

- 이름을 불러요.   名前を呼びます。
- 출석을 불러요.   出席を取ります。
- 손님을 불렀어요.   お客を呼びました。
- 행운을 부릅니다.   幸運を呼びます。
- 노래를 불렀습니다.   歌を歌いました。

　「出席を取る」ことを韓国では「**출석을 부르다**（出席を呼ぶ）」と言います。日本では学校で出席を取るとき、名字だけで呼ぶのが一般的ですが、韓国ではフルネームです。なぜなら名字の「**김**（金）」だけで人口の 21.5%、「**이**（李）」が 14.7%、「**박**（朴）」が 8.4% という具合に、上位の名字の占める割合が高いからです。ということで、韓国では出席はもちろん表札も名札も全部フルネームです。

活用情報

	活用形 I	活用形 II	活用形 III
부르다 (呼ぶ)	부르	부르	불러

動詞編

形容詞編

活用一覧表

練習 1　上の「活用情報」を見て練習してみましょう！

노래를
(歌を)

活用形	文型	日本語	書き込み	確認
I 부르	願望 I + 고 싶어요	・呼びたいです	부르고 싶어요	부르고 싶어요
	逆接 I + 지만	・呼ぶが		부르지만
	禁止 I + 지 마세요	・呼ばないでください		부르지 마세요
II 부르	過去連体形 II + ㄴ	・歌った〜		부른 –
	命令・疑問 II + 세요 (?)	・呼んでください ・呼びますか		부르세요 부르세요?
	誘い掛け・推測 II + ㄹ까요?	・呼びましょうか ・呼ぶでしょうか		부를까요?
III 불러	現在・未来形 III + 요 (I + ㅂ / 습니다)	・呼びます		불러요 (부릅니다)
	過去形 III + ㅆ어요 (III + ㅆ습니다)	・呼びました		불러요 (불렀습니다)
	許容・許可 III + 도 돼요 (?)	・呼んでもいいです （か）		불러도 돼요 (?)

⇒他の活用は付録の「動詞活用一覧表」（P404）を参照

例のように直してみましょう！

〈例〉子犬が名前を<u>呼ぶ</u>と来ます。

강아지가 이름을 (부르면) 와요.

> もう一度
> 書いてみよう！

(1) 韓国語で歌を<u>歌いたいです</u>。

한국어로 노래를 (　　　　　　.)

(2) 参加者の出席を<u>取りましょうか</u>。

참가자의 출석을 (　　　　　?)

(3) 今度の集まりに友達を<u>呼んでもいいですか</u>。

다음 모임에 친구를 (　　　　　?)

〈解答〉⑴ **부르고 싶어요** ⑵ **부를까요** ⑶ **불러도 돼요**

次の単語を例のように入れ替えて練習してみましょう！

例

이름을 (名前を)

부르고 싶어요 / 부르세요 / 부를까요? / 불러요 / 불렀어요

출석을
(出席を)　　**손님을**
(お客さんを)　　**친구를**
(友達を)　　**큰소리로**
(大きな声で)　　**집으로**
(家に)

42

빌리다 借りる

빌려요 / 빌렸어요
借ります / 借りました

빌립니다 / 빌렸습니다
借ります / 借りました

남의 것을 나중에 돌려주기로 하고 잠시 쓰다.
（他人の物をあとで返すことにして、しばらく使う。）

- 자전거를 빌려요. 　　　　　自転車を借ります。
- 도서관에서 책을 빌려요. 　　図書館で本を借ります。
- 친구한테서 펜을 빌렸어요. 　友達からペンを借りました。
- 은행에서 돈을 빌립니다. 　　銀行からお金を借ります。
- 부모님의 힘을 빌렸습니다. 　両親の力を借りました。

「借りる」や「빌리다」から連想することばは日韓とも「**책**（本）」でしょう。
　さて、日本では、人さまのおうちやコンビニなどで「**화장실**（トイレ）」を使わせてもらうとき、「トイレをお借りしてもいいですか」と、断ってから使うことがマナーになっていますが、韓国では客人として呼ばれたときなどは特に断ることもなく、そっと使うことが多々あります。

	活用形Ⅰ	活用形Ⅱ	活用形Ⅲ
빌리다 (借りる)	빌리	빌리	빌려

練習1 上の「活用情報」を見て練習してみましょう！

돈을
(お金を)

活用形	文型	日本語	書き込み	確認
Ⅰ 빌리	願望 Ⅰ＋고 싶어요	・借りたいです	빌리고 싶어요	빌리고 싶어요
	否定 Ⅰ＋지 않아요	・借りません		빌리지 않아요
	禁止 Ⅰ＋지 마세요	・借りないでください		빌리지 마세요
Ⅱ 빌리	目的 Ⅱ＋러	・借りに		빌리러
	命令・疑問 Ⅱ＋세요 (?)	・借りてください ・借りますか		빌리세요 빌리세요?
	誘い掛け・推測 Ⅱ＋ㄹ까요?	・借りましょうか ・借りるでしょうか		빌릴까요?
Ⅲ 빌려	現在・未来形 Ⅲ＋요 (Ⅰ＋ㅂ/습니다)	・借ります		빌려요 (빌립니다)
	過去形 Ⅲ＋ㅆ어요 (Ⅲ＋ㅆ습니다)	・借りました		빌렸어요 (빌렸습니다)
	願い・依頼 Ⅲ＋주세요	・貸してください		빌려 주세요

➡他の活用は付録の「動詞活用一覧表」（P404）を参照

練習2　例のように直してみましょう！

〈例〉図書館に本を借りに行きました。

도서관에 책을 (빌리러) 갔어요.

もう一度
書いてみよう！

---

(1)　出来るだけお金は借りないでください。

가능하면 돈은 (　　　　　　　.　)

---

(2)　韓国映画の DVD を借りましょうか。

한국 영화 DVD 를 (　　　　　?　)

---

(3)　昨日友達から本を借りました。

어제 친구한테서 책을 (　　　　　.　)

〈解答〉(1) **빌리지 마세요**　(2) **빌릴까요**　(3) **빌렸어요**

練習3　次の単語を例のように入れ替えて練習してみましょう！

例

펜을 (ペンを)

빌리고 싶어요 / 빌리세요 / 빌릴까요? / 빌려요 / 빌려 주세요

| **책을** (本を) | **렌트카를** (レンタカーを) | **힘을** (力を) | **지혜를** (知恵を) | **우산을** (傘を) |

사다 買う ↔ 팔다 売る

사요 / 샀어요   팔아요 / 팔았어요
삽니다 / 샀습니다   팝니다 / 팔았습니다
買います / 買いました   売ります / 売りました

ㄹ 語幹

사다 : **돈을 치르고 제 것으로 만들다.**
（お金を払って自分のものとする。）

팔다 : **돈을 받고 어떠한 물건이나 권리를 남에게 넘기다.**
（お金をもらってものや権利を他人に渡す。）

● **서점에서 책을 사요.**   本屋で本を買います。
● **편의점에서 도시락을 팔아요.**   コンビニでお弁当を売ります。
● **꽃집에서 꽃을 샀어요.**   花屋で花を買いました。
● **매표소에서 표를 팝니다.**   切符売り場で切符を売ります。
● **시장에서 떡을 샀습니다.**   市場でお餅を買いました。

　「**사다**」は「買う」、「**팔다**」は「売る」ですが、「売ったり買ったりする」は「**사고 팔다 (買ったり売ったりする)**」という具合に順番が日本語と逆です。話しことばでは「**사구 팔구**」とも言うので、それに数字を当てれば「4989」になります。そこで商売をやっている人からは「4989」の電話番号が好まれます。

動詞編
形容詞編
活用一覧表

活用情報

	活用形Ⅰ	活用形Ⅱ	活用形Ⅲ
사다 (買う)	사	사	사
팔다 (売る)	팔 / 파	팔 / 파	팔아

練習1 上の「活用情報」を見て練習してみましょう！

옷을
（服を）

活用形	文型	日本語	書き込み	確認
Ⅰ 사 팔 / 파	願望 Ⅰ + 고 싶어요	・買いたいです ・売りたいです	사고 싶어요 팔고 싶어요	사고 싶어요 팔고 싶어요
	状況説明 Ⅰ + 는데	・買いますが ・売りますが		사는데 파는데
	禁止 Ⅰ + 지 마세요	・買わないでください ・売らないでください		사지 마세요 팔지 마세요
Ⅱ 사 팔 / 파	過去連体形 Ⅱ + ㄴ	・買った〜 ・売った〜		산 – 판 –
	理由 Ⅱ + 니까	・買うから ・売るから		사니까 파니까
	提案・推測 Ⅱ + ㄹ까요?	・買いましょうか ・売るでしょうか		살까요? 팔까요?
Ⅲ 사 팔아	現在・未来形 Ⅲ + 요 （Ⅰ + ㅂ / 습니다）	・買います ・売ります		사요 (삽니다) 팔아요 (팝니다)
	過去形 Ⅲ + ㅆ어요 （Ⅲ + ㅆ습니다）	・買いました ・売りました		샀어요 (샀습니다) 팔았어요 (팔았습니다)
	願い・依頼 Ⅲ + 주세요	・買ってください ・売ってください		사 주세요 팔아 주세요

➡他の活用は付録の「動詞活用一覧表」（P404）を参照

練習2 　例のように直してみましょう！

〈例〉あのお店は服を安く<u>売ります</u>。

　　　그 집은 옷을 싸게 (팔아요.)

> もう一度
> 書いてみよう！

⑴ スーパーでキムチを<u>売りますが</u>どんなものがいいですか。

　　　슈퍼에서 김치를 (　　　　　) 어떤 게 좋아요?

⑵ ケーキは自分で買うから<u>買わないでください</u>。

　　　케이크는 제가 (　　　　　) 사지 마세요.

⑶ クリスマスプレゼントを<u>買ったことがあります</u>。

　　　크리스마스 선물을 (　　　　　　　.)

〈解答〉⑴ 파는데　⑵ 사니까　⑶ 산 적이 있어요

練習3 　次の単語を例のように入れ替えて練習してみましょう！

例

집을 (家を)

팔고 싶어요 / 파니까 / 살까요? / 사요 / 사 주세요 / 샀어요

차를	헌책을	컴퓨터를	기타를	김밥을
(車を)	(古本を)	(コンピューターを)	(ギターを)	(キムパプを)

44

사랑하다 愛する

사랑해요 / 사랑했어요
愛します / 愛しました

사랑합니다 / 사랑했습니다
愛します / 愛しました

좋아하는 대상에 대해 애정을 가지다.

（好きな対象に対して愛情を持つ。）

- 부모님을 사랑해요.　　　両親を愛します。
- 아이를 사랑해요.　　　　子供を愛します。
- 몰래 짝사랑했어요.　　　密かに片思いをしました。
- 영원히 사랑합니다.　　　永遠に愛します。
- 서로 사랑했습니다.　　　愛し合いました。

　韓国の歌の中でよく使われることばは「사랑」、「사랑하다」でしょう。その分、日常生活でもよく耳にすることばでもあります。「사랑」は「愛、ラブ、恋」などの意味で「사랑하다」は「愛する」という意味ですが、日本語の「愛する」よりはもっと広く使われ、家族や友達同士でもよく使います。

　みなさんの知っている韓国の歌の中で、「사랑〜」を見つけてみましょう。

	活用形Ⅰ	活用形Ⅱ	活用形Ⅲ
사랑하다 (愛する)	사랑하	사랑하	사랑해

練習 1　上の「活用情報」を見て練習してみましょう！

가족을
(家族を)

活用形	文型	日本語	書き込み	確認
Ⅰ 사랑하	理由・根拠 Ⅰ + 거든요	・愛するんですよ	사랑하거든요	사랑하거든요
	理由 Ⅰ + 기 때문에	・愛するから		사랑하기 때문에
	目標・志向 Ⅰ + 도록 하세요	・愛するようにしてください		사랑하도록 하세요
Ⅱ 사랑하	仮定・条件 Ⅱ + 면	・愛すれば		사랑하면
	命令・疑問 Ⅱ + 세요 (?)	・愛してください ・愛しますか		사랑하세요 사랑하세요?
	推測 Ⅱ + ㄹ까요?	・愛するでしょうか		사랑할까요?
Ⅲ 사랑해	現在・未来形 Ⅲ + 요 (Ⅰ + ㅂ/습니다)	・愛します		사랑해요 (사랑합니다)
	過去形 Ⅲ + ㅆ어요 (Ⅲ + ㅆ습니다)	・愛しました		사랑했어요 (사랑했습니다)
	当然・義務 Ⅲ + 야 돼요	・愛さなければなりません		사랑해야 돼요

⇒他の活用は付録の「動詞活用一覧表」（P404）を参照

練習2　例のように直してみましょう！

〈例〉星を愛した幼い王子（＝星の王子様）。

별을 (사랑한) 어린왕자

> もう一度
> 書いてみよう！

(1) 何よりも自分を先に愛するようにしてください。

무엇보다도 자신을 먼저 (　　　　　　.　)

(2) あの人は本当に彼女を愛するでしょうか。

그 사람은 정말로 그녀를 (　　　　　?　)

(3) 我々は皆が隣人を愛さなければなりません。

우리 모두가 이웃을 (　　　　　.　)

〈解答〉(1) **사랑하도록 하세요** (2) **사랑할까요** (3) **사랑해야 돼요**

練習3　次の単語を例のように入れ替えて練習してみましょう！

例

부모님을 (両親を)

사랑하거든요 / 사랑할까요? / 사랑해요 / 사랑해야 돼요

음악을 (音楽を)　**고향을** (故郷を)　**동생을** (弟を)　**자연을** (自然を)　**지구를** (地球を)

살다 住む・暮らす・生きる

살아요 / 살았어요	삽니다 / 살았습니다
住みます / 住みました	住みます / 住みました

ㄹ語幹

① **사람이 생존하거나 생활을 하다.**
（人が生存したり、生活したりする。）

② **누가 어디에 거주하다. 지내다.**
（だれかがあるところに居住する。過ごす。）

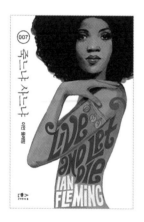

● **행복하게 살아요.**	幸せに暮らしています。
● **건강하게 살아요.**	健康に暮らしています。
● **미국에 살았어요.**	アメリカに住んでいました。
● **거북이는 오래 삽니다.**	カメは長生きします。
● **부모님과 함께 살았습니다.**	両親と一緒に住んでいました。

　日本語の「住む」は場所や空間に、「暮らす」は「生活する」というライフスタイルに、なお、「生きる」は寿命に重きをおいたことばです。
　ところで、韓国語の「살다」は、「住む」、「暮らす」、「生きる」という意味が全部含まれたことばです。また、暮らし向きがよい、豊かであるの意味としても「살다」を用いて、「잘 살다」と表現します。

活用情報

살다 (住む)	活用形 I	活用形 II	活用形 III
	살 / 사	살 / 사	살아

練習 1 上の「活用情報」を見て練習してみましょう！

시골에서
（田舎で）

活用形	文型	日本語	書き込み	確認
I 살 / 사	願望 I + 고 싶어요	・住みたいです	살고 싶어요	살고 싶어요
	理由・根拠 I + 거든요	・住んでいますよ		살거든요
	状況説明 I + 는데	・住みますが		사는데
II 살 / 사	理由 II + 니까	・住むから		사니까
	意図・計画 II + 려고 해요	・住もうと思います		살려고 해요
	同時進行 II + 며	・暮らしながら		살며
III 살아	現在・未来形 III + 요 （I + ㅂ / 습니다）	・住みます		살아요 （삽니다）
	過去形 III + ㅆ어요 （III + ㅆ습니다）	・住みました		살았어요 （살았습니다）
	試み・提案 III + 보세요	・住んでみてください		살아 보세요

➡他の活用は付録の「動詞活用一覧表」（P404）を参照

例のように直してみましょう！

〈例〉死ぬか生きるかそれが問題だ。

죽느냐 (사느냐) 그것이 문제로다.

> もう一度
> 書いてみよう！

(1) 一戸建てに住みたいです。

단독주택에서 (　　　　　　　.)

(2) 田舎で暮らすからいつも新鮮な野菜が食べられます。

시골에서 (　　　　　) 언제나 신선한 채소를 먹을 수 있어요.

(3) おじいさんは100歳まで生きました。

할아버지는 100 살까지 (　　　　　　.)

〈解答〉(1) 살고 싶어요　(2) 사니까　(3) 살았어요

練習3 次の単語を例のように入れ替えて練習してみましょう！

例

서울에서 (ソウルで)

살고 싶어요 / 살거든요 / 살려고 해요 / 사니까 / 살아 보세요

도쿄에서
(東京で)

단독주택에
(一戸建てに)

행복하게
(幸せに)

알뜰히
(つつましく)

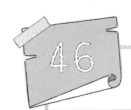

46

생기다 出来る・生じる

생겨요 / 생겼어요
出来ます / 出来ました

생깁니다 / 생겼습니다
出来ます / 出来ました

없던 것이 새로 만들어지다.

(なかったものが新しく作られる。)

- 여기에 카페가 생겨요.　　ここにカフェが出来ます。
- 지하철역이 생겨요.　　地下鉄駅が出来ます。
- 돈이 생겼어요.　　お金が出来ました。
- 백화점이 생깁니다.　　百貨店が出来ます。
- 친구가 생겼습니다.　　友達が出来ました。

「생기다」は「빌딩이 생기다 (ビルができる)」、「문제가 생기다 (問題が生じる)」、「트러블이 생기다 (トラブルが起きる)」、「돈이 생기다 (お金が手に入る)」などのように「できる、生じる、起きる、手に入る」などの意味をもっています。

他に、「잘 생기다」は「よくできている→美男子だ、顔たちがいい、ハンサムだ」、「못 생기다」は「よくできてない→器量がよくない」という意味で使われています。

	活用形Ⅰ	活用形Ⅱ	活用形Ⅲ
생기다 (できる)	생기	생기	생겨

練習1 上の「活用情報」を見て練習してみましょう！

편의점이
（コンビニが）

活用形	文型	日本語	書き込み	確認
Ⅰ 생기	現在連体形 Ⅱ + 는	・出来る〜	생기는 –	생기는 –
	逆接 Ⅰ + 지만	・出来るが		생기지만
	理由・根拠 Ⅰ + 거든요	・出来るんですよ		생기거든요
Ⅱ 생기	仮定・条件 Ⅱ + 면	・出来たら		생기면
	理由 Ⅱ + 니까	・出来るから		생기니까
	推測 Ⅱ + ㄹ까요?	・出来るでしょうか		생길까요?
Ⅲ 생겨	現在・未来形 Ⅲ + 요 （Ⅰ + ㅂ/습니다）	・出来ます		생겨요 （생깁니다）
	過去形 Ⅲ + ㅆ어요 （Ⅲ + ㅆ습니다）	・出来ました		생겼어요 （생겼습니다）
	原因・理由 Ⅲ + 서	・出来て		생겨서

➡他の活用は付録の「動詞活用一覧表」（P404）を参照

練習2 例のように直してみましょう！

〈例〉猫がかわいいです（かわいくできました）。

고양이가 예쁘게 (생겼어요.)

もう一度
書いてみよう！

(1) バイトでお金は出来るが十分ではないです。

아르바이트로 돈은 (　　　　　) 넉넉하지는 않아요.

(2) 心配事が出来たらおっしゃってください。

걱정거리가 (　　　　) 말씀해 주세요.

(3) 近いところにデパートが出来て便利でいいです。

가까운 곳에 백화점이 (　　　　) 편리하고 좋아요.

〈解答〉(1) **생기지만**　(2) **생기면**　(3) **생겨서**

練習3 次の単語を例のように入れ替えて練習してみましょう！

例

약국이 (薬局が)

생기거든요 / 생기지만 / 생길까요? / 생겨요 / 생겼어요

백화점이
(百貨店が)

카페가
(カフェが)

미술관이
(美術館が)

박물관이
(博物館が)

155

47

시작되다 始まる ⟷ 끝나다 終わる

시작되어요 / 시작되었어요   끝나요 / 끝났어요
시작됩니다 / 시작되었습니다   끝납니다 / 끝났습니다
始まります / 始まりました   終わります / 終わりました

시작되다 : **새로 어떤 일이 행해지게 되다.**
（新たに物事が行われるようになる）

끝나다　 : **어떤 일이 다 되거나 이루어지다.**
（ある物事が全部できたり、なされたりする。）

- 곧 장마가 시작돼요.   近々梅雨が始まります。
- 드라마가 곧 끝나요.   ドラマがすぐ終わります。
- 벌써 끝났어요?   もう終わりましたか。
- 수업이 시작됩니다.   授業が始まります。
- 영화가 시작됐습니다.   映画が始まりました。

　「시작 (始作)」は韓国独自の漢字語で、「始め」や「始まり」の意味です。
　「始まる」は「시작되다 (始作される)」、「始める」は「시작하다 (始作する)」です。
　なお、韓国には「시작이 반이다」ということわざがありますが、これは何事も
「始まれば半分 (をやったのと同じこと) である」という意味です。

活用情報

	活用形Ⅰ	活用形Ⅱ	活用形Ⅲ
시작되다 (始まる)	시작되	시작되	시작되어 / 시작돼
끝나다 (終わる)	끝나	끝나	끝나

수업이
(授業が)

練習 1 上の「活用情報」を見て練習してみましょう！

活用形	文型	日本語	書き込み	確認
Ⅰ 시작되 끝나	順序 Ⅰ + 고	・始まって ・終わって	시작되고 끝나고	시작되고 끝나고
	逆接 Ⅰ + 지만	・始まるが ・終わるが		시작되지만 끝나지만
	連続生起 Ⅰ + 자마자	・始まるやいなや ・終わるやいなや		시작되자마자 끝나자마자
Ⅱ 시작되 끝나	仮定・条件 Ⅱ + 면	・始まれば ・終われば		시작되면 끝나면
	理由 Ⅱ + 니까	・始まるから ・終わるから		시작되니까 끝나니까
	推測 Ⅱ + ㄹ까요?	・始まるでしょうか ・終わるでしょうか		시작될까요? 끝날까요?
Ⅲ 시작되 어 / 시작돼 끝나	現在・未来形 Ⅲ + 요 （Ⅰ + ㅂ / 습니다）	・始まります ・終わります		시작돼요 (시작됩니다) 끝나요 (끝납니다)
	過去形 Ⅲ + ㅆ어요 （Ⅲ + ㅆ습니다）	・始まりました ・終わりました		시작됐어요 (시작됐습니다) 끝났어요 (끝났습니다)
	原因・理由 Ⅲ + 서	・始まって ・終わって		시작돼서 끝나서

➡他の活用は付録の「動詞活用一覧表」（P404）を参照

動詞編

形容詞編

活用一覧表

練習2 例のように直してみましょう！

〈例〉経済危機が始まりました。

경제 위기가 (시작됐어요.)

もう一度
書いてみよう！

---

(1) 映画が始まるやいなや居眠り始めました。

영화가 (　　　　　　　　) 졸기 시작했어요.

---

(2) テストが終わったら一緒に旅行に行きましょうか。

시험이 (　　　　) 같이 여행 갈까요?

---

(3) 演奏が始まって入れません。

연주가 (　　　　　) 들어갈 수 없어요.

〈解答〉(1) **시작되자마자**　(2) **끝나면**　(3) **시작돼서**

練習3 次の単語を例のように入れ替えて練習してみましょう！

例

영화가 (映画が)

시작되고 / 끝나지만 / 끝나자마자 / 시작돼요 / 끝났어요

콘서트가
（コンサートが）

드라마가
（ドラマが）

회의가
（会議が）

뮤지컬이
（ミュージカルが）

시키다 させる・注文する

시켜요 / 시켰어요	시킵니다 / 시켰습니다
させます / させました	させます / させました

남에게 어떤 일을 하도록 하다.

（人にあることをするようにしむける。）

- 일을 시켜요.　　　　仕事をさせます。
- 공부를 시켜요.　　　勉強をさせます。
- 피자를 시켰어요.　　ピザを注文しました。
- 운동을 시킵니다.　　運動をさせます。
- 청소를 시켰습니다.　掃除をさせました。

　「시키다」は相手に「（何かを）させる」という意味で、「공부시키다（勉強させる）」、「결혼시키다（結婚させる）」、「고생시키다（苦労させる）」、「오염시키다（汚染させる）」などのように一部の名詞のあとについて、使役の表現を作ります。
　また、「（料理を）注文する」という意味があり「뭘 시킬까요?」は「何を注文しましょうか」という意味になります。

	活用形Ⅰ	活用形Ⅱ	活用形Ⅲ
시키다 (させる)	**시키**	**시키**	**시켜**

練習1 上の「活用情報」を見て練習してみましょう！

일을
(仕事を)

活用形	文型	日本語	書き込み	確認
Ⅰ **시키**	願望 Ⅰ + **고 싶어요**	・させたいです	시키고 싶어요	**시키고 싶어요**
	状況説明 Ⅰ + **는데**	・させますが		**시키는데**
	禁止 Ⅰ + **지 마세요**	・させないでください		**시키지 마세요**
Ⅱ **시키**	仮定 Ⅱ + **면**	・させれば ・させては		**시키면**
	命令・疑問 Ⅱ + **세요 (?)**	・させてください ・させますか		**시키세요** **시키세요?**
	誘い掛け・推測 Ⅱ + **ㄹ까요?**	・させましょうか ・させるでしょうか		**시킬까요?**
Ⅲ **시켜**	現在・未来形 Ⅲ + **요** （Ⅰ + **ㅂ/습니다**）	・させます		**시켜요** **(시킵니다)**
	過去形 Ⅲ + **ㅆ어요** （Ⅲ + **ㅆ습니다**）	・させました		**시켰어요** **(시켰습니다)**
	願い・依頼 Ⅲ + **주세요**	・させてください		**시켜 주세요**

➡他の活用は付録の「動詞活用一覧表」（P404）を参照

練習2　例のように直してみましょう！

〈例〉子供にバイトをさせてはいけません。

어린이에게 아르바이트를 (시키면) 안 돼요.

もう一度
書いてみよう！

(1)　子供に運動をさせたいです。

아이에게 운동을 (　　　　　　　.)

(2)　ヤンニョムチキンを注文しましょうか。

양념치킨을 (　　　　　?)

(3)　息子にお使いをさせました。

아들에게 심부름을 (　　　　.)

〈解答〉(1) **시키고 싶어요**　(2) **시킬까요**　(3) **시켰어요**

練習3　次の単語を例のように入れ替えて練習してみましょう！

例

공부를 (勉強を)

시키고 싶어요 / 시키세요 / 시킬까요? / 시킵니다 / 시켰어요

청소를
(掃除を)

소개를
(紹介を)

심부름을
(お使いを)

노래를
(歌を)

인사를
(挨拶を)

신다 履く

<table>
<tr><td>신어요 / 신었어요</td><td>신습니다 / 신었습니다</td></tr>
<tr><td>履きます / 履きました</td><td>履きます / 履きました</td></tr>
</table>

신이나 양말 따위로 발의 일부나 전부를 덮다.

（靴や靴下などで、足の一部や全部を覆う。）

● 신발을 신어요.	靴を履きます。
● 샌들을 신어요.	サンダルを履きます。
● 운동화를 신었어요.	運動靴を履きました。
● 구두를 신습니다.	靴を履きます。
● 양말을 신었습니다.	靴下を履きました。

　「**신다**」は「（靴下や履物を）履く」という意味で、下半身に衣服を着ける「穿く」の意味はありません。ズボンやスカートなどは「**입다**（着る）」を使います。また、「**신다**」や「**입다**（着る）」の反意語は「**벗다**（脱ぐ）」です。

　辞書などでは「靴」を「**구두**」や「**신발**」と言いますが、韓国語においての「**구두**」はおもに「皮靴」を指すことが多く、履物一般は「**신발**」と言います。なお、「**구두**」は日本語の「クツ」が訛ってできたことばです。

活用情報

	活用形Ⅰ	活用形Ⅱ	活用形Ⅲ
신다 (履く)	신	신으	신어

> 신발을
> (靴を)

練習1 上の「活用情報」を見て練習してみましょう！

活用形	文型	日本語	書き込み	確認
Ⅰ 신	進行・結果の継続 Ⅰ+**고 있어요**	・履いています	신고 있어요	신고 있어요
	否定の願望 안+ Ⅰ+**고** **싶어요**	・履きたくありません		안 신고 싶어요
	禁止 Ⅰ+**지 마세요**	・履かないでください		신지 마세요
Ⅱ 신으	仮定・条件 Ⅱ+**면**	・履けば		신으면
	命令・疑問 Ⅱ+**세요 (?)**	・履いてください ・履きますか		신으세요 신으세요?
	誘い掛け・推測 Ⅱ+**ㄹ까요?**	・履きましょうか ・履くでしょうか		신을까요?
Ⅲ 신어	現在・未来形 Ⅲ+**요** （Ⅰ+**ㅂ/습니다**）	・履きます		신어요 （신습니다）
	過去形 Ⅲ+**ㅆ어요** （Ⅲ+**ㅆ습니다**）	・履きました		신었어요 （신었습니다）
	試み・提案 Ⅲ+**보세요**	・履いてみてください		신어 보세요

➡他の活用は付録の「動詞活用一覧表」（P404）を参照

例のように直してみましょう！

〈例〉靴をかわいく履きます。

신발을 예쁘게 (신어요.)

> もう一度
> 書いてみよう！

(1) 教室では子供が上履きを履いています。

교실에서는 어린이들이 실내화를 (　　　　.）

(2) 室内ではスリッパを履いてください。

실내에서는 슬리퍼를 (　　　　.）

(3) この靴も履いてみてください。

이 구두도 (　　　　.）

〈解答〉(1) 신고 있어요　(2) 신으세요　(3) 신어 보세요

練習3　次の単語を例のように入れ替えて練習してみましょう！

例

양말을 (靴下を)

신고 있어요 / 신으세요 / 신을까요? / 신어 보세요 / 신었어요

샌들을
(サンダルを)

부츠를
(ブーツを)

구두를
(靴を)

운동화를
(スニーカーを)

쓰다 書く・使う・かぶる

써요 / 썼어요
書きます / 書きました

씁니다 / 썼습니다
書きます / 書きました

으変則

① **필기구로 글자를 적다.**
（筆記用具で文字を記す。）

② **어떤 목적을 위해 물건을 사용하거나 이용하다.**
（ある目的のために物を使用したり利用する。）

③ **머리 위부터 덮다.**
（頭の上からおおう。）

- **모자를 써요.**　　　帽子を被ります。
- **메일을 써요.**　　　メールをかきます。
- **연하장을 썼어요.**　　年賀状を書きました。
- **머리를 씁니다.**　　　頭を使います。
- **우산을 썼습니다.**　　傘を差しました。

「**쓰다**」にはいろんな意味があります。まず、「書く」という意味ですが、絵画・図形などの描くは「**그리다**」を使います。なお、「**쓰다**」には、「使う」や「被る」、「差す」などの意味もあり、「**도구를 쓰다**（道具を使う）」、「**우산을 쓰다**（傘を差す）」、「**안경을 쓰다**（眼鏡をかける）」などのように表現します。

	活用形 I	活用形 II	活用形 III
쓰다 (書く・使う)	쓰	쓰	써

練習 1 上の「活用情報」を見て練習してみましょう！

편지를
（手紙を）

活用形	文型	日本語	書き込み	確認
I 쓰	願望 I + 고 싶어요	・書きたいです	쓰고 싶어요	쓰고 싶어요
	状況説明 I + 는데	・書きますが		쓰는데
	否定 I + 지 않아요	・書きません		쓰지 않아요
II 쓰	過去連体形 II + ㄴ	・書いた〜		쓴 –
	命令・疑問 II + 세요 (?)	・書いてください ・書きますか		쓰세요 쓰세요?
	誘い掛け・推測 II + ㄹ까요?	・書きましょうか ・書くでしょうか		쓸까요?
III 써	現在・未来形 III + 요 (I + ㅂ / 습니다)	・書きます		써요 (씁니다)
	過去形 III + ㅆ어요 (III + ㅆ습니다)	・書きました		썼어요 (썼습니다)
	試み・提案 III + 보세요	・書いてみてください		써 보세요

➡他の活用は付録の「動詞活用一覧表」（P404）を参照

練習2 例のように直してみましょう！

〈例〉眼鏡をかければよく見えます。

안경을 (쓰면) 잘 보여요.

もう一度
書いてみよう！

⑴ ファンレターを書きますが手伝ってください。

팬래터를 (　　　　) 도와 주세요.

⑵ 年賀状は何枚くらい書きますか。

연하장은 몇 장 정도 (　　　　?)

⑶ 帽子を被ってみてください。

모자를 (　　　　.)

〈解答〉⑴ 쓰는데　⑵ 쓰세요　⑶ 써 보세요

練習3 次の単語を例のように入れ替えて練習してみましょう！

例

메일을 (メールを)

쓰고 싶어요 / 쓰면 / 쓸까요? / 써 보세요 / 썼어요 / 씁니다

연하장을
(年賀状を)

볼펜으로
(ボールペンで)

모자를
(帽子を)

우산을
(傘を)

練習1 次の空欄を埋めて文を完成してみましょう。

(1) 昨日はカラオケで韓国の歌を歌いました。〈부르다〉

어제는 노래방에서 한국 노래를 (.)

(2) ちょっと、ボールペンを貸してください。〈빌리다〉

볼펜 좀 (.)

(3) キムチを買いたいですが、その店で売るでしょうか。〈팔다〉

김치를 사고 싶은데 그 가게에서 (?)

(4) 愛するなら表現をしてみてください。〈사랑하다〉

(   ) 표현을 해 보세요.

(5) 今はソウルに住んでいます。〈살다〉

지금은 서울에 (.)

(6) 最近、悩みが一つできました。(悩み：고민)〈생기다〉

요즘 고민이 하나 (.)

(7) 今日から夏休みが始まりました。〈시작되다〉

오늘부터 여름방학이 (.)

(8) ジャージャンメンとチャンポン、何を注文しましょうか。〈주문하다〉

짜장면과 짬뽕, 뭘 (?)

(9) 雨が降るときは、長靴を履けばいいです。〈신다〉

비가 올 때는 장화를 (   ) 좋아요.

(10) 先生に手紙を書きました。〈쓰다〉

선생님께 편지를 (.)

〈解答〉(1) 불렀어요　(2) 빌려 주세요　(3) 팔까요　(4) 사랑하면　(5) 살아요　(6) 생겼어요
(7) 시작됐어요　(8) 시킬까요　(9) 신으면　(10) 썼어요

練習2　次の文を日本語と韓国語に訳してみましょう。

(1) **한국 친구가 생겼어요.**

_____

(2) **광고가 끝나고 영화가 시작됐어요.**

_____

(3) **고생시켜서 미안해요.** (고생：苦労)

_____

(4) **매일 한국 노래를 불러요.**

_____

(5) **이 책을 빌리고 싶어요.**

_____

(6) 今どんな靴を履いていますか。

_____

(7) 韓国語で日記を書いてみてください。

_____

(8) 昨日、素敵な指輪を買いました。（素敵な：멋진、指輪：반지）

_____

(9) 本当にあなたを愛するんですよ。（「- 거든요」を使って）

_____

(10) 来月から一人で住もうと思います。

_____

〈解答〉(1) 韓国人の友達ができました。　(2) 広告が終わって映画が始まりました。　(3) 苦労させてご
めんなさい。　(4) 毎日、韓国の歌を歌います。　(5) この本を借りたいです。　(6) **지금 어떤 신
발을 신고 있어요?**　(7) **한국어로 일기를 써 보세요.**　(8) **어제 멋진 반지를 샀어요.**　(9) **정
말 당신을 사랑하거든요.**　(10) **다음 달부터 혼자 살려고 해요.**

씻다 洗う

씻어요 / 씻었어요
洗います / 洗いました

씻습니다 / 씻었습니다
洗います / 洗いました

때나 더러운 것을 물로 없애 깨끗하게 하다.
（垢や汚いのを水で落とし、きれいにする。）

- 손을 씻어요.　　　　　手を洗います。
- 그릇을 씻어요.　　　　食器を洗います。
- 쌀을 씻었어요.　　　　米を研ぎました。
- 과일을 씻습니다.　　　果物を洗います。
- 손발을 씻었습니다.　　手足を洗いました。

　「洗う」は「씻다」ですが、韓国語には「洗う」にあたる他のことばもあります。「髪を洗う」は「머리를 감다」、「服を洗う」は「옷을 빨다」といった具合に使い分けがあります。

　また、「顔を洗う」は「얼굴을 씻다」という表現も使いますが、日常的に朝、起きて洗面することはよく「세수（洗手）를 하다」との表現が使われます。顔を洗う前に手を洗うことからできた表現かも知れませんね。

活用情報

	活用形 I	活用形 II	活用形 III
씻다 (洗う)	씻	씻으	씻어

손을
(手を)

練習 1 上の「活用情報」を見て練習してみましょう！

活用形	文型	日本語	書き込み	確認
I 씻	願望 I + 고 싶어요	・洗いたいです	씻고 싶어요	씻고 싶어요
	目標・志向 I + 도록 해요	・洗うようにします		씻도록 해요
	確認・同意 I + 지요?	・洗うでしょう？		씻지요?
II 씻으	許可・許容 II + 면 돼요	・洗えばいいです		씻으면 돼요
	命令・疑問 II + 세요 (?)	・洗ってください ・洗いますか		씻으세요 씻으세요?
	誘い掛け・推測 II + ㄹ까요?	・洗いましょうか ・洗うでしょうか		씻을까요?
III 씻어	現在・未来形 III + 요 (I + ㅂ / 습니다)	・洗います		씻어요 (씻습니다)
	過去形 III + ㅆ어요 (III + ㅆ습니다)	・洗いました		씻었어요 (씻었습니다)
	義務・当然 III + 야 해요	・洗わなければなりません		씻어야 해요

➡他の活用は付録の「動詞活用一覧表」（P404）を参照

例のように直してみましょう！

〈例〉ご飯を食べる前は必ず手を洗いましょう。

밥을 먹기 전에는 꼭 손을 (씻어요.)

もう一度
書いてみよう！

(1) 子供が家に帰ると先に手を洗うようにします。

아이가 집에 돌아오면 손을 먼저 (　　　　　　.)

(2) イチゴはかるく洗えばいいです。

딸기는 가볍게 (　　　　　　.)

(3) 野菜は流水で洗わなければなりません。

채소는 흐르는 물에 (　　　　　　.)

〈解答〉(1) 씻도록 해요　(2) 씻으면 돼요　(3) 씻어야 해요

練習3　次の単語を例のように入れ替えて練習してみましょう！

例

얼굴을 (顔を)

씻고 싶어요 / 씻으면 돼요 / 씻을까요? / 씻어요 / 씻어야 돼요

컵을
(コップを)

그릇을
(食器を)

과일을
(果物を)

채소를
(野菜を)

깨끗이
(きれいに)

앉다 座る ⟷ 서다 立つ・停まる

앉아요 / 앉았어요
앉습니다 / 앉았습니다
座ります / 座りました

서요 / 섰어요
섭니다 / 섰습니다
立ちます / 立ちました

앉다 : **엉덩이를 바닥에 붙이고 윗몸을 세우다.**
(お尻を床につけて上半身を起こす。)

서다 : **앉아 있던 사람이 다리를 펴고 몸을 지면과 수직으로 하다.** (座っていた人が、脚を伸ばし体を垂直の姿勢にする。)

- 의자에 앉아요. 椅子に座ります。
- 사람들 앞에 서요. 人の前に立ちます。
- 내 옆에 앉았어요. 私の隣に座りました。
- 바르게 앉습니다. ちゃんと座ります。
- 청중 앞에 섰습니다. 聴衆の前に立ちました。

韓国には「서면 앉고 싶고, 앉으면 눕고 싶고, 누우면 자고 싶다 (立っていれば座りたくなり、座っていれば横になりたくなり、横になっていれば寝たくなる。)」ということわざがあります。人間は楽すればもっと楽したくなるという意味で、これはオンドル部屋ならではのことでしょう。オンドルは暖かくて、座っていればつい横になりたく、また、寝たくなります。

	活用形 I	活用形 II	活用形 III
앉다 (座る)	앉	앉으	앉아
서다 (立つ)	서	서	서

練習 1　上の「活用情報」を見て練習してみましょう！

> 옆에
> (横に)

活用形	文型	日本語	書き込み	確認
I 앉 서	願望 I + 고 싶어요	・座りたいです ・立ちたいです	앉고 싶어요 서고 싶어요	앉고 싶어요 서고 싶어요
	目標・志向 I + 도록 해요.	・座るようにします ・立つようにします		앉도록 해요 서도록 해요
	逆接 I + 지만	・座るが ・立つが		앉지만 서지만
II 앉으 서	誘いがけ II + ㅂ시다	・座りましょう ・立ちましょう		앉읍시다 섭시다
	提案 II + ㄹ까요?	・座りましょうか ・立ちましょうか		앉을까요? 설까요?
	仮定・条件 II + 면	・座れば ・立てば		앉으면 서면
III 앉아 서	現在・未来形 III + 요 (I + ㅂ / 습니다)	・座ります ・立ちます		앉아요 (앉습니다) 서요 (섭니다)
	過去形 III + ㅆ어요 (III + ㅆ습니다)	・座りました ・立ちました		앉았어요 (앉았습니다) 섰어요 (섰습니다)
	順序 III + 서	・座って ・立って		앉아서 서서

⇒他の活用は付録の「動詞活用一覧表」（P404）を参照

174

練習2 例のように直してみましょう！

〈例〉他の人の前に<u>立つ</u>とうまくしゃべれません。

다른 사람들 앞에 (서면) 말을 잘 못해요.

> もう一度
> 書いてみよう！

(1) 足が痛くて<u>座りたいです</u>。

다리가 아파서 (　　　　　　.)

(2) バスはここに<u>停まるでしょうか</u>。

버스는 여기에 (　　　　?)

(3) 授業のときはいつも前に<u>座ります</u>。

수업 시간에는 늘 앞에 (　　　.)

〈解答〉(1) **앉고 싶어요** (2) **설까요** (3) **앉아요**

練習3 次の単語を例のように入れ替えて練習してみましょう！

例

앞에 (前に)

<u>앉고 싶어요</u> / <u>앉을까요?</u> / <u>앉아요</u> / <u>서도록 해요</u> / <u>서요</u>

뒤에
(後ろに)

여기에
(ここに)

저기에
(あそこに)

함께
(いっしょに)

나란히
(並んで)

53

알다 わかる・知る ⟷ 모르다 わからない・知らない

알아요 / 알았어요	몰라요 / 몰랐어요
압니다 / 알았습니다	모릅니다 / 몰랐습니다
わかります / わかりました	わかりません / わかりませんでした
ㄹ語幹	르変則

알다 : **사물의 뜻이나 가치 등을 이해하다.**
（物事の意味や価値などが理解できる。）

모르다 : **사물의 뜻이나 가치 등을 이해 못하다.**
（物事の意味や価値などが理解できない。）

 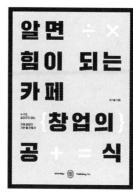 

- **이름을 알아요?** 　　　名前がわかりますか。
- **주소를 몰라요.** 　　　住所がわかりません。
- **답을 알았어요.** 　　　答えがわかりました。
- **그 사람을 잘 모릅니다.** 　あの人をよく知りません。
- **내용을 몰랐습니다.** 　　内容がわかりませんでした。

　「知る」と「わかる」の反意語は否定形の「知らない」と「わからない」ですが、韓国語は「知る」も「わかる」も「**알다**」で、反意語は否定形を使わずに「**모르다**」という別のことばを使います。なお、韓国には「**아는 게 병**（知るのが病）」、また、「知らぬが仏」にあたる「**모르는 게 약이다**（知らないのが薬だ）」ということわざがあります。

	活用形Ⅰ	活用形Ⅱ	活用形Ⅲ
알다 (知る)	알 / 아	알 / 아	알아
모르다 (知らない)	모르	모르	몰라

이름을
(名前を)

練習1　上の「活用情報」を見て練習してみましょう！

活用形	文型	日本語	書き込み	確認
Ⅰ 알 / 아 모르	結果の持続 Ⅰ + 고 있어요	・知っています ・知っていません	알고 있어요 모르고 있어요	알고 있어요 모르고 있어요
	状況説明 Ⅰ + 는데	・わかりますが ・わかりませんが		아는데 모르는데
	逆接 Ⅰ + 지만	・わかりますが ・わかりませんが		알지만 모르지만
Ⅱ 알 / 아 모르	推測 Ⅱ + ㄹ까요?	・わかるでしょうか ・わからないでしょうか		알까요? 모를까요?
	仮定・条件 Ⅱ + 면	・わかれば ・わからなければ		알면 모르면
	疑問 Ⅱ + 세요 (?)	・わかりますか ・わかりませんか		아세요? 모르세요?
Ⅲ 알아 몰라	現在・未来形 Ⅲ + 요 (Ⅰ + ㅂ / 습니다)	・わかります ・わかりません		알아요 (압니다) 몰라요 (모릅니다)
	過去形 Ⅲ + ㅆ어요 (Ⅲ + ㅆ습니다)	・わかりました ・わかりませんでした		알았어요 (알았습니다) 몰랐어요 (몰랐습니다)
	当然・義務 Ⅲ + 야 돼요	・知らなければなりません		알아야 돼요
	許容・許可 Ⅲ + 도 돼요	・知らなくてもいいです		몰라도 돼요

➡他の活用は付録の「動詞活用一覧表」（P404）を参照

例のように直してみましょう！

〈例〉韓国語の文法がよくわかりません。

한국어 문법을 잘 (몰라요.)

もう一度
書いてみよう！

⑴ 皆がその詩を<u>知っています</u>。

모두가 그 시를 (.)

⑵ もし、おいしい店が<u>わかれば教えて</u>ください。

혹시 맛집을 (   ) 가르쳐 주세요.

⑶ 今まで、先生のお名前を<u>知りませんでした</u>。

지금까지 선생님의 성함을 (.)

〈解答〉⑴ 알고 있어요　⑵ 알면　⑶ 몰랐어요

次の単語を例のように入れ替えて練習してみましょう！

例

제목을 (題名を)

알까요? / 알고 있어요 / 아세요? / 모르세요? / 몰라요

그 노래를
(あの歌を)

장소를
(場所を)

시간을
(時間を)

주소를
(住所を)

번호를
(番号を)

열다 開ける ⟷ 닫다 閉める

열어요 / 열었어요
엽니다 / 열었습니다
開けます / 開けました

닫아요 / 닫았어요
닫습니다 / 닫았습니다
閉めます / 閉めました

ㄹ語幹

열다 : **닫혀 있던 것을 좌우 상하 등으로 벌어지게 하다.**
(閉じていたものを、左右・上下などにひろげる。)

닫다 : **열어 놓은 문, 뚜껑 등을 제자리에 가게 하다.**
(開けておいた戸、蓋などを元の位置に戻す。)

- 창문을 열어요. 　　　　　窓を開けます。
- 문을 닫아요. 　　　　　　ドアを閉めます。
- 마음을 닫았어요. 　　　　心を閉ざしました。
- 9시에 가게 문을 엽니다. 　9時にお店をオープンします。
- 8시에 닫았습니다. 　　　　8時に閉めました。

　「開ける」にあたる韓国語はいろいろあり、「窓を開ける」は「**창문을 열다**」ですが、「目を開ける」は「**눈을 뜨다**」、「本を開ける」は「**책을 펴다**」と言います。なお、「窓を閉める」は「**창문을 닫다**」ですが、「目を閉じる」は「**눈을 감다**」、「本を閉じる」は「**책을 덮다**」になります。

	活用形Ⅰ	活用形Ⅱ	活用形Ⅲ
열다 (開ける)	열 / 여	열 / 여	열어
닫다 (閉める)	닫	닫으	닫아

練習1 上の「活用情報」を見て練習してみましょう！

창문을
(窓を)

活用形	文型	日本語	書き込み	確認
Ⅰ 열 / 여 닫	願望 Ⅰ + 고 싶어요	・開けたいです ・閉めたいです	열고 싶어요 닫고 싶어요	열고 싶어요 닫고 싶어요
	禁止 Ⅰ + 지 마세요	・開けないでください ・閉めないでください		열지 마세요 닫지 마세요
	状況説明 Ⅰ + 는데	・開けますが ・閉めますが		여는데 닫는데
Ⅱ 열 / 여 닫으	理由 Ⅱ + 니까	・開けるから ・閉めるから		여니까 닫으니까
	提案 Ⅱ + ㄹ까요?	・開けましょうか ・閉めましょうか		열까요? 닫을까요?
	仮定・条件 Ⅱ + 면	・開ければ ・閉めれば		열면 닫으면
Ⅲ 열어 닫아	現在・未来形 Ⅲ + 요 (Ⅰ + ㅂ/습니다)	・開けます ・閉めます		열어요 (엽니다) 닫아요 (닫습니다)
	過去形 Ⅲ + ㅆ어요 (Ⅲ + ㅆ습니다)	・開けました ・閉めました		열었어요 (열었습니다) 닫았어요 (닫았습니다)
	願い・依頼 Ⅲ + 주세요	・開けてください ・閉めてください		열어 주세요 닫아 주세요

➡他の活用は付録の「動詞活用一覧表」(P.404) を参照

180

練習 2　　例のように直してみましょう！

〈例〉心を開いたら会話が変わります。

もう一度
書いてみよう！

마음을 (열면) 대화가 달라져요.

---

(1)　ちょっと暑いです。窓を開けたいです。

좀 더워요. 창문을 (　　　　　　　.)

---

(2)　10 時にお店を開けるから、そのとき行ってみてください。

10 시에 가게 문을 (　　　　) 그때 가 보세요.

---

(3)　外がうるさいので窓をちょっと閉めてください。

밝이 시끄러우니까 창문 좀 (　　　　　　.)

〈解答〉(1) **열고 싶어요**　(2) **여니까**　(3) **닫아 주세요**

練習 3　　次の単語を例のように入れ替えて練習してみましょう！

例

문을 (扉を)

열고 싶어요 / 여니까 / 닫을까요? / 닫아요 / 닫아 주세요

일찍
(早く)

파일을
(ファイルを)

옷장을
(洋服箪笥を)

트렁크를
(トランクを)

뚜껑을
(蓋を)

55

오다 来る

와요 / 왔어요	옵니다 / 왔습니다
来ます / 来ました	来ます / 来ました

다른 곳에서 이곳으로 움직이다.

（他のところからこっちに動く。）

- 친구가 와요.   友達が来ます。
- 비가 와요.   雨が降ります。
- 봄이 왔어요.   春が来ました。
- 연락이 옵니다.   連絡が来ます。
- 편지가 왔습니다.   手紙が届きました。

「오다」は日本語と同じく「〜に／へ来る」という意味を持っています。「비 (雨)」や「눈 (雪)」の場合は「내리다 (降る)、내려요 (降ります)」も使いますが、ふだんは「오다 (来る)」を用いることが多いです。

また、「手紙が届く」は「**편지가 도착하다** (手紙が到着する)」とも言いますが、「**편지가 오다** (手紙が来る)」という表現をよく使います。なお、「感じがする」は「**느낌이 오다 / 감이 오다** (感じが来る)」と言います。

活用情報

	活用形Ⅰ	活用形Ⅱ	活用形Ⅲ
오다 (来る)	오	오	와

練習1 上の「活用情報」を見て練習してみましょう！

자주
（よく）

活用形	文型	日本語	書き込み	確認
Ⅰ 오	願望 Ⅰ+**고 싶어요**	・来たいです	오고 싶어요	오고 싶어요
	理由・根拠 Ⅰ+**거든요**	・来るんですよ		오거든요
	否定 Ⅰ+**지 않아요**	・来ません		오지 않아요
Ⅱ 오	誘い掛け・推測 Ⅱ+**ㄹ까요?**	・来ましょうか ・来るでしょうか		올까요?
	仮定・条件 Ⅱ+**면**	・来れば		오면
	命令・疑問 Ⅱ+**세요 (?)**	・来てください ・来ますか		오세요 오세요?
Ⅲ 와	現在・未来の不可能 **못**+Ⅲ+**요** (**못**+Ⅰ+**ㅂ/습니다**)	・来られません		못 와요 (못 옵니다)
	過去形 Ⅲ+**ㅆ어요** (Ⅲ+**ㅆ습니다**)	・来ました		왔어요 (왔습니다)
	願い・依頼 Ⅲ+**주세요**	・来てください		와 주세요

➡他の活用は付録の「動詞活用一覧表」（P404）を参照

例のように直してみましょう！

〈例〉うちに遊びに来てください。

우리 집에 놀러 (와요.)

もう一度
書いてみよう！

⑴ 先週、友達が日本に来ました。

지난주에 친구가 일본에 (　　　　.)

⑵ 明日は何時までに来ればいいですか。

내일은 몇 시까지 (　　　　) 돼요?

⑶ おいしいです。また来たいです。

맛있어요. 또 (　　　　　　.)

〈解答〉⑴ 왔어요　⑵ 오면　⑶ 오고 싶어요

練習3　次の単語を例のように入れ替えて練習してみましょう！

例

여기에 (ここに)

또 오고 싶어요 / 올까요? / 같이 와요! / 왔습니다 / 와 주세요

전시회에
(展示会に)

콘서트에
(コンサートに)

팬 미팅에
(ファンミーティングに)

영화관에
(映画館に)

56

외우다 覚える

외워요 / 외웠어요
覚えます / 覚えました

외웁니다 / 외웠습니다
覚えます / 覚えました

말이나 글을 머릿속에 기억하다.

（ことばや文章を頭の中に記憶する。）

- 단어를 외워요. 　　　単語を覚えます。
- 구구단을 워워요. 　　　九九を覚えます。
- 전화번호를 외웠어요. 　電話番号を覚えました。
- 시를 외웁니다. 　　　　詩を覚えます。
- 이름을 외웠습니다. 　　名前を覚えました。

　　韓国人が「외우다」ということばから思いだすのは、小学校のときの「구구단（九九）」や好きな詩、または「태정태세문단세」かも知れません。「태정태세문단세」とは、朝鮮王朝の歴代の王である「太祖、定宗、太宗、世宗、文宗、端宗、世祖…」の王名を並べたもので、頭文字を取って「太定太世文端世…」という具合に覚えたりします。ちなみにハングルを作った王様は4代目の「세종（世宗）」です。

	活用形Ⅰ	活用形Ⅱ	活用形Ⅲ
外우다 (覚える)	외우	외우	외워

練習1 上の「活用情報」を見て練習してみましょう！

단어를
(単語を)

活用形	文型	日本語	書き込み	確認
Ⅰ	願望 Ⅰ + 고 싶어요	・覚えたいです	외우고 싶어요	외우고 싶어요
외우	理由・根拠 Ⅰ + 거든요	・覚えるんですよ		외우거든요
	現在連体形 Ⅱ + 는	・覚える〜		외우는 -
Ⅱ	仮定・条件 Ⅱ + 면	・覚えれば		외우면
외우	理由 Ⅱ + 니까	・覚えるから		외우니까
	意図・計画 Ⅱ + 려고 해요	・覚えようと思います		외우려고 해요
Ⅲ	現在・未来形 Ⅲ + 요 （Ⅰ + ㅂ/습니다）	・覚えます		외워요 （외웁니다）
외워	過去形 Ⅲ + ㅆ어요 （Ⅲ + ㅆ습니다）	・覚えました		외웠어요 （외웠습니다）
	試み・提案 Ⅲ + 보세요	・覚えてみてください		외워 보세요

➡他の活用は付録の「動詞活用一覧表」（P404）を参照

練習2 例のように直してみましょう！

〈例〉単語だけ覚えればいいです。

단어만（ 외우면 ）돼요.

もう一度
書いてみよう！

---

(1) 良い詩を覚えたいです。

좋은 시를（　　　　　　　．）

---

(2) 新しい単語をその都度覚えようと思います。

새로운 단어를 그때그때（　　　　　　　．）

---

(3) このセリフを覚えてみてください。

이 대사를（　　　　　　　．）

〈解答〉(1) 외우고 싶어요　(2) 외우려고 해요　(3) 외워 보세요

練習3 次の単語を例のように入れ替えて練習してみましょう！

例

시를 (詩を)

외우고 싶어요 / 외우니까 / 외우면 / 외워요 / 외워 보세요

노래 가사를
(歌の歌詞を)

대사를
(セリフを)

문장을
(文章を)

전화번호를
(電話番号を)

57

울다 泣く ⟷ 웃다 笑う

울어요 / 울었어요
웁니다 / 울었습니다
泣きます / 泣きました

ㄹ語幹

웃어요 / 웃었어요
웃습니다 / 웃었습니다
笑います / 笑いました

울다 : **슬픔이나 괴로움 등으로 눈물을 흘리며 소리를 내다.**
(悲しみや苦しみなどのために涙を流しながら声を出す。)

웃다 : **기쁜 마음을 얼굴에 나타내거나 목소리로 나타내다.**
(うれしい気持ちを顔に表したり、声に出したりする。)

- **즐겁게 웃어요.**   楽しく笑います。
- **하하호호 웃어요.**   ハハホホ笑います。
- **엉엉 울었어요.**   わあわあ泣きました。
- **슬프게 웁니다.**   悲しく泣きます。
- **영화를 보고 울었습니다.**   映画を見て泣きました。

韓国と日本の笑い声には、「**하하하** (ははは)」、「**히히히** (ひひひ)」、「**후후** (ふ
ふ)」、「**헤헤헤** (へへへ)」、「**호호** (ほほ)」などがありますが、その位置づけはあ
まり変わりありません。また、韓国には「**허허** (ほほ)」と笑う「**너털웃음**」という
のがありますが、おもに「大人の男性が口を開けて豪快に笑うさま」を表します。

	活用形 I	活用形 II	活用形 III
울다 (泣く)	울 / 우	울 / 우	울어
웃다 (笑う)	웃	웃으	웃어

練習 1 上の「活用情報」を見て練習してみましょう！

함께
(いっしょに)

活用形	文型	日本語	書き込み	確認
I 울 / 우 웃	願望 I + **고 싶어요**	・泣きたいです ・笑いたいです	울고 싶어요 웃고 싶어요	울고 싶어요 웃고 싶어요
	否定 I + **지 않아요**	・泣きません ・笑いません		울지 않아요 웃지 않아요
	状況説明 I + **는데**	・泣きますが ・笑いますが		우는데 웃는데
II 울 / 우 웃으	理由 II + **니까**	・泣くから ・笑うから		우니까 웃으니까
	推測 II + **ㄹ까요?**	・泣くでしょうか ・笑うでしょうか		울까요? 웃을까요?
	仮定・条件 II + **면**	・泣いたら ・笑ったら		울면 웃으면
III 울어 웃어	現在・未来形 III + **요** （I + **ㅂ / 습니다**）	・泣きます ・笑います		울어요 （웁니다） 웃어요 （웃습니다）
	過去形 III + **ㅆ어요** （III + **ㅆ습니다**）	・泣きました ・笑いました		울었어요 （울었습니다） 웃었어요 （웃었습니다）
	試み・提案 III + **보세요**	・泣いてみてください ・笑ってみてください		울어 보세요 웃어 보세요

→ 他の活用は付録の「動詞活用一覧表」（P404）を参照

動詞編

形容詞編

活用一覧表

練習2 例のように直してみましょう！

〈例〉笑えば福がきます。(＝笑う門に福来る)

(웃으면) 복이 와요.

もう一度
書いてみよう！

(1) あの人はなかなか笑いません。

그 사람은 좀처럼 (.)

(2) 先生が泣くから皆泣き始めました。

선생님이 (   ) 모두 울기 시작했어요.

(3) うれしい時は大きい声で笑ってみてください。

기쁠 때는 큰 소리로 (.)

〈解答〉(1) 웃지 않아요   (2) 우니까   (3) 웃어 보세요

練習3 次の単語を例のように入れ替えて練習してみましょう！

例

같이 (いっしょに)

웃고 싶어요 / 웃으면 / 웃어요 / 우니까 / 울었어요 / 우는데

모두
(皆)

갑자기
(急に)

크게
(大きく)

꿈에서
(夢で)

실컷
(おもいっきり)

58

이기다 勝つ ↔ 지다 負ける

이겨요 / 이겼어요
이깁니다 / 이겼습니다
勝ちます / 勝ちました

져요 / 졌어요
집니다 / 졌습니다
負けます / 負けました

이기다 : **싸우거나 겨루어서 상대를 누르다.**
(戦ったり、争ったりして相手を負かす。)

지다 : **싸우거나 겨루어서 상대에게 꺾이다.**
(戦ったり、争ったりして相手に敗れる。)

- 감기를 이겨요.   風邪に勝ちます。
- 연습을 안 하면 져요.   練習をしなければ負けます。
- 시합에서 이겼어요.   試合で勝ちました。
- 재판에서 이깁니다.   裁判で勝ちます。
- 결승전에서 졌습니다.   決勝戦で負けました。

「勝つ」は「**이기다**」、「負ける」は「**지다**」といいますが、パチンコや競馬などの勝負事で勝ってお金を取ることを「**따다** (とる)」、「負ける」ことを「**잃다** (失う)」と言います。また、「歳には勝てない」という表現は「**나이는 못 속인다** (歳は騙せない)」と言います。

	活用形Ⅰ	活用形Ⅱ	活用形Ⅲ
이기다 (勝つ)	이기	이기	이겨
지다 (負ける)	지	지	져

練習 1 上の「活用情報」を見て練習してみましょう！

> 시합에서
> (試合で)

活用形	文型	日本語	書き込み	確認
Ⅰ 이기 지	羅列 Ⅰ + 고	・勝って ・負けて	이기고 지고	이기고 지고
	容易・傾向 Ⅰ + 기 쉬워요	・勝ちやすいです ・負けやすいです		이기기 쉬워요 지기 쉬워요
	逆接 Ⅰ + 지만	・勝つが ・負けるが		이기지만 지지만
Ⅱ 이기 지	理由 Ⅱ + 니까	・勝つから ・負けるから		이기니까 지니까
	推測 Ⅱ + ㄹ 것 같아요	・勝ちそうです ・負けそうです		이길 것 같아요 질 것 같아요
	仮定 Ⅱ + 면	・勝てば ・負ければ		이기면 지면
Ⅲ 이겨 져	現在・未来形 Ⅲ + 요 （Ⅰ + ㅂ / 습니다）	・勝ちます ・負けます		이겨요 (이깁니다) 져요 (집니다)
	過去形 Ⅲ + ㅆ어요 （Ⅲ + ㅆ습니다）	・勝ちました ・負けました		이겼어요 (이겼습니다) 졌어요 (졌습니다)
	理由 Ⅲ + 서	・勝ったので ・負けたので		이겨서 져서

➡ 他の活用は付録の「動詞活用一覧表」（P404）を参照

練習2 　例のように直してみましょう！

〈例〉今度の大会で是非勝ちたいです。

이번 대회에서 꼭 (이기고 싶어요.)

> もう一度
> 書いてみよう！

(1)　しっかり練習しなければ、負けやすいです。

제대로 연습 안하면 (　　　　　　　.　)

(2)　今回はなんだか勝ちそうです。

이번에는 왠지 (　　　　　　　.　)

(3)　予想外に負けたので選手たちが大きく失望しました。

예상 외로 (　　　) 선수들이 크게 실망했어요.

〈解答〉(1) **지기 쉬워요**　(2) **이길 것 같아요**　(3) **져서**

練習3 　次の単語を例のように入れ替えて練習してみましょう！

例

결승전에서 (決勝戦で)

이기지만 / 이기니까 / 이겨요 / 질 것 같아요 / 졌어요 / 져서

재판에서
(裁判で)

우리가
(私たちが)

동생한테
(弟に)

게임에서
(ゲームで)

59

일어나다 起きる ↔ 자다 寝る

일어나요 / 일어났어요　　자요 / 잤어요
일어납니다 / 일어났습니다　　잡니다 / 잤습니다
起きます / 起きました　　　　寝ます / 寝ました

① 일어나다 : **누워 있거나 앉아 있다가 앉거나 서다.**
(横になっていたり座った状態から、座ったり立ったりする。)

② 자다 　 : **눈을 감고 몸과 정신의 활동을 멈추고 한동안 쉬다.** (目を閉じて体と精神の活動を止めていっとき休む。)

- **아침 일찍 일어나요.**　　朝早く起きます。
- **밤 늦게 자요.**　　　　夜遅く寝ます。
- **사건이 일어났어요.**　　事件が起こりました。
- **매일 일찍 잡니다.**　　毎日早く寝ます。
- **어젯밤에는 푹 잤습니다.**　　昨晩はぐっすり寝ました。

　「**일어나다**」は「寝ていた人が目が覚めてから体を起こす」という意味のほか、「(事件や事故が) 発生する」という意味もあります。

　他方、「**자다**」は「寝る」という意味で、「横になる」や「病床に臥す」は「**자다**」ではなく「**눕다**」と言います。

	活用形Ⅰ	活用形Ⅱ	活用形Ⅲ
일어나다 (起きる)	일어나	일어나	일어나
자다 (寝る)	자	자	자

練習1 上の「活用情報」を見て練習してみましょう！

일찍
(早めに)

活用形	文型	日本語	書き込み	確認
Ⅰ 일어나 자	願望 Ⅰ + 고 싶어요	・起きたいです ・寝たいです	일어나고 싶어요 자고 싶어요	일어나고 싶어요 자고 싶어요
	理由・根拠 Ⅰ + 거든요	・起きるんですよ ・寝るんですよ		일어나거든요 자거든요
	逆接 Ⅰ + 지만	・起きるが ・寝るが		일어나지만 자지만
Ⅱ 일어나 자	過去連体形 Ⅱ + ㄴ	・起きた〜 ・寝た〜		일어난 – 잔 –
	疑問 Ⅱ + 세요 (?)	・起きますか ・お休みになりますか		일어나세요? 주무세요?*1
	提案 Ⅱ + ㄹ까요?	・起きましょうか ・寝ましょうか		일어날까요? 잘까요?
Ⅲ 일어나 자	現在・未来形 Ⅲ + 요 (Ⅰ + ㅂ / 습니다)	・起きます ・寝ます		일어나요 (일어납니다) 자요 (잡니다)
	過去形 Ⅲ + ㅆ어요 (Ⅲ + ㅆ습니다)	・起きました ・寝ました		일어났어요 (일어났습니다) 잤어요 (잤습니다)
	義務・当然 Ⅲ + 야 돼요	・起きなければなりません ・寝なければなりません		일어나야 돼요 자야 돼요

*1「자다 (寝る)」の尊敬語は「주무시다 (お休みになる)」です。

→他の活用は付録の「動詞活用一覧表」（P404）を参照

動詞編

形容詞編

活用一覧表

〈例〉うちの子はいつもよく寝ます。

　　　우리 아기는 늘 잘 (자요.)

もう一度
書いてみよう！

(1) これから、早く寝たいです。いつも遅く寝るんですよ。

　　이제부터 일찍 자고 싶어요. 늘 늦게 (　　　　　.)

(2) 普段、何時に起きますか。

　　보통 몇 시에 (　　　　　　?)

(3) 明日は早く起きなければなりません。

　　내일은 일찍 (　　　　　　.)

〈解答〉⑴ 자거든요　⑵ 일어나세요　⑶ 일어나야 돼요

練習3　次の単語を例のように入れ替えて練習してみましょう！

例

빨리 (早く)

잘까요? / 자요 / 주무세요 / 일어나요 / 일어나야 돼요

늦게	이제	곧	지금	금방
(遅く)	(もう)	(すぐ)	(今)	(すぐ)

60

일하다 働く ⟷ 쉬다 休む

일해요 / 일했어요　　　쉬어요 / 쉬었어요
일합니다 / 일했습니다　쉽니다 / 쉬었습니다

働きます / 働きました　　休みます / 休みました

일하다 : **몸이나 지능 등을 써서 작업하다.**
　　　　（肉体や知能などを使って作業する。）

쉬다　 : **일이나 동작을 중지하고 몸과 마음을 편하게 하다.**
　　　　（仕事や動作を中止して、体や心を楽にする。）

- **열심히 일해요.**　　　　　一所懸命に働きます。
- **휴일엔 쉬어요.**　　　　　休日には休みます。
- **오늘도 쉬었어요.**　　　　今日も休みました。
- **즐겁게 일합니다.**　　　　楽しく働きます。
- **늦게까지 일했습니다.**　　遅くまで働きました。

　「일하다」は「일（仕事）＋하다（する）」からできたことばで、「働く」という意味として使われます。「働」は日本の国字ですが、韓国にも独自の国字があります。
　例えば、「전답（田畓）」の「답（畓）」は「水田」、「시부모（媤父母）」の「시（媤）」は「夫の方の」という意味で、「시댁（媤宅）」は「夫の実家」、「시부모（媤父母）」は「夫の両親」のことです。

197

	活用形Ⅰ	活用形Ⅱ	活用形Ⅲ
일하다 (働く)	일하	일하	일해
쉬다 (休む)	쉬	쉬	쉬어

練習1 上の「活用情報」を見て練習してみましょう！

오늘은
(今日は)

活用形	文型	日本語	書き込み	確認
Ⅰ 일하 쉬	願望 Ⅰ + 고 싶어요	・働きたいです ・休みたいです	일하고 싶어요 쉬고 싶어요	일하고 싶어요 쉬고 싶어요
	理由・根拠 Ⅰ + 거든요	・働くんですよ ・休むんですよ		일하거든요 쉬거든요
	現在連体形 Ⅱ + 는	・働く～ ・休む～		일하는 – 쉬는 –
Ⅱ 일하 쉬	仮定・条件 Ⅱ + 면	・働けが ・休めば		일하면 쉬면
	疑問 Ⅱ + 세요?	・働きますか ・休みますか		일하세요? 쉬세요?
	提案 Ⅱ + ㄹ까요?	・働きましょうか ・休みましょうか		일할까요? 쉴까요?
Ⅲ 일해 쉬어	現在・未来形 Ⅲ + 요 （Ⅰ + ㅂ / 습니다）	・働きます ・休みます		일해요 （일합니다） 쉬어요 （쉽니다）
	過去形 Ⅲ + ㅆ어요 （Ⅲ + ㅆ습니다）	・働きました ・休みました		일했어요 （일했습니다） 쉬었어요 （쉬었습니다）
	義務・当然 Ⅲ + 야 돼요	・働かなければなりません ・休まなければなりません		일해야 돼요 쉬어야 돼요

➡他の活用は付録の「動詞活用一覧表」（P404）を参照

練習2　例のように直してみましょう！

〈例〉われわれも一生懸命働きます。

우리들도 열심히 (일해요.)

> もう一度
> 書いてみよう！

(1) 土曜日の集まりに行けません。土曜日にも働くんですよ。

토요일 모임에 못 가요. 토요일에도 (　　　　　　.)

(2) 日曜日は休みますか。

일요일은 (　　　　?)

(3) 風邪を引いたらゆっくり休まなければなりません。

감기에 걸리면 푹 (　　　　　　.)

〈解答〉(1) **일하거든요**　(2) **쉬세요**　(3) **쉬어야 돼요**

練習3　次の単語を例のように入れ替えて練習してみましょう！

例

내일도 (明日も)

쉬고 싶어요 / 쉬세요 / 일할까요? / 일해요 / 일해야 돼요

여기서
(ここで)

카페에서
(カフェで)

휴게실에서
(休憩室で)

같이
(いっしょに)

練習1 次の空欄を埋めて文を完成してみましょう。

(1) ブロッコリーはどのように洗いますか。〈씻다〉

브로콜리는 어떻게 (　　　　　　　?)

(2) 足が痛いから、ベンチにちょっと座りましょう。〈앉다〉

다리가 아프니까 벤치에 잠시 (　　　　　　.)

(3) 西洋人はキムチの味がわかるでしょうか。〈알다〉

서양 사람들은 김치 맛을 (　　　　　　?)

(4) ちょっと寒いので窓を閉めましょうか。〈닫다〉

좀 추운데 창문을 (　　　　　　?)

(5) 明日は午前10時までに来てください。〈오다〉

내일은 오전 10 시까지 (　　　　　　.)

(6) 人の名前がよく覚えられません。〈외우다〉

사람의 이름을 잘 (　　　　　　.)

(7) 幸せだから笑うのではなく、笑うから幸せだ。〈웃다〉

행복하니까 웃는 게 아니라 (　　　　　　) 행복하다!

(8) 決勝戦で勝ったので、本当にうれしいです。〈이기다〉

결승전에서 (　　　　　　) 정말 기뻐요.

(9) 今日はやらなくてはならないことが多くて、早く起きました。〈일어나다〉

오늘은 할일이 많아서 일찍 (　　　　　　.)

(10) 休む日には、普段、何をしますか。〈쉬다〉

(　　　　　) 날에는 보통 뭐 해요?

〈解答〉(1) 씻어요　(2) 앉아요　(3) 알까요　(4) 닫을까요　(5) 와 주세요　(6) 못 외워요
(7) 웃으니까　(8) 이겨서　(9) 일어났어요　(10) 쉬는

練習2　次の文を日本語と韓国語に訳してみましょう。

(1) 일찍 잘까요? 내일은 일찍 일어나야 돼요.

---

(2) 큰 소리로 한바탕 웃으면 기분이 좋아져요. (한바탕：ひとしきり)

---

(3) 문을 열고 닫을 때는 조심하세요.

---

(4) 아는 게 병, 모르는 게 약이에요.

---

(5) 누구나 다 앉으면 눕고 싶고 누우면 자고 싶은 법이에요.

---

(6) 会話文を覚えようと思います。

---

(7) 休日にはゆっくり休みたいです。

---

(8) 手をきれいに洗いました。

---

(9) 弟と腕相撲をしましたが、私が負けました。(腕相撲：**팔씨름**)

---

(10) 明日はちょっと早く来てください。

〈解答〉(1) 早く寝ましょうか。明日は早く起きなければなりません。　(2) 大きい声でひとしきり笑うと気持ちがよくなります。　(3) 扉の開け閉めのときは気をつけてください。　(4) 知るのが病、知らないのが薬です。(＝知らぬが仏です)　(5) 誰でもみな、座れば横になりたくなり、横になれば寝たくなるものです。　(6) 회화문을 외우려고 해요.　(7) 휴일에는 느긋하게 쉬고 싶어요.　(8) 손을 깨끗하게 씻었어요.　(9) 동생하고 팔씨름을 했는데 제가 졌어요.　(10) 내일은 좀 일찍 와 주세요.

61

읽다 読む

읽어요 / 읽었어요
読みます / 読みました

읽습니다 / 읽었습니다
読みます / 読みました

글로 되어 있는 것을 소리내거나 눈으로 보아 그 뜻을 알다.
（書かれているものを声に出したり、目で見てその意味がわかる。）

- 책을 읽어요. — 本を読みます。
- 소설을 읽어요. — 小説を読みます。
- 소리를 내서 읽었어요. — 声を出して読みました。
- 매일 성경을 읽습니다. — 毎日聖書を読みます。
- 천천히 읽었습니다. — ゆっくり読みました。

　「읽다」にも、日本語の「読む」と同じく「書かれた文字を一字ずつ声に出して言う」や「文字・文章などの表す意味を理解する」といった意味があります。
　ところで、韓国でも「책을 읽다 (本を読む)」、「소설을 읽다 (小説を読む)」と言いますが、新聞や雑誌・漫画を「読む」のは「읽다」だけではなく、「신문을 보다 (新聞を見る)」、「잡지를 보다 (雑誌を見る)」「만화를 보다 (漫画を見る)」という具合に「보다 (見る)」も使います。

活用情報

	活用形Ⅰ	活用形Ⅱ	活用形Ⅲ
읽다 (読む)	읽	읽으	읽어

練習1　上の「活用情報」を見て練習してみましょう！

책을
（本を）

活用形	文型	日本語	書き込み	確認
Ⅰ 읽	願望 Ⅰ＋고 싶어요	・読みたいです	읽고 싶어요	읽고 싶어요
	進行 Ⅰ＋고 있어요	・読んでいます		읽고 있어요
	状況説明 Ⅰ＋는데	・読みますが		읽는데
Ⅱ 읽으	不可能の仮定 못 ＋Ⅱ＋면	・読めなかったら		못 읽으면
	理由 Ⅱ＋니까	・読むから		읽으니까
	意図・計画 Ⅱ＋려고 해요	・読もうと思います		읽으려고 해요
Ⅲ 읽어	現在・未来形 Ⅲ＋요 （Ⅰ＋ㅂ/습니다）	・読みます		읽어요 （읽습니다）
	過去形 Ⅲ＋ㅆ어요 （Ⅲ＋ㅆ습니다）	・読みました		읽었어요（읽었습니다）
	試み・提案 Ⅲ＋보세요	・読んでみてください		읽어 보세요

➡他の活用は付録の「動詞活用一覧表」（P404）を参照

練習2　例のように直してみましょう！

〈例〉うちの家族は本を読みます。

우리 가족은 책을 (읽어요.)

もう一度
書いてみよう！

(1) 最近は、小説を<u>読んでいます</u>。

요즘은 소설을 (　　　　　　.)

(2) 今度は、韓国の新聞を<u>読もうと思います</u>。

다음에는 한국 신문을 (　　　　　　.)

(3) ちょっと、この記事を<u>読んでみてください</u>。

이 기사 좀 (　　　　　　.)

〈解答〉(1) 읽고 있어요　(2) 읽으려고 해요　(3) 읽어 보세요

練習3　次の単語を例のように入れ替えて練習してみましょう！

例

소설을 (小説を)

<u>읽고 싶어요</u> / <u>읽는데</u> / <u>읽으면</u> / <u>읽어 보세요</u> / <u>읽었어요</u>

수필을
(エッセイを)

원서를
(願書を)

설명서를
(説明書を)

안내장을
(案内状を)

칼럼을
(コラムを)

잃다 失くす ・ 잊다 忘れる

잃어요 / 잃었어요
잃습니다 / 잃었습니다
失くします / 失くしました

잊어요 / 잊었어요
잊습니다 / 잊었습니다
忘れます / 忘れました

잃다 : **가지고 있던 물건이 모르는 사이에 없어지다.**
（持っていたものが知らないうちに失くなる。）

잊다 : **한 번 알았던 것을 기억하지 못 하게 되다.**
（一度知っていたことを覚えられなくなる。）

- 지갑을 잃어버려요.　　　　財布を落とします。
- 약속을 자주 잊어버려요.　約束をよく忘れてしまいます。
- 길을 잃었어요.　　　　　　道に迷いました。
- 이성을 잃습니다.　　　　　理性を失います。
- 숙제를 잊었습니다.　　　　宿題を忘れました。

「잃다」は「失う」、「잊다」は「忘れる」ですが、これは韓国人にも紛らわしく、物を失くしたのに「잊다」を使ったり、記憶や約束を忘れたのに「잃다」を使ったりで、間違った表現を使うこともあります。
　また、「잃다」と「잊다」は「잃어버리다（失くしてしまう）」、「잊어버리다（忘れてしまう）」の形で使われることが多いです。

	活用形 I	活用形 II	活用形 III
잃다 (失くす)	잃	잃으	잃어
잊다 (忘れる)	잊	잊으	잊어

練習 1 上の「活用情報」を見て練習してみましょう！

> 우산을 / 약속을
> (傘を) / (約束を)

活用形	文型	日本語	書き込み	確認
I 잃 잊	羅列 I + 고	・失くして ・忘れて	잃고 잊고	잃고 잊고
	容易・傾向 I + 기 쉬워요	・失くしやすいです ・忘れやすいです		잃기 쉬워요 잊기 쉬워요
	禁止 I + 지 마세요	・失くさないでください ・忘れないでください		잃 (어버리) 지 마세요 잊 (어버리) 지 마세요
II 잃으 잊으	仮定・条件 II + 면	・失くしたら ・忘れたら		잃으면 잊으면
	理由 II + 니까	・失くすから ・忘れるから		잃으니까 잊으니까
	推測 II + ㄹ까요?	・失くすでしょうか ・忘れるでしょうか		잃을까요? 잊을까요?
III 잃어 잊어	現在・未来形 III + 요	・失くします ・忘れます		잃어요 잊어요
	過去形 III + ㅆ어요 (III + ㅆ습니다)	・失くしました ・忘れました		잃었어요 잊었어요
	理由 III + 서	・失くしたので ・忘れたので		잃어서 잊어서

➡他の活用は付録の「動詞活用一覧表」（P404）を参照

練習2　例のように直してみましょう！

〈例〉地下鉄で傘を失くしました。

　　　지하철에서 우산을 (　잃었어요.　)

もう一度
書いてみよう！

(1)　パスワードは絶対に失くさないでください。

　　　여권은 절대로 (　　　　　　　　　.　)

(2)　道に迷ったら交番に行ってください。

　　　길을 (　　　　) 파출소에 가세요.

(3)　暗証番号を忘れました。

　　　비밀 번호를 (　　　　　　.　)

〈解答〉(1) **잃어버리지 마세요**　(2) **잃으면**　(3) **잊었어요**

練習3　次の単語を例のように入れ替えて練習してみましょう！

例

지갑을 (財布を)　　・　　**번호를** (番号を)

잃고 / 잃으니까 / 잃으면 · 잊어버렸어요 / 잊었어요

수첩을 (手帳を)　**건강을** (健康を)　**휴대폰을** (携帯電話を)　·　**자주** (よく)　**언제나** (いつも)

207

입다 着る ↔ 벗다 脱ぐ

입어요 / 입었어요 벗어요 / 벗었어요
입습니다 / 입었습니다 벗습니다 / 벗었습니다

着ます / 着ました 脱ぎます / 脱ぎました

입다 : **옷을 몸에 걸치거나 두르다.**
（服などを身につけたり、巻いたりする。）

벗다 : **입거나 쓰거나 신은 것 따위를 몸에서 떼어 내다.**
（着たり、被ったり、履いたりしたものを身から取り去る。）

- 옷을 입어요. 服を着ます。
- 양복을 벗어요. スーツを脱ぎます。
- 치마를 입었어요. スカートを穿きました。
- 신발을 벗습니다. 靴を脱ぎます。
- 모자를 벗었습니다. 帽子を脱ぎました。

　韓国語の「**입다**」は、「服を身に着ける」という意味で、「穿く」の対象になるスカートやズボンなども含まれます。

　他方、反意語の「**벗다**」は、「服」だけでなく、体につけていた、帽子、眼鏡、マスク、靴、靴下を取り去るときにも使います。

活用情報

	活用形Ⅰ	活用形Ⅱ	活用形Ⅲ
입다 (着る)	입	입으	입어
벗다 (脱ぐ)	벗	벗으	벗어

練習1　上の「活用情報」を見て練習してみましょう！

이 옷을
(この服を)

活用形	文型	日本語	書き込み	確認
Ⅰ 입 벗	願望 Ⅰ + 고 싶어요	・着たいです ・脱ぎたいです	입고 싶어요 벗고 싶어요	입고 싶어요 벗고 싶어요
	進行・結果の持続 Ⅰ + 고 있어요	・着ています ・脱いでいます		입고 있어요 벗고 있어요
	状況説明 Ⅰ + 는데	・着ますが ・脱ぎますが		입는데 벗는데
Ⅱ 입으 벗으	誘い掛け Ⅱ + ㄹ까요?	・着ましょうか ・脱ぎましょうか		입을까요? 벗을까요?
	過去連体形 Ⅱ + ㄴ	・着た〜 ・脱いだ〜		입은 – 벗은 –
	命令 Ⅱ + 세요	・着てください ・脱いでください		입으세요 벗으세요
Ⅲ 입어 벗어	現在・未来形 Ⅲ + 요 (Ⅰ + ㅂ / 습니다)	・着ます ・脱ぎます		입어요 (입습니다) 벗어요 (벗습니다)
	過去形 Ⅲ + ㅆ어요 (Ⅲ + ㅆ습니다)	・着ました ・脱ぎました		입었어요 (입었습니다) 벗었어요 (벗었습니다)
	試み・提案 Ⅲ + 보세요	・着てみてください ・脱いでみてください		입어 보세요 벗어 보세요

➡ 他の活用は付録の「動詞活用一覧表」（P404）を参照

練習 2　例のように直してみましょう！

〈例〉新しい服を着たお姫様。

새 옷을 (입은) 공주님.

> もう一度
> 書いてみよう！

(1) あの人はジーンズをはいています。

그 사람은 청바지를 (　　　　　 .)

(2) 室内では帽子を脱いでください。

실내에서는 모자를 (　　　　 .)

(3) これも着てみてください。最近、よく売れています。

이것도 (　　　　　　 .) 요즘 잘 나가요.

〈解答〉(1) 입고 있어요　(2) 벗으세요　(3) 입어 보세요

練習 3　次の単語を例のように入れ替えて練習してみましょう！

例

한복을 (韓服を)

입고 싶어요 / 입어 보세요 / 입은 / 벗어요 / 벗었어요

청바지를
(ジーンズを)

반바지를
(半ズボンを)

양복을
(スーツを)

코트를
(コートを)

있다 ある、いる ⟷ 없다 ない、いない

있어요 / 있었어요
있습니다 / 있었습니다
あります／ありました
・
います／いました

없어요 / 없었어요
없습니다 / 없었습니다
ありません／ありませんでした
・
いません／いませんでした

있다 : **사물이나 동식물이 존재하다.**
（物や動植物が存在する。）

없다 : **사물이나 동식물이 존재하지 않다.**
（物や動植物が存在しない。）

● **동생이 있어요.**   弟がいます。
● **시간이 없어요.**   時間がありません。
● **그림책이 있었어요.**   絵本がありました。
● **한국 친구가 있습니다.**   韓国の友達がいます。
● **숙제가 없었습니다.**   宿題がありませんでした。

　「**있다**」は「物や人などの生き物が存在する」ことを表します。ということで「ある」も「いる」も「**있다**」です。また、「**없다**」は「物や人などの生き物が存在しない」、つまり「ない」や「いない」を意味します。ちなみに「**있다**」は動詞、「**없다**」は形容詞です。

	活用形 I	活用形 II	活用形 III
있다 (ある・いる)	있	있으	있어
없다 (ない・いない)	없	없으	없어

練習 1　上の「活用情報」を見て練習してみましょう！

돈이
（お金が）

活用形	文型	日本語	書き込み	確認
I 있 없	理由・根拠 I + **거든요**	・あるんですよ・いるんですよ ・ないんですよ・いないんですよ	있거든요 없거든요	있거든요 없거든요
	逆接 I + **지만**	・ありますが・いますが ・ありませんが・いませんが		있지만 없지만
	状況説明 I + **는데**	・ありますが・いますが ・ありませんが・いませんが		있는데 없는데
II 있으 없으	推測 II + **ㄹ까요?**	・ある・いるでしょうか ・(い) ないでしょうか		있을까요? 없을까요?
	理由 II + **니까**	・あるから・いるから ・(い) ないから		있으니까 없으니까
	疑問 II + **세요?**	・ありますか・いますか ・ありませんか・いませんか		있으세요? 없으세요?
III 있어 없어	現在・未来形 III + **요** (I + **ㅂ/습니다**)	・あります・います ・ありません・いません		있어요 (있습니다) 없어요 (없습니다)
	過去形 III + **ㅆ어요** (III + **ㅆ습니다**)	・ありました・いました ・ありませんでした・いませんでした		있었어요 (있었습니다) 없었어요 (없었습니다)
	許容・許可 III + **도**	・あっても・いても ・なくても・いなくても		있어도 없어도

➡ 他の活用は付録の「動詞活用一覧表」（P404）を参照

練習2　例のように直してみましょう！

〈例〉面白みがなかったら、意味もありません。

　　재미가 (없으면) 의미도 없어요.

もう一度
書いてみよう！

⑴　あまり自信はありませんが、やってみます。

　　별로 자신은 (　　　　　) 해 볼게요.

⑵　週末にお時間おありですか。

　　주말에 시간 (　　　　　？)

⑶　招待券がなくても大丈夫です。

　　초대권이 (　　　　　) 괜찮아요.

〈解答〉⑴ **없지만**　⑵ **있으세요**　⑶ **없어도**

練習3　次の単語を例のように入れ替えて練習してみましょう！

例

시간이 （時間が）

있거든요 / 있지만 / 있으니까 / 없을까요? / 없어요 / 없는데요

걱정이
（心配が）

약속이
（約束が）

문제가
（問題が）

동생이
（弟・妹が）

고민이
（悩みが）

잘하다 上手だ ⟷ 못하다 下手だ

잘해요 / 잘했어요
잘합니다 / 잘했습니다
上手です / 上手でした

못해요 / 못했어요
못합니다 / 못했습니다
下手です / 下手でした

잘하다 : **학문·기능 등의 레벨이 높다.**
（学問・技能などのレベルが高い。）

못하다 : **학문·기능 등의 레벨이 낮다.**
（学問・技能などのレベルが低い。）

● **한국어를 잘해요.**　　　韓国語が上手です。

● **영어를 잘 못해요**　　　英語が上手くありません。

● **일을 잘했어요.**　　　　仕事が上手でした。

● **노래를 잘 못합니다.**　　歌が上手くありません。

● **대답을 잘했습니다.**　　上手く返事ができました。

　　韓国語の「잘하다」は「上手だ」、「못하다」は「下手だ」という意味ですが、「못하다」は「잊지 못 하다 (忘れられない)」、「용서 못 하다 (赦せない)」などのように「～ができない」という意味で、使われることも多いです。

活用情報

	活用形Ⅰ	活用形Ⅱ	活用形Ⅲ
잘하다 (上手だ)	잘하	잘하	잘해
못하다 (下手だ)	못하	못하	못해

練習 1　上の「活用情報」を見て練習してみましょう！

노래를
(歌が)

活用形	文型	日本語	書き込み	確認
Ⅰ 잘하 못하	感嘆・確認 Ⅰ + 네요	・上手ですね ・下手ですね	잘하네요 못하네요	잘하네요 못하네요
	逆接 Ⅰ + 지만	・上手ですが ・下手ですが		잘하지만 못하지만
	状況説明 Ⅰ + 는데	・上手なんですが ・下手なんですが		잘하는데 못하는데
Ⅱ 잘하 못하	推測 Ⅱ + ㄹ까요?	・上手でしょうか ・下手でしょうか		잘할까요? 못할까요?
	推測 Ⅱ + ㄹ 것 같아요	・上手そうです ・下手そうです		잘할 것 같아요 못할 것 같아요
	理由 Ⅱ + 니까	・上手だから ・下手だから		잘하니까 못하니까
Ⅲ 잘해 못해	現在・未来形 Ⅲ + 요 (Ⅰ + ㅂ/습니다)	・上手です ・下手です		잘해요 (잘합니다) 못해요 (못합니다)
	過去形 Ⅲ + ㅆ어요 (Ⅲ + ㅆ습니다)	・上手でした ・下手でした		잘했어요 (잘했습니다) 못했어요 (못했습니다)
	原因・理由 Ⅲ + 서	・上手なので ・下手なので		잘해서 못해서

➡他の活用は付録の「動詞活用一覧表」（P404）を参照

例のように直してみましょう！

〈例〉歌がとても<u>上手</u>ですね。

노래를 참 (잘하네요.)

> もう一度
> 書いてみよう！

⑴ スピーキングは<u>上手</u>ですがライティングは下手です。

말하기는 (　　　　　) 쓰기는 잘 못해요.

⑵ フミエさんは韓国語が<u>上手そう</u>です。

후미에 씨는 한국말을 (　　　　　　.)

⑶ 料理が<u>下手</u>なので料理教室に通っています。

요리를 (　　　) 요리 교실에 다녀요.

〈解答〉⑴ 잘하지만　⑵ 잘할 것 같아요　⑶ 못해서

次の単語を例のように入れ替えて練習してみましょう！

例

공부를（勉強が）

잘하네요 / 잘할까요? / 잘해요 / 못할 것 같아요 / 못해요

연기를
（演技を）

운동을
（スポーツを）

이야기를
（話を）

외국어를
（外国語を）

잡다 つかむ・とる

잡아요 / 잡았어요	잡습니다 / 잡았습니다
つかみます / つかみました	つかみます / つかみました

손으로 쥐거나 손에 넣다.

（手で握ったり手に入れる。）

- 물고기를 잡아요.　　　魚を捕ります。
- 손을 잡아요.　　　　　手をつなぎましょう
- 택시를 잡았어요.　　　タクシーを拾いました。
- 손잡이를 잡습니다.　　取っ手をつかみます。
- 기회를 잡았습니다.　　チャンスをつかみました。

　　「잡다」には、「つかむ、とる」などの意味がありますが、日常的によく使う表現としては「손을 잡다 (手を握る)」、「행운을 잡다 (幸運をつかむ)」、「택시를 잡다 (タクシーを拾う)」、「도둑을 잡다 (泥棒をつかまえる)」などがあります。

　　また、「잡다」の名詞形の一つ「잡이」を接尾辞として用い、「왼손잡이 (左利き)」、「고기잡이 (漁労・漁師)」、「고래잡이 (捕鯨・捕鯨をする人)」のように、それをすることやそれをする人を表します。

	活用形Ⅰ	活用形Ⅱ	活用形Ⅲ
잡다 (つかむ)	잡	잡으	잡아

練習 1 上の「活用情報」を見て練習してみましょう！

손을
（手を）

活用形	文型	日本語	書き込み	確認
Ⅰ 잡	願望 Ⅰ + 고 싶어요	・つかみたいです	잡고 싶어요	잡고 싶어요
	難易・判断 Ⅰ + 기 어려워요	・つかみにくいです		잡기 어려워요
	現在連体形 Ⅱ + 는	・つかむ〜		잡는 –
Ⅱ 잡으	仮定・条件 Ⅱ + 면	・つかめば		잡으면
	不可能の理由 못 + Ⅱ + 니까	・つかめないから		못 잡으니까
	誘い掛け・推測 Ⅱ + ㄹ까요?	・つかみましょうか ・つかむでしょうか		잡을까요?
Ⅲ 잡아	現在・未来形 Ⅲ + 요 （Ⅰ + ㅂ/습니다）	・つかみます		잡아요 （잡습니다）
	過去形 Ⅲ + ㅆ어요 （Ⅲ + ㅆ습니다）	・つかみました		잡았어요 （잡았습니다）
	順序 Ⅲ + 서	・つかんで		잡아서

➡他の活用は付録の「動詞活用一覧表」（P404）を参照

練習2　例のように直してみましょう！

〈例〉私たちが手をつないだら平和が来ます。

う리가 손을 (잡으면) 평화가 와요.

> もう一度
> 書いてみよう！

---

(1)　雨の日はタクシーを拾いにくいです。

비 오는 날에는 택시를 (　　　　　　　　　.)

---

(2)　今回の大会では韓国旅行の機会をつかみましょうか。

이번 대회에서는 한국여행의 기회를 (　　　　?)

---

(3)　フナをとってメウンタンを作りました。

붕어를 (　　　　) 매운탕을 끓였어요.

〈解答〉(1) 잡기 어려워요　(2) 잡을까요　(3) 잡아서

練習3　次の単語を例のように入れ替えて練習してみましょう！

例

손잡이를 (つり革を)

잡고 싶어요 / 잡기 어려워요 / 잡으면 / 잡아서 / 잡았어요

기회를
(機会を)

물고기를
(魚を)

날짜를
(日にちを)

택시를
(タクシーを)

좋아하다 好きだ ↔ 싫어하다 嫌いだ

좋아해요 / 좋아했어요　　　　싫어해요 / 싫어했어요
좋아합니다 / 좋아했습니다　　싫어합니다 / 싫어했습니다
好きです / 好きでした　　　　嫌いです / 嫌いでした

좋아하다 : **무엇에 대하여 마음이 끌리다.**
　　　　　（何かに対して心がひきつけられる。）

싫어하다 : **무엇에 대하여 마음이 가지 않다.**
　　　　　（何かに対して心が向かない。）

- **영어를 좋아해요.** 　　　英語が好きです。
- **청소를 싫어해요.** 　　　掃除が嫌いです。
- **운동을 싫어했어요.** 　　運動が嫌いでした。
- **고양이를 좋아합니다.** 　猫が好きです。
- **노래를 좋아했습니다.** 　歌が好きでした。

　「좋아하다」は「好きだ」、「싫어하다」は「嫌いだ」ですが、韓国語の「좋아하다」や「싫어하다」の前には「～を」にあたる助詞「- 을 / 를」が用いられ、「사과를 좋아해요 (リンゴが好きです)」、「야채를 싫어해요 (野菜が嫌いです)」と言います。

220

活用情報

	活用形 I	活用形 II	活用形 III
좋아하다 (好きだ)	좋아하	좋아하	좋아해
싫어하다 (嫌いだ)	싫어하	싫어하	싫어해

練習 1 上の「活用情報」を見て練習してみましょう！

빵을
(パンが)

活用形	文型	日本語	書き込み	確認
I 좋아하 싫어하	理由・根拠 I + 거든요	・好きなんですよ ・嫌いなんですよ	좋아하거든요 싫어하거든요	좋아하거든요 싫어하거든요
	状況説明 I + 는데	・好きですが ・嫌いですが		좋아하는데 싫어하는데
	確認・同意 I + 지요?	・好きでしょう？ ・嫌いでしょう？		좋아하지요? 싫어하지요?
II 좋아하 싫어하	理由 II + 니까	・好きだから ・嫌いだから		좋아하니까 싫어하니까
	推測 II + ㄹ까요?	・好きでしょうか ・嫌いでしょうか		좋아할까요? 싫어할까요?
	疑問 II + 세요?	・お好きですか ・お嫌いですか		좋아하세요? 싫어하세요?
III 좋아해 싫어해	現在・未来形 III + 요 (I + ㅂ / 습니다)	・好きです ・嫌いです		좋아해요 (좋아합니다) 싫어해요 (싫어합니다)
	過去形 III + ㅆ어요 (III + ㅆ습니다)	・好きでした ・嫌いでした		좋아했어요 (좋아했습니다) 싫어했어요 (싫어했습니다)
	原因・理由 III + 서	・好きなので ・嫌いなので		좋아해서 싫어해서

➡他の活用は付録の「動詞活用一覧表」（P404）を参照

動詞編

形容詞編

活用一覧表

〈例〉ジナはリンゴが好きです。

지나는 사과를 (좋아해요.)

もう一度
書いてみよう！

⑴ ちょっと、コチュジャンをください。大好きなんですよ。

고추장 좀 주세요. 너무 (.)

⑵ どんな食べ物がお嫌いですか。

어떤 음식을 (?)

⑶ 吉田さんは旅行が好きなのでよく行くそうです。

요시다 씨는 여행을 (   ) 자주 간대요.

〈解答〉⑴ 좋아하거든요 ⑵ 싫어하세요 ⑶ 좋아해서

練習3 次の単語を例のように入れ替えて練習してみましょう！

例

술을 （お酒が）

좋아하죠? / 좋아하니까 / 좋아해요 / 싫어하는데 / 싫어해서

공부를
（勉強が）

일을
（仕事が）

청소를
（掃除が）

운동을
（運動が）

고양이를
（猫が）

주다 あげる ⟷ 받다 もらう・受ける

주어요 / 주었어요
줍니다 / 주었습니다
あげます / あげました

받아요 / 받았어요
받습니다 / 받았습니다
もらいます / もらいました

주다 : **남에게 어떤 것을 가지도록 건네다.**
（人に何かを持つように渡す。）

받다 : **주거나 보내온 것을 가지다.**
（もらったり、送られてきたものを持つ。）

- **아이에게 선물을 주어요.** — 子供にプレゼントをあげます。
- **병원에서 진료를 받아요.** — 病院で診療を受けます。
- **친구한테서 메일을 받았어요.** — 友達からメールをもらいました。
- **아들에게 용돈을 줍니다.** — 息子にお小遣いをあげます。
- **선생님께 칭찬을 받았습니다.** — 先生から褒められました。

「**주다**」には「（自分が人に）あげる」、「（人が自分に）くれる」という意味があります。「**내가 누나한테 선물을 주었어요**（私が姉にプレゼントをあげました）」、「**누나가 나한테 선물을 주었어요**（姉が私にプレゼントをくれました）」という具合です。

	活用形 I	活用形 II	活用形 III
주다 (あげる)	주	주	주어 / 줘
받다 (もらう)	받	받으	받아

練習 1 　上の「活用情報」を見て練習してみましょう！

선물을
(プレゼントを)

活用形	文型	日本語	書き込み	確認
I 주 받	願望 I + 고 싶어요	・あげたいです ・もらいたいです	주고 싶어요 받고 싶어요	주고 싶어요 받고 싶어요
	逆接 I + 지만	・あげるが ・もらうが		주지만 받지만
	選択・経験 I + 기도 해요	・あげたりもします ・もらったりもします		주기도 해요 받기도 해요
II 주 받으	理由 II + 니까	・あげるから ・もらうから		주니까 받으니까
	意図・計画 II + 려고 해요	・あげようと思います ・もらおうと思います		주려고 해요 받으려고 해요
	仮定・条件 II + 면	・あげれば ・もらえば		주면 받으면
III 주어 / 줘 받아	現在・未来形 III + 요 (I + ㅂ / 습니다)	・あげます ・もらいます		주어요(줍니다) 받아요 (받습니다)
	過去形 III + ㅆ어요 (III + ㅆ습니다)	・あげました ・もらいました		주었어요 (주었습니다) 받았어요 (받았습니다)
	試み・提案 III + 보세요	・あげてみてください ・もらってみてください		주어 보세요 받아 보세요

➡他の活用は付録の「動詞活用一覧表」（P404）を参照

練習2 　例のように直してみましょう！

〈例〉今日は褒められたいです。
　　　오늘은 (칭찬 받고 싶어요.)

もう一度
書いてみよう！

(1) 先生からメールをもらったりもします。
　　선생님한테서 메일을 (　　　　　　　.)

(2) クラスの友達に旅行のお土産をあげようと思います。
　　반 친구들에게 여행 선물을 (　　　　　　　.)

(3) 今日は月給をもらいました。
　　오늘은 월급을 (　　　　　　　.)

〈解答〉(1) 받기도 해요　(2) 주려고 해요　(3) 받았어요

練習3 　次の単語を例のように入れ替えて練習してみましょう！

例

편지를 (手紙を)

주고 싶어요 / 주면 / 주었어요 / 받으니까 / 받았어요 / 받아서

도움을
(助けを)

사랑을
(愛を)

힘을
(力を)

팁을
(チップを)

선물을
(プレゼントを)

지나다 通る・過ぎる・経つ

지나요 / 지났어요　지납니다 / 지났습니다

通ります / 通りました　　通ります / 通りました

① **어떤 곳을 통과하다.**
（ある所を通過する。）

② **일정한 시간이 흐르다.**
（一定の時間が経つ。）

- **거리를 지나요.**　　　　　　街を通ります。
- **역 앞을 지나요.**　　　　　　駅前を通ります。
- **유통기한이 지났어요.**　　　賞味期限が過ぎました。
- **세월이 지납니다.**　　　　　月日が経ちます。
- **마감날짜가 지났습니다.**　　締め切り日が過ぎました。

　「**지나다**」は「あるところを通過する」という「通る」の意味と「一定の時間や期間が過ぎる」、「経つ」の意味があります。
　「**벌써 시청역을 지났어요.**（もう市庁駅を通りました。）」
　「**벌써 세 시가 지났어요.**（もう３時を過ぎました。）」
　つまり「**지나다**」は、空間と時間、両方とも「過ぎる」という意味を持っています。

活用情報

	活用形Ⅰ	活用形Ⅱ	活用形Ⅲ
지나다 (通る)	지나	지나	지나

練習1 上の「活用情報」を見て練習してみましょう！

시간이
(時間が)

活用形	文型	日本語	書き込み	確認
Ⅰ 지나	順序 Ⅰ + 기 전에	・過ぎる前	지나기 전에	지나기 전에
	状況説明 Ⅰ + 는데	・通るんですが		지나는데
	現在連体形 Ⅱ + 는	・通る〜		지나는 –
Ⅱ 지나	理由 Ⅱ + 니까	・通るから		지나니까
	仮定・条件 Ⅱ + 면	・通ったら		지나면
	誘い掛け・推測 Ⅱ + ㄹ까요?	・通りましょう ・通るでしょうか		지날까요?
Ⅲ 지나	現在・未来形 Ⅲ + 요 (Ⅰ + ㅂ/습니다)	・通ります		지나요 (지납니다)
	過去の否定形 안 +Ⅲ+ ㅆ어요 (안 +Ⅲ+ ㅆ습니다)	・通りました		안 지났어요 (안 지났습니다)
	理由・順序 Ⅲ + 서	・通って		지나서

➡他の活用は付録の「動詞活用一覧表」（P404）を参照

例のように直してみましょう！

〈例〉もう百年が経ちました。

벌써 100 년이 (지났어요.)

もう一度
書いてみよう！

(1) 日にちが過ぎる前に、必ず受付しなければなりません。

날짜가 (　　　　　　　　) 반드시 접수해야 돼요.

(2) 二歳が過ぎたら、かなり言葉が話せます。

두 돌이 (　　　　　　) 말을 곧잘 해요.

(3) だいぶ時間が経って、すっかり忘れてしまいました。

시간이 많이 (　　　　　) 다 잊어버렸어요.

〈解答〉(1) 지나기 전에　(2) 지나니까　(3) 지나서

練習3　次の単語を例のように入れ替えて練習してみましょう！

例

역 (駅)　앞을

지나는데 / 지나면 / 지날까요? / 지나요 / 지났어요 / 지나니까

약국
(薬局)　　학교
(学校)　　백화점
(百貨店)　　집
(家)　　회사
(会社)　　호텔
(ホテル)

지키다 守る

지켜요 / 지겼어요　　지킵니다 / 지겼습니다
守ります / 守りました　　守ります / 守りました

소중한 것을 잃지 않기 위해 방어하다.

（大切な物が失われないように防ぐ。）

- 규칙을 지켜요.　　　　規則を守ります。
- 짐을 지켜요.　　　　　荷物を守ります。
- 체면을 지겼어요.　　　メンツを守りました。
- 약속을 지킵니다.　　　約束を守ります。
- 비밀을 지겼습니다.　　秘密を守りました。

　　韓国では何かを守る人を「지킴이」と表現します。「지키다（守る）」の名詞形「지킴」に人を表す「이」をつけて「지킴이」ということばができました。そこから「지킴이」とは「守り神」、「管理者」、「（児童）見守り」などの意味として使われています。

　　他に日本のヘルパーやアドバイザーなどのように何かを手伝ってくれる人を「도우미」と言いますが、これは「돕다（手伝う）」の名詞形「도움」に人を表す「이」がつけられた「도움이」が発音どおりの「도우미」として定着したことばです。

	活用形Ⅰ	活用形Ⅱ	活用形Ⅲ
지키다 (守る)	지키	지키	지켜

練習1 上の「活用情報」を見て練習してみましょう！

약속을
(約束を)

活用形	文型	日本語	書き込み	確認
Ⅰ 지키	願望 Ⅰ+ **고 싶어요**	・守りたいです	지키고 싶어요	지키고 싶어요
	理由・根拠 Ⅰ+ **거든요**	・守るんですよ		지키거든요
	目標・志向 Ⅰ+ **도록 해요**	・守るようにします / してください		지키도록 해요
Ⅱ 지키	仮定・条件 Ⅱ+ **면**	・守れば		지키면
	意志・約束 Ⅱ+ **ㄹ게요**	・守ります		지킬게요
	計画・意図 Ⅱ+ **려고 해요**	・守ろうとします		지키려고 해요
Ⅲ 지켜	現在・未来形 Ⅲ+ **요** （Ⅰ+ **ㅂ / 습니다**）	・守ります		지켜요 （지킵니다）
	過去形 Ⅲ+ **ㅆ어요** （Ⅲ+ **ㅆ습니다**）	・守りました		지켰어요 （지켰습니다）
	願い・依頼 Ⅲ+ **주세요**	・守ってください		지켜 주세요

→他の活用は付録の「動詞活用一覧表」（P404）を参照

練習2　例のように直してみましょう！

〈例〉猫が本を守ろうとします。

고양이가 책을 (지키려고 해요.)

もう一度
書いてみよう！

(1)　規則は必ず守るようにしてください。

규칙은 반드시 (　　　　　　　　.)

(2)　心配しないでください。秘密を必ず守ります。

걱정 마세요. 비밀을 꼭 (　　　　　.)

(3)　危険から子供たちを守ってください。

위험으로부터 아이들을 (　　　　　　.)

〈解答〉(1) **지키도록 해요**　(2) **지킬게요**　(3) **지켜 주세요**

練習3　次の単語を例のように入れ替えて練習してみましょう！

例

건강을 (健康を)

지키고 싶어요 / 지키면 / 지킬게요 / 지켜요 / 지켰어요

규칙을
(規則を)

체면을
(メンツを)

비밀을
(秘密を)

매너를
(マナーを)

양심을
(良心を)

練習1 次の空欄を埋めて文を完成してみましょう。

(1) 旅行に行ってスマホを失くしてしまいました。〈잃다〉

여행 가서 스마트폰을 (　　　　　　　　　.)

(2) 家では靴下は脱いで、パジャマを着ています。〈입다〉

집에서는 양말은 벗고 파자마를 (　　　　　　.)

(3) 時間はたくさんありますが、彼女/彼氏がいません。〈없다〉

시간은 많이 있지만 여자 친구/ 남자 친구가 (　　　.)

(4) 韓国語は上手ですが、中国語は下手です。〈잘하다〉

한국어는 (　　　　) 중국어는 잘 못해요.

(5) 地下鉄が混んでいると取っ手をつかみにくいです。〈잡다〉

지하철이 붐비면 손잡이를 (　　　　　　.)

(6) 韓国の小説を読みたいです。〈읽다〉

한국 소설을 (　　　　　　　.)

(7) 今は、辛いキムチも好きです。〈좋아하다〉

지금은 매운 김치도 (　　　　　　.)

(8) 昨日病院で診察を受けました。〈받다〉

어제 병원에서 진찰을 (　　　　　　.)

(9) 賞味期限が過ぎました。〈지나다〉

유통기한이 (　　　　　.)

(10) 約束の時間を必ず守ります。〈지키다〉

약속 시간을 꼭 (　　　　　　.)

〈解答〉(1) 잃어버렸어요　(2) 입고 있어요　(3) 없어요　(4) 잘하지만　(5) 잡기 어려워요　(6) 읽고 싶어요　(7) 좋아해요　(8) 받았어요　(9) 지났어요　(10) 지킬게요

練習2 次の文を日本語と韓国語に訳してみましょう。

(1) 대부분의 영화를 좋아하지만 무서운 영화는 싫어해요.

(2) 어제 친구한테서 선물을 받았어요. 다음엔 저도 친구한테 주고 싶어요.

(3) 매너를 지켜 주세요.

(4) 전화번호를 잊어버렸어요.

(5) 더워서 코트를 벗었어요.

(6) 最近、何の本を読みますか。

(7) 学校に行くには、大きな病院を通ります。

(8) 今日は約束があります。

(9) 歌が上手そうです。

(10) 取っ手をしっかりつかんでください。（取っ手 :**손잡이**、しっかり :**꼭**）

〈解答〉(1) ほとんどの映画が好きですが、怖い映画は嫌いです。　(2) 昨日、友達からプレゼントをもらいました。今度は私も友達にあげたいです。　(3) マナーを守ってください。　(4) 電話番号を忘れました。　(5) 暑いのでコートを脱ぎました。　(6)**요즘 무슨 책을 읽어요?**　(7)**학교에 가려면 큰 병원을 지나요.**　(8)**오늘은 약속이 있어요.**　(9)**노래를 잘할 것 같아요.**　(10)**손잡이를 꼭 잡아요.**

動詞編

形容詞編

活用一覧表

233

짓다 建てる・つくる

지어요 / 지었어요	짓습니다 / 지었습니다
建てます / 建てました	建てます / 建てました

ㅅ変則

재료를 들여 만들다.

（材料を使って作る。）

- 시를 지어요.   詩を作ります。
- 노래을 지어요.   歌を作ります。
- 집을 지었어요.   家を建てました。
- 밥을 짓습니다.   ご飯を炊きます。
- 이름을 지었습니다.   名前を付けました。

　「짓다」は「何かをつくる」という意味を持ち、「집을 짓다 (家を建てる)」、「밥을 짓다 (ご飯を炊く)」、「시를 짓다 (詩を作る)」、「이름을 짓다 (名前をつける)」、「표정을 짓다 (表情をする)」などのように使われます。

　なお、「짓다」、「잇다 (つなぐ)」、「붓다 (腫れる)」などは「ㅅ変則」のことばで、「活用形Ⅲ」の「해요体 (〜ます形)」は「지어요」、「이어요」、「부어요」になります。

活用情報

	活用形Ⅰ	活用形Ⅱ	活用形Ⅲ
짓다 (建てる)	짓	지으	지어

빌딩을
(ビルを)

練習1 　上の「活用情報」を見て練習してみましょう！

活用形	文型	日本語	書き込み	確認
Ⅰ 짓	願望 Ⅰ+고 싶어요	・建てたいです	짓고 싶어요	짓고 싶어요
	状況説明 Ⅰ+는데	・建てますが		짓는데
	過去回想 Ⅰ+더라고요	・建てていましたよ		짓더라고요
Ⅱ 지으	過去連体形 Ⅱ+ㄴ	・建てた〜		지은 –
	意志・約束 Ⅱ+ㄹ게요	・建てます		지을게요
	誘い掛け・推測 Ⅱ+ㄹ까요?	・建てましょうか ・建てるでしょうか		지을까요?
Ⅲ 지어	現在・未来形 Ⅲ+요 (Ⅰ+ㅂ / 습니다)	・建てます		지어요 (짓습니다)
	過去形 Ⅲ+ㅆ어요 (Ⅲ+ㅆ습니다)	・建てました		지었어요 (지었습니다)
	願い・依頼 Ⅲ+주세요	・建ててください		지어 주세요

➡他の活用は付録の「動詞活用一覧表」（P404）を参照

例のように直してみましょう！

〈例〉どんな表情をするでしょうか。

어떤 표정을 (지을까요?)

> もう一度
> 書いてみよう！

(1) きれいな家を建てたいです。

예쁜 집을 (　　　　　.　)

(2) うちのグループの名前を付けましょうか。

우리 모임의 이름을 (　　　　　?　)

(3) 韓国語で詩を作りました。

한국어로 시를 (　　　　　.　)

〈解答〉(1) **짓고 싶어요**　(2) **지을까요**　(3) **지었어요**

次の単語を例のように入れ替えて練習してみましょう！

例

집을 (家を)

짓고 싶어요 / 짓는데 / 지을까요? / 지어요 / 지었어요

건물을
(建物を)

이름을
(名前を)

별장을
(別荘を)

별명을
(あだなを)

노래를
(歌を)

찍다 撮る・押す・刺す・打つ

찍어요 / 찍었어요
撮ります / 撮りました

찍습니다 / 찍었습니다
撮ります / 撮りました

사진기 등으로 사물의 모습을 필름 따위에 옮기다.
（カメラなどで物の姿をフィルムなどに写す。）

- 사진을 찍어요.　　　写真を撮ります。
- 점을 찍어요.　　　　点を打ちます。
- 도장을 찍었어요.　　ハンコを押しました。
- 포크로 찍습니다.　　フォークで刺します。
- 영화를 찍었습니다.　映画を撮りました。

　「찍다」は「사진을 찍다 (写真を撮る)」、「영화를 찍다 (映画を撮る)」、「도장을 찍다 (ハンコを押す)」、「점을 찍다 (点を打つ)」、「포크로 찍다 (フォークでさす)」などのように「上から何かを押したり跡を残す」という意味です。
　近年、韓国では高校生が受験を控えた友達に「포크 (フォーク)」などをプレゼントしますが、これは「답을 찍다 ((答えに) 山をかける)」という「찍다」を「포크로 찍다 (フォークでさす)」にかけたちょっとした風習です。

動詞編

形容詞編

活用一覧表

	活用形Ⅰ	活用形Ⅱ	活用形Ⅲ
찍다 (撮る)	찍	찍으	찍어

練習1　上の「活用情報」を見て練習してみましょう！

사진을
(写真を)

活用形	文型	日本語	書き込み	確認
Ⅰ 찍	願望 Ⅰ + 고 싶어요	・撮りたいです	찍고 싶어요	찍고 싶어요
	過去回想 Ⅰ + 더라고요	・撮っていましたよ		찍더라고요
	禁止 Ⅰ + 지 마세요	・撮らないでください		찍지 마세요
Ⅱ 찍으	仮定・条件 Ⅱ + 면	・撮れば		찍으면
	疑問 Ⅱ + 세요?	・撮りますか		찍으세요?
	誘い掛け・推測 Ⅱ + ㄹ까요?	・撮りましょうか ・撮るでしょうか		찍을까요?
Ⅲ 찍어	現在・未来形 Ⅲ + 요 （Ⅰ + ㅂ / 습니다）	・撮ります		찍어요 （찍습니다）
	過去形 못 + Ⅲ + ㅆ어요 （못 + Ⅲ + ㅆ습니다）	・撮れませんでした		못 찍었어요 （못 찍었습니다）
	願い・依頼 Ⅲ + 주세요	・撮ってください		찍어 주세요

➡他の活用は付録の「動詞活用一覧表」（P404）を参照

238

練習2 例のように直してみましょう！

〈例〉家族の写真を撮ります。

가족 사진을 (찍어요.)

> もう一度
> 書いてみよう！

⑴ みんな携帯で撮っていましたよ。

모두 휴대폰으로 (　　　　　.)

⑵ 旅行先ではどんな写真を撮りますか。

여행지에서는 어떤 사진을 (　　　　　?)

⑶ ここにハンコを押してください。

여기에 도장을 (　　　　　.)

〈解答〉⑴ **찍더라고요** ⑵ **찍어요** ⑶ **찍어 주세요**

練習3 次の単語を例のように入れ替えて練習してみましょう！

例

꽃을 (花を)

찍고 싶어요 / 찍으세요? / 찍을까요? / 찍어요 / 찍어 주세요

건물을
(建物を)

경치를
(景色を)

강아지를
(子犬を)

고양이를
(猫を)

같이
(いっしょに)

239

찾다 探す・引く

<table>
<tr><td>찾아요 / 찾았어요</td><td>찾습니다 / 찾았습니다</td></tr>
<tr><td>探します / 探しました</td><td>探します / 探しました</td></tr>
</table>

무엇인가를 얻거나 사람을 만나려고 여기저기를 살피다.

(何かを得たり、人に会ったりするためにあちこちを調べる。)

- 길을 찾아요.   道を探します。
- 돈을 찾아요.   お金を下ろします。
- 일을 찾았어요.   仕事を見つけました。
- 친구를 찾습니다.   友達を探します。
- 사전을 찾았습니다.   辞書を引きました。

　「찾다」は「探す、見つける、取り戻す、訪ねる」などのように物や人を探したり、人や場所などを訪ねたりする意味を持っています。また、「辞書を引く（사전을 찾다）」、「銀行でお金を下ろす（은행에서 돈을 찾다）」などのように辞書や本、ネットで何かを調べたり、銀行でお金をおろしたりする意味でも使われます。

活用情報

	活用形Ⅰ	活用形Ⅱ	活用形Ⅲ
찾다 (探す)	찾	찾으	찾아

練習1 上の「活用情報」を見て練習してみましょう！

열쇠를
（カギを）

活用形	文型	日本語	書き込み	確認
Ⅰ 찾	願望 Ⅰ + 고 싶어요	・探したいです	찾고 싶어요	찾고 싶어요
	現在連体形 Ⅱ + 는	・探す～		찾는 -
	不可能 Ⅰ + 지 못해요	・探せません		찾지 못해요
Ⅱ 찾으	仮定・条件 Ⅱ + 면	・探せば、探したら		찾으면
	命令・疑問 Ⅱ + 세요 (?)	・探してください ・お探しですか		찾으세요 찾으세요?
	誘い掛け・推測 Ⅱ + ㄹ까요?	・探しましょうか ・探すでしょうか		찾을까요?
Ⅲ 찾아	現在・未来形 Ⅲ + 요 (Ⅰ + ㅂ/습니다)	・探します		찾아요 (찾습니다)
	過去形 Ⅲ + ㅆ어요 (Ⅲ + ㅆ습니다)	・探しました		찾았어요 (찾았습니다)
	願い・依頼 Ⅲ + 주세요	・探してください		찾아 주세요

➡他の活用は付録の「動詞活用一覧表」（P404）を参照

例のように直してみましょう！

〈例〉私の友達を探します。

내 친구를 (찾아요.)

もう一度
書いてみよう！

(1) 失くした携帯電話を<u>見つけました</u>。

잃었던 휴대전화를 (　　　　.)

(2) 韓国語の辞書を<u>引きたいです</u>。

한국어 사전을 (　　　　.)

(3) 財布を<u>見つけたら</u>連絡してください。

지갑을 (　　　　) 연락해 주세요.

〈解答〉(1) 찾았어요　(2) 찾고 싶어요　(3) 찾으면

次の単語を例のように入れ替えて練習してみましょう！

例

지갑을 (財布を)

찾지 못해요 / 찾아 주세요 / 찾고 싶어요 / 찾았어요 / 찾으면

책을
(本を)

반지를
(指輪を)

스마트폰을
(スマートフォンを)

사진을
(写真を)

일자리를
(働き口を)

242

치다 打つ・弾く

쳐요 / 쳤어요
打ちます / 打ちました

칩니다 / 쳤습니다
打ちます / 打ちました

어떠한 물체를 세게 두드리다.

（ある物を強くたたく。）

- **피아노를 쳐요.**　　　ピアノを弾きます。
- **북을 쳐요.**　　　　　太鼓を叩きます。
- **테니스를 쳤어요.**　　テニスをしました。
- **골프를 칩니다.**　　　ゴルフをします。
- **박수를 쳤습니다.**　　拍手をしました。

　「**치다**」には「打つ、弾く」などの意味があり、「**탁구를 치다**（卓球をする）」、「**테니스를 치다**（テニスをする）」、「**골프를 치다**（ゴルフをする）」、「**배드민턴을 치다**（バドミントンをする）」などのように道具を使ってボールを打つスポーツに用います。
　また、「**피아노를 치다**（ピアノを弾く）」、「**기타를 치다**（ギターを弾く）」などのように鍵盤楽器や弦楽器を「弾く」場合にも使います。一方で、「**바이올린**（バイオリン）」の場合は「**켜다**」を使います。

	活用形Ⅰ	活用形Ⅱ	活用形Ⅲ
치다 (打つ)	치	치	쳐

練習1 上の「活用情報」を見て練習してみましょう！

테니스를
（テニスを）

活用形	文型	日本語	書き込み	確認
Ⅰ 치	願望 Ⅰ+고 싶어요	・打ちたいです	치고 싶어요	치고 싶어요
	動作の進行 Ⅰ+고 있어요	・打っています		치고 있어요
	理由・根拠 Ⅰ+거든요	・打つんですよ		치거든요
Ⅱ 치	過去連体形 Ⅱ+ㄴ	・打った〜		친 –
	誘い掛け・推測 Ⅱ+ㄹ까요?	・打ちましょうか ・打つでしょうか		칠까요?
	意図・計画 Ⅱ+려고	・打とうと思います		치려고 해요
Ⅲ 쳐	現在・未来形 Ⅲ+요 （Ⅰ+ㅂ/습니다）	・打ちます		쳐요 （칩니다）
	過去形 Ⅲ+ㅆ어요 （Ⅲ+ㅆ습니다）	・打ちました		쳤어요 （쳤습니다）
	試み・提案 Ⅲ+보세요	・打ってみてください		쳐 보세요

→他の活用は付録の「動詞活用一覧表」（P404）を参照

244

練習2 例のように直してみましょう！

〈例〉 ドンドン太鼓を打ちます。

둥둥 북을 (쳐요.)

もう一度
書いてみよう！

(1) 娘は今ピアノを弾いています。

딸은 지금 피아노를 (.)

(2) 週末に友達とテニスをしようと思っています。

주말에 친구하고 (.)

(3) 精一杯拍手をしてみてください。健康にもいいです。

힘껏 (.) 건강에도 좋아요.

〈解答〉(1) 치고 있어요 (2) 테니스를 치려고 해요 (3) 박수를 쳐 보세요

練習3 次の単語を例のように入れ替えて練習してみましょう！

例

피아노를 (ピアノを)

치고 싶어요 / 치거든요 / 칠까요? / 쳐요 / 쳐 보세요

골프를
(ゴルフを)

탁구를
(卓球を)

배드민턴을
(バドミントンを)

박수를
(拍手を)

켜다 つける・弾く ⟷ 끄다 消す

켜요 / 켰어요
켭니다 / 켰습니다
つけます / つけました

꺼요 / 껐어요
끕니다 / 껐습니다
消します / 消しました

으変則

켜다 : **환하게 밝히거나 작동하게 하다.**
(明るくしたり、作動するようにする。)

끄다 : **작동을 멈추게 하거나, 불을 더 타지 못하게 하다.**
(作動をやめるようにしたり、火をそれ以上燃えないようにする。)

- **촛불을 켜요.**   ろうそくの火をともします。
- **불을 꺼요.**   電気を消します。
- **에어컨을 껐어요.**   エアコンを消しました。
- **라디오를 켭니다.**   ラジオをつけます。
- **텔레비전을 켰습니다.**   テレビをつけました。

　「불을 **켜다**」は「火をつける」や「電気をつける」、また、「불을 **끄다**」は「火を消す」や「電気を消す」という意味として使われています。
　また、「**켜다**」はテレビやラジオの「スイッチを入れる」、「**끄다**」は「スイッチを切る」という意味としても用いられます。

活用情報

	活用形Ⅰ	活用形Ⅱ	活用形Ⅲ
켜다 (つける)	켜	켜	켜
끄다 (消す)	끄	끄	꺼

練習1 上の「活用情報」を見て練習してみましょう！

티브이를
(テレビを)

活用形	文型	日本語	書き込み	確認
Ⅰ 켜 끄	願望 Ⅰ + 고 싶어요	・つけたいです ・消したいです	켜고 싶어요 끄고 싶어요	켜고 싶어요 끄고 싶어요
	確認・同意 Ⅰ + 지요?	・つけるでしょう？ ・消すでしょう？		켜지요? 끄지요?
	禁止 Ⅰ + 지 마세요	・つけないでください ・消さないでください		켜지 마세요 끄지 마세요
Ⅱ 켜 끄	仮定・条件 Ⅱ + 면	・つけば ・消せば		켜면 끄면
	命令 Ⅱ + 세요?	・つけてください ・消してください		켜세요 끄세요
	提案 Ⅱ + ㄹ까요?	・つけましょうか ・消しましょうか		켤까요? 끌까요?
Ⅲ 켜 꺼	現在・未来形 Ⅲ + 요 （Ⅰ + ㅂ/습니다）	・つけます ・消します		켜요 (켭니다) 꺼요 (끕니다)
	過去形 Ⅲ + ㅆ어요 （Ⅲ + ㅆ습니다）	・つけました ・消しました		켰어요 (켰습니다) 껐어요 (껐습니다)
	試み・提案 Ⅲ + 보세요	・つけてみてください ・消してみてください		켜 보세요 꺼 보세요

➡ 他の活用は付録の「動詞活用一覧表」（P404）を参照

〈例〉明かりをつけると見えます。

불을 (켜면) 보여요.

> もう一度
> 書いてみよう！

(1) とても寒いです。エアコンを消したいです。

너무 추워요. 에어컨을 (.)

(2) ちょっと暗いから電気をつけましょうか。

좀 어두운데 불을 (?)

(3) 地震です。テレビをつけてみてください。

지진이에요. 티브이를 (.)

〈解答〉(1) **끄고 싶어요**   (2) **켤까요**   (3) **켜 보세요**

例

라디오를 (ラジオを)

켜고 싶어요 / 켜세요 / 켤까요? / 꺼요 / 껐어요 / 끄지 마세요

컴퓨터를
(コンピューターを)

전등을
(電灯を)

스탠드를
(スタンドを)

촛불을
(ロウソクを)

타다 乗る ↔ 내리다 降りる

타요 / 탔어요
탑니다 / 탔습니다
乗ります / 乗りました

내려요 / 내렸어요
내립니다 / 내렸습니다
降ります / 降りました

타다 : **탈것의 위나 안에 몸을 싣거나 이동하다.**
(乗り物の上や中に身をのせたり移動したりする。)

내리다 : **탈것에서 바깥으로 나오다.**
(乗り物から外に出る。)

- **버스를 타요.** バスに乗ります。
- **지하철에서 내려요.** 地下鉄から降ります。
- **벌써 내렸어요.** もう降りました。
- **스키를 탑니다.** スキーをします。
- **말을 탔습니다.** 馬に乗りました。

　「〜に乗る」を韓国語で言うときは、助詞「〜を」にあたる「- 을 / 를」を使って**「지하철을 타다 (地下鉄に乗る)」**、**「버스를 타다 (バスに乗る)」**などと、表現します。また、「スケートをする」は「**스케이트를 타다 (スケートを乗る)」**、「スキーをする」は「**스키를 타다 (スキーを乗る)」**と言います。

	活用形 I	活用形 II	活用形 III
타다 (乗る)	타	타	타
내리다 (降りる)	내리	내리	내려

練習 1 上の「活用情報」を見て練習してみましょう！

전철을
(電車に)

活用形	文型	日本語	書き込み	確認
I 타 내리	願望 I + 고 싶어요	・乗りたいです ・降りたいです	타고 싶어요 내리고싶어요	타고 싶어요 내리고 싶어요
	逆接 I + 지만	・乗るが ・降りるが		타지만 내리지만
	禁止 I + 지 마세요	・乗らないでください ・降りないでください		타지 마세요 내리지 마세요
II 타 내리	仮定・条件 II + 면	・乗れば ・降れば		타면 내리면
	未来連体形 II + ㄹ	・乗る〜 ・降りる〜		탈 – 내릴 –
	推測 II + ㄹ까요?	・乗りましょう ・降りましょうか		탈까요? 내릴까요?
III 타 내려	現在・未来形 III + 요 （I + ㅂ / 습니다）	・乗ります ・降ります		타요 （탑니다） 내려요 （내립니다）
	過去形 III + ㅆ어요 （III + ㅆ습니다）	・乗りました ・降りました		탔어요 （탔습니다） 내렸어요 （내렸습니다）
	試み・提案 III + 보세요	・乗ってみてください ・降りてみてください		타 보세요 내려 보세요

⇒他の活用は付録の「動詞活用一覧表」（P404）を参照

練習2　例のように直してみましょう！

〈例〉象に乗ったらだめですか。
코끼리를 (타면) 안 돼요?

もう一度
書いてみよう！

(1) 今、降りないでください。次で降りてください。
지금 (　　　　　　　　．) 다음에 내리세요.

(2) 雨が降るときはタクシーに乗るときもあります。
비가 올 때는 택시를 (　　　　　　　．)

(3) 浅草に行けば人力車にも乗ってみてください。
아사쿠사에 가면 인력거도 (　　　　　．)

〈解答〉(1) **내리지 마세요**　(2) **탈 때도 있어요**　(3) **타 보세요**

練習3　次の単語を例のように入れ替えて練習してみましょう！

例

버스를 (バスに)

타고 싶어요 / 타세요? / 탈까요? / 타고 내릴때 / 타고 내려요

자전거를
(自転車に)

인력거를
(人力車に)

회전목마를
(メリーゴーランドに)

배를
(船に)

풀다 解く

풀어요 / 풀었어요
解きます / 解きました

풉니다 / 풀었습니다
解きます / 解きました

`ㄹ語幹`

묶이거나 얽힌 것 따위를 그렇지 아니한 상태로 되게 하다.
(縛られたり、絡まったりしているものをそうしない状態にする。)

- 문제를 풀어요.   問題を解きます。
- 긴장을 풀어요.   緊張をやわらげます。
- 넥타이를 풀었어요.   ネクタイを外しました。
- 스트레스를 풉니다.   ストレスを解消します。
- 오해를 풀었습니다.   誤解を解きました。

　　풀다は「**문제를 풀다**(問題を解く)」、「**스트레스를 풀다**(ストレスを解消する)」
という意味の他に、「**짐을 풀다**(荷物をほどく)」、「**안전벨트를 풀다**(シートベ
ルトを外す)」、「**코를 풀다**(鼻をかむ)」などの意味もあります。
　　また、粉などを溶かすときも「**풀다**」を用います。例えば、塩や砂糖を水など
に溶かすという表現は「**소금을 풀다**」、「**설탕을 풀다**」と言います。

活用情報

	活用形Ⅰ	活用形Ⅱ	活用形Ⅲ
풀다 (解く)	풀 / 푸	풀 / 푸	풀어

긴장을
(緊張を)

練習 1 上の「活用情報」を見て練習してみましょう！

活用形	文型	日本語	書き込み	確認
Ⅰ 풀 / 푸	願望 Ⅰ+고 싶어요	・解きたいです	풀고 싶어요	풀고 싶어요
	羅列 Ⅰ+고	・解いて		풀고
	禁止 Ⅰ+지 마세요	・解かないでください		풀지 마세요
Ⅱ 풀 / 푸	誘い掛け・推測 Ⅱ+까요?	・解きましょうか ・解くでしょうか		풀까요?
	理由の否定 못+Ⅱ+니까	・解けないから		못 푸니까
	仮定・条件 Ⅱ+면	・解けば		풀면
Ⅲ 풀어	現在・未来形 Ⅲ+요 (Ⅰ+ㅂ/습니다)	・解きます		풀어요 (풉니다)
	過去形 Ⅲ+ㅆ어요 (Ⅲ+ㅆ습니다)	・解きました		풀었어요 (풀었습니다)
	願い・依頼 Ⅲ+주세요	・解いてください		풀어 주세요

➡他の活用は付録の「動詞活用一覧表」（P404）を参照

例のように直してみましょう！

〈例〉この問題を解くことができますか。

이 문제를 (풀) 수 있겠어요?

> もう一度
> 書いてみよう！

(1) いっしょに謎を解きましょう。

함께 수수께끼를 (　　　.　)

(2) 暗号を解きました。

암호를 (　　　　.　)

(3) ストレスを解消したいです。

스트레스를 (　　　　　.　)

〈解答〉⑴ 풀어요　⑵ 풀었어요　⑶ 풀고 싶어요

練習3　次の単語を例のように入れ替えて練習してみましょう！

例

끈을 (紐を)

풀까요? / 풀지 마세요 / 풉니다 / 풀었어요 / 풀어 주세요

안전벨트를
(シートベルトを)

보자기를
(風呂敷を)

된장을
(味噌を)

달걀을
(卵を)

- 하다 ① 漢語+하다 ～する

- 해요 / 했어요
します / しました

- 합니다 / 했습니다
します / しました

일부 한자어 뒤에 붙어 어떤 동작이나 행위를 하다.

(一部の漢字語の後についてある動作や行為をする。)

- 어머니께 전화해요.   お母さんに電話します。
- 자주 연락해요.   たびたび連絡します。
- 어제는 숙제했어요.   昨日は宿題しました。
- 한국어를 공부합니다.   韓国語を勉強します。
- 회사에 취직했습니다.   会社に就職しました。

　韓国語の中には、「1字漢語 ＋하다」、または、「2字漢語 ＋하다」からなる動詞が多くあります。

　前者には「**구하다** (救う)、**답하다** (答える)、**비하다** (比べる)、**상하다** (傷む)、**통하다** (通じる)、**피하다** (避ける)」など、後者には「**담당하다** (担当する)、**대답** [対答] **하다** (返事する)、**모집하다** (募集する)、**여행하다** (旅行する)、**목욕** [沐浴] **하다** (入浴する)、**반성하다** (反省する)、**사과** [謝過] **하다** (謝罪する)」などがあります。

	活用形 I	活用形 II	活用形 III
- 하다(～する)	**- 하**	**- 하**	**- 해**

이번에
(今度)

練習 1 上の「活用情報」を見て練習してみましょう！

活用形	文型	日本語	書き込み	確認
I **- 하**	願望 I + **고 싶어요**	・旅行したいです	여행하고 싶어요	여행하고 싶어요
	状況説明 I + **는데**	・予約しますが		예약하는데
	禁止 I + **지 마세요**	・取り消さないでください		취소하지 마세요
II **- 하**	理由 II + **니까**	・流行するから		유행하니까
	命令・疑問 II + **세요 (?)**	・料理してください ・料理しますか		요리하세요 요리하세요?
	提案・推測 II + **ㄹ까요?**	・連絡しましょうか ・連絡するでしょうか		연락할까요?
III **- 해**	現在・未来形 III + **요** (I + **ㅂ / 습니다**)	・努力します		노력해요 (노력합니다)
	過去形 III + **ㅆ어요** (III + **ㅆ습니다**)	・約束しました		약속했어요 (약속했습니다)
	試み・提案 III + **보세요**	・挑戦してみてください		도전해 보세요

➡他の活用は付録の「動詞活用一覧表」（P404）を参照

練習2　例のように直してみましょう！

もう一度
書いてみよう！

〈例〉しっかり<u>約束しましょう</u>！

꼭꼭 (약속해요!)

(1) オンドル部屋を<u>予約したいです</u>。

온돌방으로 (　　　　　　　　 .)

(2) 最近コロナウイルスが<u>流行っているので</u>気をつけてください。

요즘 코로나 바이러스가 (　　　　　) 조심하세요.

(3) サークルの友達と一緒に旅行に行くように<u>約束しました</u>。

동아리 친구들과 함께 여행 가기로 (　　　　　 .)

〈解答〉(1) 예약하고 싶어요　(2) 유행하니까　(3) 약속했어요

練習3　次の単語を例のように入れ替えて練習してみましょう！

例

전화 (電話)

하고 싶어요 / 하세요 / 할까요? / 할게요 / 했어요 / 하니까

연락
(連絡)

여행
(旅行)

요리
(料理)

취소
(取り消し)

취직
(就職)

연기
(延長)

257

79

- 하다 ② 固有語＋하다 ～する

- 해요 / - 했어요	- 합니다 / - 했습니다
～します / ～しました	～します / ～しました

(일부 고유어 뒤에 붙어) 어떤 동작이나 행위를 하다.

(一部の固有語の後についてある動作や行為をする。)

- 다 같이 노래해요.　　　　　皆で歌いましょう。
- 가족을 사랑해요.　　　　　家族を愛しています。
- 어제도 일했어요.　　　　　昨日も働きました。
- 친구를 생각합니다.　　　　友達を思います。
- 한국어로 이야기했습니다.　　韓国語で話しました。

　韓国語の中には、「１字固有語＋**하다**」、または、「２字固有語＋**하다**」からなる
動詞が多くあります。

　１字の例では「**말하다** (話す)、**잘하다** (上手だ)、**일하다** (働く)、**다하다** (尽
くす)、**더하다** (足す)、**곱하다** (かける)」など、また２字の例には「**사랑하다** (愛
する)、**생각하다** (考える)、**노래하다** (歌う)、**자랑하다** (自慢する)」などが挙げ
られます。

活用情報

	活用形Ⅰ	活用形Ⅱ	活用形Ⅲ
- 하다 (〜する)	**- 하**	**- 하**	**- 해**

많이
(たくさん)

練習1 上の「活用情報」を見て練習してみましょう！

活用形	文型	日本語	書き込み	確認
Ⅰ **- 하**	願望 Ⅰ + **고 싶어요**	・自慢したいです	자랑하고 싶어요	**자랑하고 싶어요**
	逆接 Ⅰ + **지만**	・考えるが ・思うが		**생각하지만**
	禁止 Ⅰ + **지 마세요**	・心配しないでください		**걱정하지 마세요**
Ⅱ **- 하**	仮定・条件 Ⅱ + **면**	・歌えば		**노래하면**
	疑問 Ⅱ + **세요?**	・働きますか		**일하세요?**
	提案・推測 Ⅱ + **ㄹ까요?**	・話しましょうか ・話すでしょうか		**이야기할까요?**
Ⅲ **- 해**	現在・未来形 Ⅲ + **요** (Ⅰ + **ㅂ / 습니다**)	・愛します		**사랑해요** (**사랑합니다**)
	過去形 Ⅲ + **ㅆ어요** (Ⅲ + **ㅆ습니다**)	・洗濯しました		**빨래했어요** (**빨래했습니다**)
	勧め・提案 Ⅲ + **보세요**	・言ってみてください		**말해 보세요**

➡他の活用は付録の「動詞活用一覧表」（P404）を参照

例のように直してみましょう！

〈例〉自由と愛を歌いましょう。

자유와 사랑을 (노래해요.)

もう一度
書いてみよう！

⑴ もし集まりに参加できなくても心配しないでください。

혹시 모임에 참석하지 못하더라도 (.)

⑵ 大きい声で歌えば、ストレスが解消します。

큰 소리로 (   ) 스트레스가 풀려요.

⑶ 各自の意見を言ってみてください。

각자의 의견을 (.)

〈解答〉⑴ **걱정하지 마세요** ⑵ **노래하면** ⑶ **말해 보세요**

練習3   次の単語を例のように入れ替えて練習してみましょう！

例

사랑 (愛)

하고 싶어요 / 하세요 / 할까요? / 해 보세요 / 했어요

| **일**
(仕事) | **생각**
(考え) | **이야기**
(お話) | **말**
(お話 (言葉)) | **빨래**
(洗濯) |

80

흐르다 流れる

흘러요 / 흘렀어요
流れます / 流れました

흐릅니다 / 흘렀습니다
流れます / 流れました

르変則

① **시간이나 세월이 지나가다.**
（時間や月日が経つ。）

② **액체 따위가 낮은 곳으로 내려가다.**
（液体などが低いところへ下りていく。）

- **세월이 흘러요.** 　　月日が経ちます。
- **음악이 흘러요.** 　　音楽が流れます。
- **눈물이 흘렀어요.** 　涙が流れました。
- **침묵이 흐릅니다.** 　沈黙が漂います。
- **땀이 흘렀습니다.** 　汗が流れました。

「**흐르다**」は「**물이 흐르다**（水が流れる）」、「**시간이 흐르다**（時間が経つ）」など
のように、「(液体が) 流れる」の他に、「(時間が) 経つ」という意味もあります。
　なお、「**흐르다**」は、語幹の最後が「**르**」で終わる「**르変則活用**」の単語なので、
「**해요体**」に活用するときは「**흘러요**」になります。

	活用形Ⅰ	活用形Ⅱ	活用形Ⅲ
<u>흐르다</u> (流れる)	<u>흐르</u>	<u>흐르</u>	<u>흘러</u>

練習1 上の「活用情報」を見て練習してみましょう！

강물이
(川の水が)

活用形	文型	日本語	書き込み	確認
Ⅰ <u>흐르</u>	進行・継続 Ⅰ + **고 있어요**	・流れています	<u>흐르고 있어요</u>	<u>흐르고 있어요</u>
	確認・同意 Ⅰ + **지요?**	・流れるでしょう？		<u>흐르</u>지요?
	現在連体形 Ⅰ + **는**	・流れる〜		<u>흐르</u>는 –
Ⅱ <u>흐르</u>	推測 Ⅱ + **ㄹ까요?**	・流れるでしょうか		<u>흐르</u>ㄹ까요?
	仮定・条件 Ⅱ + **면**	・流れれば		<u>흐르</u>면
	理由 Ⅱ + **니까**	・流れるから		<u>흐르</u>니까
Ⅲ <u>흘러</u>	過去形 Ⅲ + **ㅆ어요** （Ⅲ + **ㅆ습니다**）	・流れました		흘렀어요 （흘렀습니다）
	否定 **안** +Ⅲ+ **요**	・流れません		안 흘러요
	順序・理由 Ⅲ + **서**	・流れるので		흘러서

➡他の活用は付録の「動詞活用一覧表」（P404）を参照

動詞編

形容詞編

活用一覧表

練習2　例のように直してみましょう！

〈例〉川の水が流れてどこに行きましょうか。

　　강물이 (흘러서) 어디로 갈까요?

> もう一度
> 書いてみよう！

(1)　月日が早く経ちました。

　　세월이 빨리 (　　　　　)

(2)　静かな音楽が流れるカフェが好きです。

　　조용한 음악이 (　　　　) 카페를 좋아해요.

(3)　時間が経つと、すべてのものが変わります。

　　시간이 (　　　　) 모든 것이 변해요.

〈解答〉(1) **흘렀어요**　(2) **흐르는**　(3) **흐르면**

練習3　次の単語を例のように入れ替えて練習してみましょう！

例

시간 (時間) **이**

흐르고 있어요 / 흐를까요? / 흐릅니다 / 흘러요 / 흘렀어요

음악 (音楽)	**눈물** (涙)	**구름** (雲)	**세월** (歳月)	**시냇물** (小川)

練習1　次の空欄を埋めて文を完成してみましょう。

(1) きれいな家を建てました。〈짓다〉

　　　예쁜 집을 (　　　　　　.)

(2) 日本ではよく書類にハンコを押します。〈찍다〉

　　　일본에서는 흔히 서류에 도장을 (　　　　　　.)

(3) 知らない単語を引きたいです。〈찾다〉

　　　모르는 단어를 (　　　　　　.)

(4) 友達とギターを弾きながら歌を歌いました。〈치다〉

　　　친구하고 기타를 (　　　　　　) 노래를 불렀어요.

(5) テレビの音がうるさくて消しました。〈끄다〉

　　　텔레비전 소리가 시끄러워서 (　　　　　　.)

(6) さっき地下鉄に乗りましたが、すぐ降ります。〈내리다〉

　　　아까 지하철을 탔는데 곧 (　　　　　　.)

(7) 友達と歌を歌いながらストレスを解消しました。〈풀다〉

　　　친구와 노래를 부르면서 스트레스를 (　　　　　　.)

(8) チケットを2枚予約してください。〈예약하다〉

　　　표를 두 장 (　　　　　　.)

(9) 韓国語で言ってみてください。〈말하다〉

　　　한국어로 (　　　　　　.)

(10) ソウルの真ん中を漢江が流れています。〈흐르다〉

　　　서울의 한가운데를 한강이 (　　　　　　.)

〈解答〉(1) 지었어요　(2) 찍어요　(3) 찾고 싶어요　(4) 치면서　(5) 껐어요　(6) 내려요　(7) 풀었어요　(8) 예약해 주세요　(9) 말해 보세요　(10) 흐르고 있어요

練習2　次の文を日本語と韓国語に訳してみましょう。

(1)　**연습문제를 많이 풀었어요.**

_____

(2)　**말하기 대회에도 도전해 보세요.** (도전 : 挑戦)

_____

(3)　**한국의 배우나 가수 중에서 누구를 좋아하세요?**

_____

(4)　**한국어로 이름을 지어 주세요.**

_____

(5)　**여기는 사진을 찍지 마세요.**

_____

(6)　何をお探しですか。

_____

(7)　週末に一緒にゴルフをしましょうか。

_____

(8)　エアコンをつけましょうか。

_____

(9)　地下鉄に乗りました。

_____

(10)　予約をキャンセルしたいです。（キャンセルする：**취소하다**）

_____

〈解答〉(1) 練習問題をたくさん解きました。　(2) スピーチ大会にも挑戦してみてください。　(3) 韓国の俳優や歌手の中で誰がお好きですか。　(4) 韓国語で名前をつけてください。　(5) ここは写真を撮らないでください。　(6) **무엇을 찾으세요?**　(7) **주말에 같이 골프를 칠까요?**　(8) **에어컨을 켤까요?**　(9) **지하철을 탔어요.**　(10) **예약을 취소하고 싶어요.**

第 2 部

形容詞編

가깝다 近い ⟷ 멀다 遠い

가까워요 / 가까웠어요
가깝습니다 / 가까웠습니다
近いです / 近かったです

ㅂ変則

멀어요 / 멀었어요
멉니다 / 멀었습니다
遠いです / 遠かったです

ㄹ語幹

가깝다 : **공간적 · 시간적인 거리가 적다.**
（空間的・時間的な隔たりが少ない。）

멀다 : **공간적 · 시간적인 거리가 크다.**
（空間的・時間的な隔たりが大きい。）

- **집에서 가까워요.** 家から近いです。
- **역에서 멀어요.** 駅から遠いです。
- **사이가 가까웠어요.** 仲がよかったです。（←間が近かったです）
- **거리가 멉니다.** 距離が遠いです。
- **학교가 멀었습니다.** 学校が遠かったです。

　韓国には「**가까운 이웃이 먼 친척보다 낫다**（近所の人（の方）が遠い親戚よりましだ）」ということわざがあります。これは日本の「遠くの親戚より近くの他人」と同じ意味で、ふだんあまり往来のない親戚よりは、日ごろ親密に交流している近所の人、つまり「**이웃사촌**（隣の従兄弟）」の方がより助けになるという意味です。

活用情報

	活用形Ⅰ	活用形Ⅱ	活用形Ⅲ
가깝다 (近い)	가깝	가까우	가까워
멀다 (遠い)	멀 / 머	멀 / 머	멀어

역에서
（駅から）

練習1 上の「活用情報」を見て練習してみましょう！

活用形	文型	日本語	書き込み	確認
Ⅰ 가깝 멀 / 머	逆接 Ⅰ + 지만	・近いが ・遠いが	가깝지만 멀지만	가깝지만 멀지만
	否定 Ⅰ + 지 않아요	・近くありません ・遠くありません		가깝지 않아요 멀지 않아요
	感嘆・確認 Ⅰ + 네요	・近いですね ・遠いですね		가깝네요 머네요
Ⅱ 가까우 멀 / 머	連体形 Ⅱ + ㄴ	・近い〜 ・遠い〜		가까운 – 먼 –
	理由 Ⅱ + 니까	・近いから ・遠いから		가까우니까 머니까
	仮定・条件 Ⅱ + 면	・近ければ ・遠ければ		가까우면 멀면
Ⅲ 가까워 멀어	現在形 Ⅲ + 요 （Ⅰ + ㅂ / 습니다）	・近いです ・遠いです		가까워요 （가깝습니다） 멀어요 （멉니다）
	過去形 Ⅲ + ㅆ어요 （Ⅲ + ㅆ습니다）	・近かったです ・遠かったです		가까웠어요 （가까웠습니다） 멀었어요 （멀었습니다）
	原因・理由 Ⅲ + 서	・近いので ・遠いので		가까워서 멀어서

➡他の活用は付録の「形容詞活用一覧表」（P422）を参照

例のように直してみましょう！

〈例〉駅から遠いのでタクシーに乗りましょう。

역에서 (머니까) 택시를 탑시다.

もう一度
書いてみよう！

(1) 韓国は日本から近いです。

한국은 일본에서 (.)

(2) 公園は遠いけどよく行きます。

공원은 (   ) 자주 가요.

(3) 学校は駅から近いので便利です。

학교는 역에서 (   ) 편리해요.

〈解答〉(1) **가까워요**　(2) **멀지만**　(3) **가까워서**

練習3 次の単語を例のように入れ替えて練習してみましょう！

例

집 (家) **에서**

가깝지만 / 가깝네요 / 가까웠어요 / 멀어요 / 멀면 / 머니까

| **학교**
(学校) | **회사**
(会社) | **도서관**
(図書館) | **공원**
(公園) | **공항**
(空港) | **여기**
(ここ) |

가볍다 軽い ↔ 무겁다 重い

가벼워요 / 가벼웠어요
가볍습니다 / 가벼웠습니다
軽いです / 軽かったです

ㅂ変則

무거워요 / 무거웠어요
무겁습니다 / 무거웠습니다
重いです / 重かったです

ㅂ変則

가볍다 : **무게나 차지하는 비중, 가치, 책임 등이 많지 않다.**
(重さや占める割合、価値、責任などが多くない)

무겁다 : **무게나 차지하는 비중, 가치, 책임 등이 많다.**
(重さや占める割合、価値、責任などが多い。)

- 짐이 가벼워요.   荷物が軽いです。
- 사전이 무거워요.   辞書が重いです。
- 가방이 가벼웠어요.   カバンが軽かったです。
- 책임이 무겁습니다.   責任が重いです。
- 마음이 무거웠습니다.   気が重かったです。

　身体と関連した「무겁다」を使った表現がいろいろあります。「몸이 무겁다 (体が重い)」、「엉덩이가 무겁다 (お尻が重い)」、「어깨가 무겁다 (肩が重い)」、「입이 무겁다 (口が重い)」などは日本語と変わりありません。また、いずれも「무겁다」を「가볍다」に変えれば反対の意味になる点も似ていますね。

	活用形 I	活用形 II	活用形 III
가볍다 (軽い)	가볍	가벼우	가벼워
무겁다 (重い)	무겁	무거우	무거워

練習 1 上の「活用情報」を見て練習してみましょう！

마음이
(気が)

活用形	文型	日本語	書き込み	確認
I 가볍 무겁	同意 I + 지요?	・軽いでしょう？ ・重いでしょう？	가볍지요? 무겁지요?	가볍지요? 무겁지요?
	否定 I + 지 않아요	・軽くありません ・重くありません		가볍지 않아요 무겁지 않아요
	羅列 I + 고	・軽くて ・重くて		가볍고 무겁고
II 가벼우 무거우	連体形 II + ㄴ	・軽い〜 ・重い〜		가벼운 - 무거운 -
	理由 II + 니까	・軽いから ・重いから		가벼우니까 무거우니까
	仮定・条件 II + 면	・軽ければ ・重ければ		가벼우면 무거우면
III 가벼워 무거워	現在形 III + 요 （I + ㅂ / 습니다）	・軽いです ・重いです		가벼워요 (가볍습니다) 무거워요 (무겁습니다)
	過去形 III + ㅆ어요 （III + ㅆ습니다）	・軽かったです ・重かったです		가벼웠어요 (가벼웠습니다) 무거웠어요 (무거웠습니다)
	原因・理由 III + 서	・軽いので ・重いので		가벼워서 무거워서

➡他の活用は付録の「形容詞活用一覧表」（P422）を参照

272

形容詞編

活用一覧表

練習2　例のように直してみましょう！

〈例〉象はとても<u>重いです</u>。

코끼리는 너무 (무거워요.)

もう一度
書いてみよう！

(1)　荷物がちょっと<u>重いから</u>気をつけてください。

짐이 좀 (　　　　　　) 조심하세요.

(2)　この辞書は<u>軽いので</u>いいです。

이 사전은 (　　　　) 좋아요.

(3)　最近の携帯電話は<u>軽くて</u>便利です。

요즘 휴대전화는 (　　　) 편리해요.

〈解答〉(1) **무거우니까**　(2) **가벼워서**　(3) **가볍고**

練習3　次の単語を例のように入れ替えて練習してみましょう！

例

짐이 (荷物が)

가볍죠? / 가벼우니까 / 가벼웠어요 / 무겁습니다 / 무거우면

책이
(本が)

가방이
(カバンが)

책임이
(責任が)

컴퓨터가
（コンピューターが）

같다 同じだ ⟷ 다르다 異なる・違う

같아요 / 같았어요   달라요 / 달랐어요
같습니다 / 같았습니다   다릅니다 / 달랐습니다
同じです / 同じでした   異なります / 異なりました

르変則

같다 : **서로 다르지 않다.**
（互いに異ならない。）

다르다 : **두 개의 대상이 서로 같지 아니하다.**
（２つの対象が互いに同じでない。）

- **성이 같아요.**   名字が同じです。
- **이름이 달라요.**   名前が異なります。
- **학교가 같았어요.**   学校が同じでした。
- **성격이 다릅니다.**   性格が違います。
- **생각이 같았습니다.**   考えが同じでした。

　「**다르다**」は、「異なる、違う」という意味で、「**겉 다르고 속 다르다**」ということわざがあります。これは「表と裏が違う」、つまり、「行動（表）とことば（裏）」が一致しない」という意味です。なお、「**다르다**」は「르」変則のことばで、「**아 / 어**」がつく「活用形Ⅲ」のときは、「**달라**」になります。

274

活用情報

	活用形 Ⅰ	活用形 Ⅱ	活用形 Ⅲ
같다 (同じだ)	같	같으	같아
다르다 (異なる)	다르	다르	달라

練習 1 上の「活用情報」を見て練習してみましょう！

꿈이
(夢が)

活用形	文型	日本語	書き込み	確認
Ⅰ 같 다르	逆接 Ⅰ + **지만**	・同じですが ・異なりますが	같지만 다르지만	같지만 다르지만
	否定 Ⅰ + **지 않아요**	・同じではありません ・異なりません		같지 않아요 다르지 않아요
	羅列 Ⅰ + **고**	・同じで ・異なって		같고 다르고
Ⅱ 같으 다르	連体形 Ⅱ + **ㄴ**	・同じ〜 ・違う〜		같은 – 다른 –
	理由 Ⅱ + **니까**	・同じなので ・異なるので		같으니까 다르니까
	仮定・条件 Ⅱ + **면**	・同じなら ・異なるなら		같으면 다르면
Ⅲ 같아 달라	現在形 Ⅲ + **요** （Ⅰ + **ㅂ / 습니다**）	・同じです ・異なります		같아요 (같습니다) 달라요 (다릅니다)
	過去形 Ⅲ + **ㅆ어요** （Ⅲ + **ㅆ습니다**）	・同じでした ・異なりました		같았어요 (같았습니다) 달랐어요 (달랐습니다)
	原因・理由 Ⅲ + **서**	・同じなので ・異なるので		같아서 달라서

➡他の活用は付録の「形容詞活用一覧表」（P422）を参照

〈例〉女と男は<u>同じ</u>です。

여자와 남자는 (　같아요.　)

もう一度
書いてみよう！

---

(1)　名字は<u>同じです</u>が、名前は<u>異なります</u>。

성은 (　　　　　) 이름은 (　　　　　.　)

---

(2)　<u>違う</u>色もちょっと見せてください。

(　　　) 색깔도 좀 보여 주세요.

---

(3)　方向が<u>同じなら</u>、一緒に行きましょう。

방향이 (　　　　　) 같이 가요.

〈解答〉(1) 같지만 / 달라요　(2) 다른　(3) 같으면

例

마음이 （心が）

<u>같아요</u> / <u>같았습니다</u> / <u>다르지 않아요</u> / <u>다르니까</u> / <u>달라서</u>

고향이
（故郷が）

회사가
（会社が）

취미가
（趣味が）

크기가
（大きさが）

생각이
（考えが）

괜찮다 大丈夫だ・良い

괜찮아요 / 괜찮았어요	괜찮습니다 / 괜찮았습니다
大丈夫です / 大丈夫でした	大丈夫です / 大丈夫でした

별 문제가 없다. 꽤 좋다.

(特に問題がない。かなり良い。)

- 누구라도 괜찮아요.　　　　　誰でもいいです。
- 솜씨가 괜찮아요.　　　　　　腕前がいいです。
- 어제 날씨는 괜찮았어요.　　　昨日はいい天気でした。
- 혼자 살아도 괜찮습니다.　　　一人暮らしでもいいです。
- 맛이 괜찮았습니다.　　　　　おいしかったです。

　　韓国語の「괜찮다」は「大丈夫だ、別に悪くない」以外に「結構だ、なかなかいい」
という意味としても広く使われています。
　　日本語の「結構です、いいです」の意味で「괜찮아요!」ともよく言います。また、
韓国の歌にも「괜찮다」はよく登場し、BTS (방탄소년단) の歌には「I'm Fine (괜
찮아)」という曲もあります。この曲なかなか「괜찮아요!」

	活用形Ⅰ	活用形Ⅱ	活用形Ⅲ
괜찮다 (大丈夫だ)	괜찮	괜찮으	괜찮아

練習 1 上の「活用情報」を見て練習してみましょう！

정말로
(本当に)

活用形	文型	日本語	書き込み	確認
Ⅰ	感嘆・確認 Ⅰ + 네요	・大丈夫ですね	괜찮네요	괜찮네요
괜찮	過去回想 Ⅰ + 더라고요	・大丈夫でしたよ		괜찮더라고요
	逆接 Ⅰ + 지만	・大丈夫だが		괜찮지만
Ⅱ	理由 Ⅱ + 니까	・大丈夫だから		괜찮으니까
괜찮으	疑問 Ⅱ + 세요	・大丈夫ですか		괜찮으세요?
	仮定・条件 Ⅱ + 면	・よければ		괜찮으면
Ⅲ	現在形 Ⅲ + 요 (Ⅰ + ㅂ / 습니다)	・大丈夫です		괜찮아요 (괜찮습니다)
괜찮아	過去同意 Ⅲ + ㅆ지요?	・よかったでしょう？		괜찮았지요?
	原因・理由 Ⅲ + 서	・よかったので		괜찮아서

⇒他の活用は付録の「形容詞活用一覧表」（P422）を参照

→他の活用は付録の「形容詞活用一覧表」（P422）を参照

練習2　例のように直してみましょう！

〈例〉間違っても大丈夫です。

틀려도 (괜찮아요.)

もう一度
書いてみよう！

(1) 頭が痛くてちょっと休んだら大丈夫でしたよ。

머리가 아파서 좀 쉬었더니 (　　　　　　.)

(2) 土曜日に集まろうと思いますが、大丈夫ですか。

토요일에 모이려고 하는데 (　　　　　?)

(3) 昨日、見た韓国の映画、良かったでしょう？

어제 본 한국 영화 (　　　　　?)

〈解答〉(1) 괜찮더라고요　(2) 괜찮으세요　(3) 괜찮았지요

練習3　次の単語を例のように入れ替えて練習してみましょう！

例

카페도 (カフェも)

괜찮지만 / 괜찮으니까 / 괜찮으세요? / 괜찮으면 / 괜찮습니다

여기도
(ここも)

오늘도
(今日も)

어디든지
(どこでも)

언제든지
(いつでも)

시간이
(時間が)

5

기쁘다 うれしい ⟷ 슬프다 悲しい

기뻐요 / 기뻤어요
기쁩니다 / 기뻤습니다
うれしいです / うれしかったです
으変則

슬퍼요 / 슬펐어요
슬픕니다 / 슬펐습니다
悲しいです / 悲しかったです
으変則

기쁘다 : **기분이 매우 좋고 즐겁다.**
（とても気分がよく楽しい。）

슬프다 : **눈물이 날 만큼 마음이 아프고 괴롭다.**
（涙が出るほど心が痛んでつらい。）

- **항상 기뻐요.** いつもうれしいです。
- **영화가 슬퍼요.** 映画が悲しいです。
- **굉장히 슬펐어요.** ものすごく悲しかったです。
- **만나서 기쁩니다.** お会いできてうれしいです。
- **합격 소식이 기뻤습니다.** 合格のお知らせがうれしかったです。

「기쁨은 나누면 두 배가 되고 슬픔은 나누면 반이 된다.」即ち、「喜びは分かち合えば二倍になり、悲しみは分かち合えば半分になる。」という表現です。こちらの「기쁨」と「슬픔」は「기쁘다 (うれしい)」と「슬프다 (悲しい)」の名詞形です。また、「기쁘다、슬프다」は「으変則」で、「活用形Ⅲ」は「기뻐、슬퍼」になります。

活用情報

	活用形Ⅰ	活用形Ⅱ	活用形Ⅲ
기쁘다 (うれしい)	기쁘	기쁘	기뻐
슬프다 (悲しい)	슬프	슬프	슬퍼

소식이
(便りが)

練習 1　上の「活用情報」を見て練習してみましょう！

活用形	文型	日本語	書き込み	確認
Ⅰ 기쁘 슬프	推測 Ⅰ + 겠어요	・うれしいでしょう ・悲しいでしょう	기쁘겠어요 슬프겠어요	기쁘겠어요 슬프겠어요
	感嘆・確認 Ⅰ + 네요	・うれしいですね ・悲しいですね		기쁘네요 슬프네요
	逆接 Ⅰ + 지만	・うれしいけど ・悲しいけど		기쁘지만 슬프지만
Ⅱ 기쁘 슬프	連体形 Ⅱ + ㄴ	・うれしい〜 ・悲しい〜		기쁜 – 슬픈 –
	理由 Ⅱ + 니까	・うれしいから ・悲しいから		기쁘니까 슬프니까
	仮定・条件 Ⅱ + 면	・うれしければ ・悲しければ		기쁘면 슬프면
Ⅲ 기뻐 슬퍼	否定 안 + Ⅲ + 요 (Ⅰ + ㅂ / 습니다)	・うれしくありません ・悲しくありません		안 기뻐요 (안 기쁩니다) 안 슬퍼요 (안 슬픕니다)
	過去形 Ⅲ + ㅆ어요 (Ⅲ + ㅆ습니다)	・うれしかったです ・悲しかったです		기뻤어요 (기뻤습니다) 슬펐어요 (슬펐습니다)
	原因・理由 Ⅲ + 서	・うれしくて ・悲しくて		기뻐서 슬퍼서

➡他の活用は付録の「形容詞活用一覧表」（P422）を参照

練習2　例のように直してみましょう！

〈例〉ノーベル賞を受けてうれしいです。

노벨상을 받아서 (기뻐요.)

もう一度
書いてみよう！

⑴ その映画は悲しいけど、感動的でした。

그 영화는 (　　　　　) 감동적이었어요.

⑵ いつもうれしいことがたくさんありますようにお祈りします。

언제나 (　　　) 일이 가득하기를 바랍니다.

⑶ とてもうれしくて飛び上がりました。

너무 (　　　　) 펄쩍 뛰었어요.

〈解答〉⑴ 슬프지만　⑵ 기쁜　⑶ 기뻐서

練習3　次の単語を例のように入れ替えて練習してみましょう！

例

아주 (とても)

기쁘겠어요 / 기쁘니까 / 기뻐요 / 슬프네요 / 슬펐습니다

편지가
（手紙が）

만남이
（出会いが）

졸업이
（卒業が）

너무
（とても）

정말
（本当に）

6

길다 長い ⟷ 짧다 短い

길어요 / 길었어요
깁니다 / 길었습니다

長いです / 長かったです

ㄹ語幹

짧아요 / 짧았어요
짧습니다 / 짧았습니다

短いです / 短かったです

길다 : **공간이나 시간 등의 양 끝 사이의 거리가 멀다.**
（空間や時間など両端の間の距離が遠い。）

짧다 : **공간이나 때 등의 양 끝 사이의 거리가 가깝다.**
（空間や時間など両端の間の距離が近い。）

- **다리가 길어요.**　　　　　　脚が長いです。
- **머리가 짧아요.**　　　　　　髪が短いです。
- **여행이 짧았어요.**　　　　　旅行が短かったです。
- **줄이 깁니다.**　　　　　　　行列が長いです。
- **올해는 장마가 길었습니다.**　今年は梅雨が長かったです。

　　日本語の場合、形容詞や形容動詞の語幹に接尾語の「- さ・- み・- け」がつい
て名詞になるものがあります。韓国語は「길다 (長い)」から「길이 (長さ)」、「넓
다 (広い)」から「넓이 (広さ)」、「크다 (大きい)」から「크기 (大きさ)」などのよ
うに形容詞の語幹に「- 이」や「- 기」などをつけて名詞を作ります。

	活用形 I	活用形 II	活用形 III
길다 (長い)	길 / 기	길 / 기	길어
짧다 (短い)	짧	짧으	짧아

練習 1 上の「活用情報」を見て練習してみましょう！

머리가
(髪が)

活用形	文型	日本語	書き込み	確認
I 길 / 기 짧	羅列 I + 고	・長くて ・短くて	길고 짧고	길고 짧고
	感嘆・確認 I + 네요	・長いですね ・短いですね		기네요 짧네요
	否定 I + 지 않아요	・長くありません ・短くありません		길지 않아요 짧지 않아요
II 길 / 기 짧으	連体形 II + ㄴ	・長い〜 ・短い〜		긴 – 짧은 –
	理由 II + 니까	・長いから ・短いから		기니까 짧으니까
	仮定・条件 II + 면	・長ければ ・短ければ		길면 짧으면
III 길어 짧아	現在形 III + 요 (I + ㅂ / 습니다)	・長いです ・短いです		길어요 (깁니다) 짧아요 (짧습니다)
	過去形 III + ㅆ어요 (III + ㅆ습니다)	・長かったです ・短かったです		길었어요 (길었습니다) 짧았어요 (잡았습니다)
	原因・理由 III + 서	・長くて ・短くて		길어서 짧아서

⇒他の活用は付録の「形容詞活用一覧表」（P422）を参照

練習2 例のように直してみましょう！

〈例〉人生が長いですか、短いですか。

인생이 (길어요?), (짧아요?)

もう一度
書いてみよう！

(1) 人生は短く、芸術は長い。(＝芸術は長く人生は短し)

인생은 (　　　) 예술은 길다.

(2) 今度の休みは長いから、いっしょに旅行でも行きましょうか。

이번 휴일은 (　　　　) 같이 여행이라도 갈까요?

(3) 髪が長すぎて、ちょっと切ってもらいたいです。

머리가 (　　　　　) 좀 자르고 싶어요.

〈解答〉(1) **짧고**　(2) **기니까**　(3) **너무 길어서**

練習3 次の単語を例のように入れ替えて練習してみましょう！

例

바지가 (ズボンが)

길지 않아요 / 기네요 / 기니까 / 짧아요 / 짧았습니다

소매가
(袖が)

편지가
（手紙が）

길이가
（長さが）

다리가
（橋が）

이야기가
（話が）

285

7

깨끗하다 きれいだ ⟷ 더럽다 汚い

깨끗해요 / 깨끗했어요　　더러워요 / 더러웠어요
깨끗합니다 / 깨끗했습니다　더럽습니다 / 더러웠습니다
きれいです / きれいでした　　汚いです / 汚かったです

ㅂ変則

깨끗하다 : **때 등이 묻어 있지 않아 청결하다.**
（垢などがついてなく清潔だ。）

더럽다　 : **때 등이 묻어 있어 깨끗하지 못하다.**
（垢などがついていて清潔でない。）

- **손이 깨끗해요.**　　　手がきれいです。
- **신발이 더러워요.**　　靴が汚いです。
- **주변이 더러웠어요.**　周りが汚かったです。
- **하늘이 깨끗합니다.**　空がきれいです。
- **옷이 깨끗했습니다.**　服がきれいでした。

　日本語の「きれいだ」には、①「汚れがなく清潔であるさま。」②「見たり、聞いたりして美しく心地よいさま。」という意味がありますが、韓国語の「깨끗하다」には、①の意味しかありません。なお、②の意味を表すには「**예쁘다, 아름답다, 곱다**」などの表現を使います。

動詞編

形容詞編

活用一覧表

📜 活用情報 📜

	活用形 I	活用形 II	活用形 III
깨끗하다 (きれいだ)	깨끗하	깨끗하	깨끗해
더럽다 (汚い)	더럽	더러우	더러워

방이
(部屋が)

練習1 上の「活用情報」を見て練習してみましょう！

活用形	文型	日本語	書き込み	確認
I 깨끗하 더럽	逆接 I + 지만	・きれいですが ・汚いですが	깨끗하지만 더럽지만	깨끗하지만 더럽지만
	否定 I + 지 않아요	・きれいではありません ・汚くありません		깨끗하지 않아요 더럽지 않아요
	羅列 I + 고	・きれいで ・汚くて		깨끗하고 더럽고
II 깨끗하 더러우	連体形 II + ㄴ	・きれいな〜 ・汚い〜		깨끗한 – 더러운 –
	理由 II + 니까	・きれいだから ・汚いから		깨끗하니까 더러우니까
	仮定・条件 II + 면	・きれいであれば ・汚ければ		깨끗하면 더러우면
III 깨끗해 더러워	現在形 III + 요 (I + ㅂ / 습니다)	・きれいです ・汚いです		깨끗해요 (깨끗합니다) 더러워요 (더럽습니다)
	過去形 III + ㅆ어요 (III + ㅆ습니다)	・きれいでした ・汚かったです		깨끗했어요 (깨끗했습니다) 더러웠어요 (더러웠습니다)
	原因・理由 III + 서	・きれいなので ・汚いので		깨끗해서 더러워서

➡他の活用は付録の「形容詞活用一覧表」（P422）を参照

287

例のように直してみましょう！

〈例〉汚い腸が病気を作ります。

（ 더러운 ）장이 병을 만들어요.

もう一度
書いてみよう！

⑴ その店はきれいですが、食べ物はまずいです。

그 가게는 （　　　　　　）음식은 맛이 없어요.

⑵ 街がきれいなら気持ちがいいです。

거리가 （　　　　）기분이 좋아요.

⑶ 靴が汚くて磨かなければなりません。

구두가 （　　　　）닦아야 해요.

〈解答〉⑴ 깨끗하지만　⑵ 깨끗하면　⑶ 더러워서

練習3 次の単語を例のように入れ替えて練習してみましょう！

例

옷이 (服が)

깨끗하고 / 깨끗하지만 / 깨끗해요 / 더러워요 / 더러우면

거리가
(街が)

손이
(手が)

신발이
(靴が)

화장실이
(トイレが)

장이
(腸が)

8

넓다 広い ⟷ 좁다 狭い

넓어요 / 넓었어요
넓습니다 / 넓었습니다
広いです / 広かったです

좁아요 / 좁았어요
좁습니다 / 좁았습니다
狭いです / 狭かったです

넓다 : **면적이나 길의 폭, 물체와 물체 사이의 거리가 길다.**
（面積や幅、物と物との距離が長い。）

좁다 : **면적이나 길의 폭, 물체와 물체 사이의 거리가 짧다.**
（面積や幅、物と物との距離が短い。）

- **세계는 넓어요.**   世界は広いです。
- **집은 좁아요.**   家は狭いです。
- **방이 좁았어요.**   部屋が狭かったです。
- **바다가 넓습니다.**   海が広いです。
- **길이 넓었습니다.**   道が広かったです。

　韓国語の「**발이 넓다**（足が広い）」はどんな意味でしょうか？ これは日本語の「顔が広い」にあたる表現です。多方面に知人が多く、色々なところに足を運ぶことからできた表現で、誉め言葉です。そして、韓国では「**부모님의 은혜는 하늘보다 높고 바다보다 넓다**（両親の恩は空より高く、海より広い）」という表現をよく使います。

活用情報

	活用形Ⅰ	活用形Ⅱ	活用形Ⅲ
넓다 (広い)	넓	넓으	넓어
좁다 (狭い)	좁	좁으	좁아

練習1 上の「活用情報」を見て練習してみましょう！

길이
(道が)

活用形	文型	日本語	書き込み	確認
Ⅰ 넓 좁	逆接 Ⅰ + 지만	・広いですが ・狭いですが	넓지만 좁지만	넓지만 좁지만
	否定の確認・同意 Ⅰ + 지 않지요?	・広くないでしょう？ ・狭くないでしょう？		넓지 않지요? 좁지 않지요?
	並例 Ⅰ + 고	・広く ・狭く		넓고 좁고
Ⅱ 넓으 좁으	連体形 Ⅱ + ㄴ	・広い～（庭） ・狭い～（庭）		넓은 – 좁은 –
	理由の否定形 안 +Ⅱ+ 니까	・広くないから ・狭くないから		안 넓으니까 안 좁으니까
	仮定・条件 Ⅱ + 면	・広ければ ・狭ければ		넓으면 좁으면
Ⅲ 넓어 좁아	現在形 Ⅲ + 요 （Ⅰ + ㅂ / 습니다）	・広いです ・狭いです		넓어요 （넓습니다） 좁아요 （좁습니다）
	過去形 Ⅲ + ㅆ어요 （Ⅲ + ㅆ습니다）	・広かったです ・狭かったです		넓었어요 （넓었습니다） 좁았어요 （좁았습니다）
	原因・理由 Ⅲ + 서	・広くて ・狭くて		넓어서 좁아서

⇒他の活用は付録の「形容詞活用一覧表」（P422）を参照

→他の活用は付録の「形容詞活用一覧表」（P422）を参照

練習2 例のように直してみましょう！

〈例〉海が広いです。

바다가 (넓어요.)

> もう一度
> 書いてみよう！

⑴ その人は心は広いですが厳しいです。

그 사람은 마음은 (　　　　) 엄격해요.

⑵ もっと広い部屋はありませんか。

좀 더 (　　　) 방은 없습니까?

⑶ 道路が狭くて自転車に乗るのが不便です。

도로가 (　　　　) 자전거를 타기가 불편해요.

〈解答〉⑴ 넓지만　⑵ 넓은　⑶ 좁아서

練習3 次の単語を例のように入れ替えて練習してみましょう！

例

방이 (部屋が)

넓지만 / 넓으니까 / 넓어요 / 좁으면 / 좁았어요 / 좁고

교실이	목욕탕이	무대가	도서관이	강이
(教室が)	(銭湯が)	(舞台が)	(図書館が)	(川が)

높다 高い ⟷ 낮다 低い

높아요 / 높았어요
높습니다 / 높았습니다
高いです / 高かったです

낮아요 / 낮았어요
낮습니다 / 낮았습니다
低いです / 低かったです

높다 : **아래에서 위까지의 사이가 크다.**
（下から上までの開きが大きい。）

낮다 : **아래에서 위까지의 사이가 짧다.**
（上から下までの開きが短い。）

- **하늘이 높아요.** 　　　空が高いです。
- **건물이 낮아요.** 　　　建物が低いです。
- **계급이 높았어요.** 　　階級が高かったです。
- **높이가 낮습니다.** 　　高さが低いです。
- **혈압이 낮았습니다.** 　血圧が低かったです。

　「高い」には、「①空間的に基準面よりかなり上にある。」、「②金銭的に額が多い。」という意味があります。②の意味を表すときは「**비싸다**」と言います。

　なお、日本語の「高慢である・鼻が高い」にあたる韓国語の表現は「**콧대가 높다**」で、直訳すると「鼻柱が高い」になります。また、「背が高い」や「背が低い」は「**키가 크다**（背が大きい）」、「**키가 작다**（背が小さい）」と言います。

活用情報

	活用形Ⅰ	活用形Ⅱ	活用形Ⅲ
높다 (高い)	높	높으	높아
낮다 (低い)	낮	낮으	낮아

練習1 上の「活用情報」を見て練習してみましょう！

높이가
（高さが）

活用形	文型	日本語	書き込み	確認
Ⅰ 높 낮	感嘆・確認 Ⅰ + 네요	・高いですね ・低いですね	높네요 낮네요	높네요 낮네요
	逆接 Ⅰ + 지만	・高いが ・低いが		높지만 낮지만
	否定 Ⅰ + 지 않아요	・高くありません ・短くありません		높지 않아요 낮지 않아요
Ⅱ 높으 낮으	連体形 Ⅱ + ㄴ	・高い〜 ・低い〜		높은 - 낮은 -
	理由 Ⅱ + 니까	・高いから ・低いから		높으니까 낮으니까
	仮定・条件 Ⅱ + 면	・高ければ ・低ければ		높으면 낮으면
Ⅲ 높아 낮아	現在形 Ⅲ + 요 （Ⅰ + ㅂ / 습니다）	・高いです ・低いです		높아요 （높습니다） 낮아요 （낮습니다）
	過去否定形 안 +Ⅲ+ ㅆ어요 （안 +Ⅲ+ ㅆ습니다）	・高くなかったです ・低くなかったです		안 높았어요 （안 높았습니다） 안 낮았어요 （안 낮았습니다）
	原因・理由 Ⅲ + 서	・高くて ・低くて		높아서 낮아서

➡他の活用は付録の「形容詞活用一覧表」（P422）を参照

〈例〉私は鼻が少し低い方です。

저는 코가 좀 (낮은) 편이에요.

> もう一度
> 書いてみよう！

(1)　富士山はすごく高いですね。

후지산은 굉장히 (　　　　.)

(2)　建物が低いから、空がよく見えます。

건물들이 (　　　　　) 하늘이 잘 보여요.

(3)　血圧が高くて、薬を飲んでいます。

혈압이 (　　　　) 약을 먹고 있어요.

〈解答〉(1) **높네요**　(2) **낮으니까**　(3) **높아서**

練習3　次の単語を例のように入れ替えて練習してみましょう！

例

건물이 (建物が)

낮지 않아요 / 높아요 / 높으니까 / 높아서 / 낮네요

| **빌딩이** (ビルが) | **타워가** (タワーが) | **의자가** (椅子が) | **테이블이** (テーブルが) | **산이** (山が) |

달다 甘い

달아요 / 달았어요
甘いです / 甘かったです

답니다 / 달았습니다
甘いです / 甘かったです

ㄹ語幹

꿀이나 설탕과 같은 맛이 난다.
（蜜や砂糖のような味がする。）

- **사탕이 달아요.**　飴が甘いです。
- **케이크가 달아요.**　ケーキが甘いです。
- **떡이 달았어요.**　餅が甘かったです。
- **주스가 답니다.**　ジュースが甘いです。
- **초콜릿이 달았습니다.**　チョコレートが甘かったです。

　韓国人が「**달다**（甘い）」ということばを聞くと、まず、「**설탕**（雪糖）」と「**사탕** （砂糖）」を思い出すでしょう。

　ここでの「**설탕**（雪糖）」は「砂糖」で、「**사탕**（砂糖）」は「飴」のことです。

　また、日本語に「考えが甘い」、「点数が甘い」という表現がありますが、韓国 語では「**달다**」を使わず、「**생각이 안이**（安易）**하다**」、「**점수가 후**（厚）**하다**」と いう表現を使います。

	活用形Ⅰ	活用形Ⅱ	活用形Ⅲ
달다 (甘い)	달 / 다	달 / 다	달아

練習 1 上の「活用情報」を見て練習してみましょう！

사탕이
(飴が)

活用形	文型	日本語	書き込み	確認
Ⅰ 달 / 다	羅列 Ⅰ + 고	・甘く	달고	달고
	否定 Ⅰ + 지 않아요	・甘くありません		달지 않아요
	感嘆・確認の否定形 안 + Ⅰ + 네요	・甘くないですね		안 다네요
Ⅱ 달 / 다	連体形 Ⅱ + ㄴ	・甘い〜		단 –
	理由 Ⅱ + 니까	・甘いから		다니까
	推測 Ⅱ + ㄹ까요?	・甘いでしょうか		달까요?
Ⅲ 달아	現在形 Ⅲ + 요 （Ⅰ + ㅂ / 습니다）	・甘いです		달아요 （답니다）
	過去形 Ⅲ + ㅆ어요 （Ⅲ + ㅆ습니다）	・甘かったです		달았어요 （달았습니다）
	原因・理由 Ⅲ + 서	・甘くて		달아서

➡他の活用は付録の「形容詞活用一覧表」（P422）を参照

練習2　例のように直してみましょう！

〈例〉蜂蜜と砂糖は<u>甘いです</u>。

　　꿀과 설탕은 (달아요.)

もう一度
書いてみよう！

(1) 梅雨時なのでスイカは<u>甘くありません</u>。

　　장마철이라서 수박이 (　　　　　　　　.)

(2) <u>甘い</u>物はあまり好きではありません。

　　(　　) 음식은 별로 안 좋아해요.

(3) 昨日食べたケーキはとても<u>甘かったです</u>。

　　어제 먹은 케이크는 무척 (　　　　　　.)

〈解答〉(1) 달지 않아요　(2) 단　(3) 달았어요

練習3　次の単語を例のように入れ替えて練習してみましょう！

例

꿀이 (蜂蜜が)

<u>달지만</u> / <u>달까요?</u> / <u>다니까</u> / <u>다네요</u> / <u>달아요</u> / <u>달아서</u>

케이크가
(ケーキが)

쿠키가
(クッキーが)

비스킷이
(ビスケットが)

초콜릿이
(チョコレートが)

練習1 次の空欄を埋めて文を完成してみましょう。

(1) 距離はちょっと遠いですが、駅が近くていいです。〈멀다〉
거리는 좀 （　　　） 역이 가까워서 좋아요

(2) 私のカバンはいつも重いです。〈무겁다〉
제 가방은 늘 （　　　．）

(3) 日本は一般的に夫婦の名字が同じです。〈같다〉
일본은 일반적으로 부부의 성이 （　　　．）

(4) いつでも大丈夫ですから連絡ください。〈괜찮다〉
언제라도 （　　　　） 연락 주세요.

(5) 試験に合格してうれしいでしょう。〈기쁘다〉
시험에 합격해서 （　　　．）

(6) 今は髪があまり長くありません。〈길다〉
지금은 머리가 그다지 （　　　．）

(7) 窓が汚いと外が見えません。〈더럽다〉
창문이 （　　　） 밖이 안 보여요.

(8) 我が家の天井はかなり高いです。〈높다〉
우리 집 천장은 꽤 （　　　．）

(9) そのカフェは広くて快適です。〈넓다〉
그 카페는 （　　　） 쾌적해요.

(10) 疲れたので甘いものが食べたいです。〈달다〉
피곤해서 （　　　） 걸 좀 먹고 싶어요.

〈解答〉(1) 멀지만 (2) 무거워요 (3) 같아요 (4) 괜찮으니까 (5) 기쁘겠어요 (6) 길지 않아요 (7) 더러우면 (8) 높아요 (9) 넓어서 / 넓고 (10) 단

練習2 次の文を日本語と韓国語に訳してみましょう。

(1) **오늘은 강연 시간이 꽤 기네요.** （꽤：かなり）

(2) **옷은 깨끗하지만 신발은 좀 더러워요.**

(3) **구두 굽이 높아서 다리가 아파요.** （굽：かかと、아프다：痛い）

(4) **가장 가까운 역이 어디예요?**

(5) **여행할 때는 가벼운 가방이 좋아요.**

(6) お互いに考えが違います。

(7) 本当に大丈夫ですか。

(8) うれしい便りが待っていました。

(9) 部屋がそれほど広くありません。　（それほど：그다지）

(10) この餅は甘いでしょうかね。　（餅：떡）

〈解答〉(1) 今日は講演時間がかなり長いですね。　(2) 服はきれいですが、靴はちょっと汚いです。
(3) 靴のかかとが高くて足が痛いです。　(4) 最寄り駅はどこですか。　(5) 旅行する時は軽いカ
バンがいいです。　(6) **서로 생각이 달라요.**　(7) **정말로 괜찮으세요?**　(8) **기쁜 소식이 기다
리고 있었어요.**　(9) **방이 그다지 넓지 않아요.**　(10) **이 떡은 달까요?**

덥다 暑い ⇔ 춥다 寒い

더워요 / 더웠어요
덥습니다 / 더웠습니다
暑いです / 暑かったです
ㅂ変則

추워요 / 추웠어요
춥습니다 / 추웠습니다
寒いです / 寒かったです
ㅂ変則

덥다 : **몸으로 느끼는 기온이 높다.**
（身体で感じる気温が高い。）

춥다 : **몸으로 느끼는 기온이 낮다.**
（身体で感じる気温が低い。）

- 오늘은 더워요. 今日は暑いです。
- 방 안이 추워요. 部屋の中が寒いです。
- 지난 겨울은 추웠어요. 去年の冬は寒かったです。
- 여름은 덥습니다. 夏は暑いです。
- 교실이 더웠습니다. 教室が暑かったです。

　京都は盆地で冬は寒く、夏は暑いですね。韓国の「대구 (大邱)」も同じく、最近は「대구」の暑さを「대프리카 (大 frica)」と表現しています。これは、「대구 (大邱)」の「대 (大)」と「아프리카 (Africa)」の「프리카 (frica)」をくっつけた造語です。また、「덥다 (暑い)、춥다 (寒い)」の名詞形は「더위 (暑さ)、추위 (寒さ)」です。

活用情報

	活用形Ⅰ	活用形Ⅱ	活用形Ⅲ
덥다 (暑い)	덥	더우	더워
춥다 (寒い)	춥	추우	추워

練習1 上の「活用情報」を見て練習してみましょう！

날씨가
(天気が)

活用形	文型	日本語	書き込み	確認
Ⅰ 덥 춥	逆接 Ⅰ + 지만	・暑いですが ・寒いですが	덥지만 춥지만	덥지만 춥지만
	同意の否定 Ⅰ + 지 않지요?	・暑くありませんね？ ・寒くありませんね？		덥지 않지요? 춥지 않지요?
	感嘆・確認 Ⅰ + 네요	・暑いですね ・寒いですね		덥네요 춥네요
Ⅱ 더우 추우	理由 Ⅱ + 니까	・暑いから ・寒いから		더우니까 추우니까
	仮定・条件 Ⅱ + 면	・暑ければ ・寒ければ		더우면 추우면
	推測 Ⅱ + ㄹ까요?	・暑いでしょうか ・寒いでしょうか		더울까요? 추울까요?
Ⅲ 더워 추워	否定形 안 +Ⅲ+ 요 (안 +Ⅰ+ ㅂ / 습 니다)	・暑くありません ・寒くありません		안 더워요 (안 덥습니다) 안 추워요 (안 춥습니다)
	過去形 Ⅲ+ ㅆ어요 (Ⅲ+ ㅆ습니다)	・暑かったです ・寒かったです		더웠어요 (더웠습니다) 추웠어요 (추웠습니다)
	原因・理由 Ⅲ+ 서	・暑くて ・寒くて		더워서 추워서

➡ 他の活用は付録の「形容詞活用一覧表」（P422）を参照

動詞編

形容詞編

活用一覧表

もう一度
書いてみよう！

練習2　例のように直してみましょう！

〈例〉暑ければエアコンをつけてください。

（ 더우면 ）에어컨을 켜세요.

⑴　今日はちょっと暑いですが、湿度が高くないから快適です。

오늘은 좀 （　　　　　）습도가 높지 않아서 쾌적해요.

⑵　明日も暑いでしょうか。

내일도 （　　　　　　？ ）

⑶　寒くてエアコンを消しました。

（　　　　　）에어컨을 껐어요.

〈解答〉⑴ 덥지만　⑵ 더울까요　⑶ 추워서

練習3　次の単語を例のように入れ替えて練習してみましょう！

例

실내가 （室内が）

덥지만 / 더우니까 / 더워요 / 춥네요 / 추워요 / 더우면

밖은
（外は）

사무실이
（事務室が）

오늘도
（今日も）

아주
（とても）

교실이
（教室が）

두껍다 厚い ↔ 얇다 薄い

두꺼워요 / 두꺼웠어요
두껍습니다 / 두꺼웠습니다
厚いです / 厚かったです

얇아요 / 얇았어요
얇습니다 / 얇았습니다
薄いです / 薄かったです

ㅂ変則

두껍다 : **두께가 보통의 정도보다 크다.**
(厚さが普通の程度より大きい。)

얇다 : **두께가 두껍지 않다.**
(厚さが厚くない。)

- **책이 두꺼워요.** 本が厚いです。
- **종이가 얇아요.** 紙が薄いです。
- **잡지가 얇았어요.** 雑誌が薄かったです。
- **두께가 두껍습니다.** 厚さが厚いです。
- **앨범이 두꺼웠습니다.** アルバムが厚かったです。

韓国には「**얼굴이 두껍다**（顔が厚い）」といった表現があり、日本語の「面の皮が厚い」と同じく、「図々しい、厚かましい」ことを表します。
なお、「**지갑이 얇다**」は直訳すると「財布が薄い」で、持っているお金が少ないとき使う表現で、反意語としては「**지갑이 두툼하다**」と言い、「財布が分厚い」との意味です。

	活用形Ⅰ	活用形Ⅱ	活用形Ⅲ
두껍다 (厚い)	두껍	두꺼우	두꺼워
얇다 (薄い)	얇	얇으	얇아

練習1　上の「活用情報」を見て練習してみましょう！

책이
(本が)

活用形	文型	日本語	書き込み	確認
Ⅰ 두껍 얇	感嘆・確認 Ⅰ + 네요	・厚いですね ・薄いですね	두껍네요 얇네요	두껍네요 얇네요
	逆接 Ⅰ + 지만	・厚いですが ・薄いですが		두껍지만 얇지만
	否定 Ⅰ + 지 않아요	・厚くありません ・薄くありません		두껍지 않아요 얇지 않아요
Ⅱ 두꺼우 얇으	連体形 Ⅱ + ㄴ	・厚い～ ・薄い～		두꺼운 - 얇은 -
	理由 Ⅱ + 니까	・厚いから ・薄いから		두꺼우니까 얇으니까
	仮定・条件 Ⅱ + 면	・厚ければ ・薄ければ		두꺼우면 얇으면
Ⅲ 두꺼워 얇아	現在形 Ⅲ + 요 （Ⅰ + ㅂ / 습니다）	・厚いです ・薄いです		두꺼워요 （두껍습니다） 얇아요 （얇습니다）
	過去形 Ⅲ + ㅆ어요 （Ⅲ + ㅆ습니다）	・厚かったです ・薄かったです		두꺼웠어요 （두꺼웠습니다） 얇았어요 （얇았습니다）
	原因・理由 Ⅲ + 서	・厚くて ・薄くて		두꺼워서 얇아서

⇒他の活用は付録の「形容詞活用一覧表」（P422）を参照

練習2　例のように直してみましょう！

〈例〉この紙はとても薄いです。

이 종이는 아주 (얇아요.)

吹き出し: もう一度　書いてみよう！

⑴　この服は薄いですが暖かいです。

이 옷은 (　　　　　) 따뜻해요.

⑵　友達から厚い本をもらいました。

친구한테서 (　　　　　) 책을 받았어요.

⑶　このノートパソコンは薄くて持ち歩きやすいです。

이 노트북은 (　　　　　) 가지고 다니기 편리해요.

〈解答〉⑴ 얇지만　⑵ 두꺼운　⑶ 얇아서

練習3　次の単語を例のように入れ替えて練習してみましょう！

例

노트가 (ノートが)

두껍네요 / 두껍지만 / 두꺼우니까 / 얇으면 / 얇아요

수첩이
(手帳が)

옷이
(服が)

지갑이
(財布が)

이불이
(布団が)

두께가
(厚さが)

따뜻하다 暖かい ⟷ 시원하다 涼しい

따뜻해요 / 따뜻했어요   시원해요 / 시원했어요
따뜻합니다 / 따뜻했습니다   시원합니다 / 시원했습니다
暖かいです / 暖かったです   涼しいです / 涼しかったです

따뜻하다 : **덥지도 춥지도 않고 기온이나 온도가 알맞다.**
(暑くも寒くもなく、気温や温度が程よい。)

시원하다 : **피부에 좀 찬 기운을 느껴 기분이 좋다.**
(肌にいささかの冷たさを感じてここちよい。)

● **집이 따뜻해요.**　　　家が暖かいです。
● **물이 시원해요.**　　　水が冷たいです。
● **바람이 시원했어요.**　　風が涼しかったです。
● **날씨가 따뜻합니다.**　　暖かい天気です。
● **손이 따뜻했습니다.**　　手が温かったです。

　「**따뜻하다**」は「暖かい」、「**시원하다**」は「涼しい」で、「**시원하다**」には「涼しい」の他に、「冷たい」という意味もあり、「冷たいビール」を「**시원한 맥주**」とも言います。また、韓国人は、熱い鍋料理などを食べたり、熱い湯舟につかったりするときも「**시원하다!**」と言います。これは、「**시원하다!**」には、「すっきりした！」という意味も含まれているところからです。

活用情報

	活用形Ⅰ	活用形Ⅱ	活用形Ⅲ
따뜻하다 (暖かい)	따뜻하	따뜻하	따뜻해
시원하다 (涼しい)	시원하	시원하	시원해

練習1 上の「活用情報」を見て練習してみましょう！

날씨가
(天気が)

活用形	文型	日本語	書き込み	確認
Ⅰ 따뜻하 시원하	感嘆・確認 Ⅰ+ 네요	・暖かいですね ・涼しいですね	따뜻하네요 시원하네요	따뜻하네요 시원하네요
	逆接 Ⅰ+ 지만	・暖かいが ・涼しいが		따뜻하지만 시원하지만
	否定 Ⅰ+ 지 않아요	・暖かくありません ・涼しくありません		따뜻하지 않아요 시원하지 않아요
Ⅱ 따뜻하 시원하	連体形 Ⅱ+ ㄴ	・暖かい〜 ・涼しい〜		따뜻한 – 시원한 –
	推測 Ⅱ+ ㄹ까요?	・暖かいでしょうか ・涼しいでしょうか		따뜻할까요? 시원할까요?
	仮定・条件 Ⅱ+ 면	・暖ければ ・涼しければ		따뜻하면 시원하면
Ⅲ 따뜻해 시원해	現在形 Ⅲ+ 요 (Ⅰ+ ㅂ/습니다)	・暖かいです ・涼しいです		따뜻해요 (따뜻합니다) 시원해요 (시원합니다)
	過去形 Ⅲ+ ㅆ어요 (Ⅲ+ ㅆ습니다)	・暖かかったです ・涼しかったです		따뜻했어요 (따뜻했습니다) 시원했어요 (시원했습니다)
	原因・理由 Ⅲ+ 서	・暖かいので ・涼しいので		따뜻해서 시원해서

→他の活用は付録の「形容詞活用一覧表」（P422）を参照

動詞編

形容詞編

活用一覧表

〈例〉お母さんの懐は暖かいです。

엄마 품은 (<u>따뜻해요.</u>)

もう一度
書いてみよう！

⑴　ビールが本当に冷たいですね。

맥주가 참 (　　　　　　 .)

⑵　寒いから温かいお茶でも飲んでいきましょう。

추우니까 (　　　　) 차라도 마시고 가요.

⑶　部屋が暖かくて、すぐに眠ってしまいました。

방이 (　　　　　) 금방 잠들어 버렸어요.

〈解答〉⑴ **시원하네요**　⑵ **따뜻한**　⑶ **따뜻해서**

練習 3　　次の単語を例のように入れ替えて練習してみましょう！

例

방이 (部屋が)

따뜻하네요 / 따뜻하니까 / 따뜻하면 / 시원할까요? / 시원해요

밖이
(外が)

실내가
(室内が)

바람이
(風が)

커피가
(コーヒーが)

교실이
(教室が)

뜨겁다 熱い ⟷ 차갑다 冷たい

뜨거워요 / 뜨거웠어요
뜨겁습니다 / 뜨거웠습니다

熱いです / 熱かったです

ㅂ変則

차가워요 / 차가웠어요
차갑습니다 / 차가웠습니다

冷たいです / 冷たかったです

ㅂ変則

뜨겁다 : **어떤 것의 온도가 높다.**
(あるものの温度が高い。)

차갑다 : **어떤 것의 온도가 낮다.**
(あるものの温度が低い。)

- **커피가 뜨거워요.**　　　コーヒーが熱いです。
- **손이 차가워요.**　　　手が冷たいです。
- **도시락이 차가웠어요.**　お弁当が冷たかったです。
- **냄비가 뜨겁습니다.**　　鍋が熱いです。
- **국이 뜨거웠습니다.**　　スープが熱かったです。

　「**뜨겁다**」は「熱い」、「**차갑다**」は「冷たい」で、「**바람이 차갑다**（風が冷たい）」
「**성격이 차갑다**（性格が冷たい）」などのように手足や食べ物、天気などが冷たい
ことや、人の性格などが冷淡であること、また、表情・雰囲気などが冷ややかで
あるさまを表したりもします。また、「**차갑다**」と同じような意味・用法を持つ「**차
다**」というのもあります。

	活用形Ⅰ	活用形Ⅱ	活用形Ⅲ
뜨겁다 (熱い)	뜨겁	뜨거우	뜨거워
차갑다 (冷たい)	차갑	차가우	차가워

練習 1 上の「活用情報」を見て練習してみましょう！

커피가
（コーヒーが）

活用形	文型	日本語	書き込み	確認
Ⅰ 뜨겁 차갑	羅列 Ⅰ + 고	・熱く ・冷たく	뜨겁고 차갑고	뜨겁고 차갑고
	感嘆・確認 Ⅰ + 네요	・熱いですね ・冷いですね		뜨겁네요 차갑네요
	否定 Ⅰ + 지 않아요	・熱くありません ・冷たくありません		뜨겁지 않아요 차갑지 않아요
Ⅱ 뜨거우 차가우	連体形 Ⅱ + ㄴ	・熱い〜 ・冷たい〜		뜨거운 - 차가운 -
	理由 Ⅱ + 니까	・熱いから ・冷たいから		뜨거우니까 차가우니까
	否定・推測 안 +Ⅱ+ ㄹ까요?	・熱くないでしょうか ・冷たくないでしょうか		안 뜨거울까요? 안 차가울까요?
Ⅲ 뜨거워 차가워	現在形 Ⅲ + 요 (Ⅰ + ㅂ / 습니다)	・熱いです ・冷たいです		뜨거워요 (뜨겁습니다) 차가워요 (차갑습니다)
	過去形 Ⅲ + ㅆ어요 (Ⅲ + ㅆ습니다)	・熱かったです ・冷たかったです		뜨거웠어요 (뜨거웠습니다) 차가웠어요 (차가웠습니다)
	原因・理由 Ⅲ + 서	・熱くて ・冷たくて		뜨거워서 차가워서

➡他の活用は付録の「形容詞活用一覧表」（P422）を参照

練習2 　例のように直してみましょう！

〈例〉ちょっと、冷たい水をください。

（ 차가운 ）물 좀 주세요.

もう一度
書いてみよう！

(1) お風呂のお湯が熱くありません。

목욕물이 （　　　　　　　　．）

(2) 石焼き釜が熱いから、気をつけてください。

돌솥이 （　　　　　　） 조심하세요.

(3) 風が冷たくてコートを着ました。

바람이 （　　　　　） 코트를 입었어요.

〈解答〉(1) 뜨겁지 않아요　(2) 뜨거우니까　(3) 차가워서

練習3 　次の単語を例のように入れ替えて練習してみましょう！

例

찌개가 （チゲが）

뜨겁네요 / 뜨겁고 / 뜨거우니까 / 차가울까요? / 차가워요

홍차가
（紅茶が）

물이
（水が）

몸이
（体が）

음식이
（食べ物が）

바닥이
（床が）

많다 多い ↔ 적다 少ない

많아요 / 많았어요
많습니다 / 많았습니다
多いです / 多かったです

적어요 / 적었어요
적습니다 / 적었습니다
少ないです / 少なかったです

많다 : **수나 양, 정도 등이 일정한 기준을 넘다.**
(数や量、程度などが一定の基準を超える。)

적다 : **수나 양, 정도 등이 일정한 기준에 미치지 못하다.**
(数や量、程度などが一定の基準に満たない。)

- 일이 많아요.   仕事が多いです。
- 친구가 적어요.   友達が少ないです。
- 숙제가 적었어요.   宿題が少なかったです。
- 정이 많습니다.   情が深いです。
- 사람들이 많았습니다.   人が多かったです。

　韓国には「**말 많은 집 장맛도 쓰다** : 口数の多い家はチャン（味噌、醤油、コチュジャン）の味も苦い」ということわざがあります。韓国の食生活において何よりも大事なのは「**장**（チャン）」ですが、口数が多いのはよくないという戒めだったでしょうね。

活用情報

	活用形Ⅰ	活用形Ⅱ	活用形Ⅲ
많다 (多い)	많	많으	많아
적다 (少ない)	적	적으	적어

수제가
(宿題が)

練習 1 上の「活用情報」を見て練習してみましょう！

活用形	文型	日本語	書き込み	確認
Ⅰ 많 적	否定の確認・同意 Ⅰ + 지 않지요?	・多くないでしょう？ ・少なくないでしょう？	많지 않지요? 적지 않지요?	많지 않지요? 적지 않지요?
	感嘆・確認 Ⅰ + 네요	・多いですね ・少ないですね		많네요 적네요
	逆接 Ⅰ + 지만	・多いが ・少ないが		많지만 적지만
Ⅱ 많으 적으	理由 Ⅱ + 니까	・多いから ・少ないから		많으니까 적으니까
	仮定・条件 Ⅱ + 면	・多ければ ・少なければ		많으면 적으면
	推測 Ⅱ + ㄹ까요?	・多いでしょうか ・少ないでしょうか		많을까요? 적을까요?
Ⅲ 많아 적어	現在形 Ⅲ + 요 （Ⅰ + ㅂ / 습니다）	・多いです ・少ないです		많아요 （많습니다） 적어요 （적습니다）
	過去形 Ⅲ + ㅆ어요 （Ⅲ + ㅆ습니다）	・多かったです ・少なかったです		많았어요 （많았습니다） 적었어요 （적었습니다）
	原因・理由 Ⅲ + 서	・多くて ・少なくて		많아서 적어서

➡他の活用は付録の「形容詞活用一覧表」（P422）を参照

〈例〉街に人が少なかったです。

거리에 사람들이 (적었어요.)

> もう一度
> 書いてみよう！

(1) マスクを買おうとする人が<u>多い</u>ですね。

마스크를 사려는 사람들이 (.)

(2) 週末には時間が<u>ある</u>から、一緒に映画をみましょう。

주말에는 시간이 (   ) 같이 영화 봐요.

(3) 今週は宿題が<u>多くない</u>でしょう？

이번 주는 숙제가 (?)

〈解答〉(1) **많네요** (2) **많으니까** (3) **많지 않지요**

練習 3   次の単語を例のように入れ替えて練習してみましょう！

例

일이 (仕事が)

많네요 / 많을까요? / 많았어요 / 적지 않죠? / 적어요

돈이 (お金が)   **관심이** (関心が)   **친구가** (友達が)   **가게가** (店が)   **사람들이** (人々が)

맛있다 おいしい ⟷ 맛없다 まずい

맛있어요 / 맛있었어요
맛있습니다 / 맛있었습니다
おいしいです / おいしかったです

맛없어요 / 맛없었어요
맛없습니다 / 맛없었습니다
まずいです / まずかったです

맛있다 : **음식의 맛이 좋다.**
（食べ物の味が良い。）

맛없다 : **음식의 맛이 좋지 않다.**
（食べ物の味がよくない。）

- **떡이 맛있어요.**　　　　　　お餅がおいしいです。
- **이 음식은 맛없어요**　　　　この食べ物はまずいです。
- **그 사과는 맛없었어요.**　　あのリンゴはまずかったです。
- **비빔밥은 맛있습니다.**　　　ビビンバはおいしいです。
- **그 갈비는 맛있었습니다.**　そのカルビはおいしかったです。

韓国語に「**있다（ある）**」や「**없다（ない）**」からできた単語があります。「**맛이 있다（味がある）**」から「**맛있다（おいしい）**」、「**맛이 없다（味がない）**」から「**맛없다（まずい）**」がその一つです。その他、「**재미있다（面白い）**」、「**재미없다（面白くない）**」や「**멋있다（素敵だ）**」、멋없다（素敵でない、ダサい）」などもあります。

	活用形Ⅰ	活用形Ⅱ	活用形Ⅲ
맛있다 (おいしい)	맛있	맛있으	맛있어
맛없다 (まずい)	맛없	맛없으	맛없어

練習1 上の「活用情報」を見て練習してみましょう！

> 그 음식은
> (その食べ物は)

活用形	文型	日本語	書き込み	確認
Ⅰ 맛있 맛없	逆接 Ⅰ+ 지만	・おいしいですが ・まずいですが	맛있지만 맛없지만	맛있지만 맛없지만
	推測 Ⅰ+ 겠어요	・おいしそうです ・まずそうです		맛있겠어요 맛없겠어요
	確認・同意 Ⅰ+ 지요?	・おいしいでしょう？ ・まずいでしょう？		맛있지요? 맛없지요?
Ⅱ 맛있으 맛없으	理由 Ⅱ+ 니까	・おいしいから ・まずいから		맛있으니까 맛없으니까
	推測 Ⅱ+ ㄹ까요?	・おいしいでしょうか ・まずいでしょうか		맛있을까요? 맛없을까요?
	仮定・条件 Ⅱ+ 면	・おいしければ ・まずければ		맛있으면 맛없으면
Ⅲ 맛있어 맛없어	現在形 Ⅲ+ 요 (Ⅰ+ ㅂ/습니다)	・おいしいです ・まずいです		맛있어요 (맛있습니다) 맛없어요 (맛없습니다)
	過去形 Ⅲ+ ㅆ어요 (Ⅲ+ ㅆ습니다)	・おいしかったです ・まずかったです		맛있었어요 (맛있었습니다) 맛없었어요 (맛없었습니다)
	原因・理由 Ⅲ+ 서	・おいしいので ・まずいので		맛있어서 맛없어서

→他の活用は付録の「形容詞活用一覧表」（P422）を参照

練習2   例のように直してみましょう！

〈例〉その店の食べ物はまずいです。

그 집 음식은 (맛없어요.)

もう一度
書いてみよう！

(1) キムチはおいしいですが、ちょっと辛いです。

김치는 (   ) 좀 매워요.

(2) ビビンバに納豆を入れるとおいしいでしょうか。

비빔밥에 낫토를 넣으면 (?)

(3) プルコギはおいしいので、毎日食べたいです。

불고기는 (   ) 매일 먹고 싶어요.

〈解答〉(1) 맛있지만 (2) 맛있을까요 (3) 맛있어서

練習3   次の単語を例のように入れ替えて練習してみましょう！

例

김치가 (キムチが)

맛있지요? / 맛있겠어요 / 맛있어요 / 맛없어요 / 맛없어서

과일이
(果物が)

채소가
(野菜が)

빵이
(パンが)

과자가
(お菓子が)

커피가
(コーヒーが)

맑다 晴れる・澄む ⟷ 흐리다 曇る・濁る

맑아요 / 맑았어요
맑습니다 / 맑았습니다
晴れます / 晴れました

흐려요 / 흐렸어요
흐립니다 / 흐렸습니다
曇ります / 曇りました

맑다 : **구름이나 안개가 끼지 않아 날씨가 좋다.**
(雲や霧がなく、天気がいい。)

흐리다 : **구름이나 안개가 끼어 날씨가 좋지 않다.**
(雲や霧がかかって天気がよくない。)

- **물이 맑아요.**　　　水が澄んでいます。
- **글씨가 흐려요.**　　字がぼやけてます。
- **하늘이 흐렸어요.**　空が曇ってました。
- **공기가 맑습니다.**　空気が澄んでいます。
- **소리가 맑았습니다.**　音が澄んでいました。

　「맑다」は「晴れる」、「흐리다」は「曇る」ですが、他に「물이 맑다 (水が澄んでいる)」、「물이 흐리다 (水が濁っている)」などのように、「澄む」や「濁る」の意味としてもよく使われます。
　なお、名詞形の「晴れ」は「맑음」、「曇り」は「흐림」と言います。

活用情報

	活用形 I	活用形 II	活用形 III
맑다 (晴れる)	맑	맑으	맑아
흐리다 (曇る)	흐리	흐리	흐려

練習1 上の「活用情報」を見て練習してみましょう！

하늘이
(空が)

活用形	文型	日本語	書き込み	確認
I 맑 흐리	羅列 I + 고	・晴れて ・曇って	맑고 흐리고	맑고 흐리고
	感嘆・確認 I + 네요	・晴れていますね ・曇っていますね		맑네요 흐리네요
	否定 I + 지 않아요	・晴れていません ・曇っていません		맑지 않아요 흐리지 않아요
II 맑으 흐리	連体形 II + ㄴ	・晴れる〜 ・曇る〜		맑은 – 흐린 –
	理由 II + 니까	・晴れているから ・曇っているから		맑으니까 흐리니까
	仮定 II + 면	・晴れると ・曇ると		맑으면 흐리면
III 맑아 흐려	現在形 III + 요 (I + ㅂ / 습니다)	・晴れています ・曇っています		맑아요 (맑습니다) 흐려요 (흐립니다)
	過去形 III + ㅆ어요 (III + ㅆ습니다)	・晴れていました ・曇っていました		맑았어요 (맑았습니다) 흐렸어요 (흐렸습니다)
	原因・理由 III + 서	・晴れて ・曇って		맑아서 흐려서

➡他の活用は付録の「形容詞活用一覧表」（P422）を参照

〈例〉天気が晴れて気持ち良い日です。

날씨가 (맑아서) 기분 좋은 날이에요.

もう一度
書いてみよう！

⑴　空は晴れて海は青い。

하늘은 (　　　) 바다는 푸르다.

⑵　きれいな空気が吸いたいです。

(　　　) 공기를 마시고 싶어요.

⑶　天気が曇って洗濯をしませんでした。

날씨가 (　　　) 빨래를 안 했어요.

〈解答〉⑴ 맑고　⑵ 맑은　⑶ 흐려서

練習 3　次の単語を例のように入れ替えて練習してみましょう！

例

물이 (水が)

맑아요 / 맑으니까 / 맑네요 / 흐리면 / 흐려요 / 흐려서

| **소리가**
（音が） | **공기가**
（空気が） | **날씨가**
（天気が） | **정신이**
（精神が） | **기억이**
（記憶が） |

맵다 辛い・짜다 塩辛い

매워요 / 매웠어요
맵습니다 / 매웠습니다
辛いです / 辛かったです

짜요 / 짰어요
짭니다 / 짰습니다
塩辛いです / 塩辛かったです

ㅂ変則

맵다 : **고추나 겨자처럼 자극적인 맛으로 혀가 얼얼하다.**
（唐辛子や辛子のように刺激的な味で舌がひりひりする。）

짜다 : **소금과 같은 맛이 나다.**
（塩のような味がする。）

- 고추가 매워요.　　　　唐辛子が辛いです。
- 소금이 짜요.　　　　　塩がしょっぱいです。
- 바닷물이 짰어요.　　　海水がしょっぱかったです。
- 고추장이 맵습니다.　　コチュジャンが辛いです。
- 찌개가 매웠습니다.　　チゲが辛かったです。

　　味を表す言葉としては「**맵다**」や「**짜다**」の他、「**달다**（甘い），**시다**（酸っぱい），**쓰다**（苦い），**싱겁다**（うすい）」などがあります。「**단맛**（甘味），**매운맛**（辛味），**짠맛**（塩辛味），**신맛**（酸味），**쓴맛**（苦味）」を五味と言いますが、韓国の「**오미자차**（五味子茶）」は五つの味があると言われています。

動詞編

形容詞編

活用一覧表

	活用形 I	活用形 II	活用形 III
맵다 (辛い)	맵	매우	매워
짜다 (塩辛い)	짜	짜	짜

練習 1 上の「活用情報」を見て練習してみましょう！

김치가
(キムチが)

活用形	文型	日本語	書き込み	確認
I 맵 짜	逆接 I + 지만	・辛いですが ・塩辛いですが	맵지만 짜지만	맵지만 짜지만
	羅列 I + 고	・辛く ・塩辛く		맵고 짜고
	連体形 II + ㄴ	・辛い〜 ・塩辛い〜		매운 – 짠 –
II 매우 짜	仮定 II + 면	・辛ければ ・塩辛ければ		매우면 짜면
	推測 II + ㄹ까요?	・辛いでしょうか ・塩辛いでしょうか		매울까요? 짤까요?
	現在形 III + 요 (I + ㅂ / 습니다)	・辛いです ・塩辛いです		매워요 (맵습니다) 짜요 (짭니다)
III 매워 짜	過去の否定 안 + III + ㅆ어요 (안 + III + ㅆ습니다)	・辛くなかったです ・塩辛くなかったです		안 매웠어요 (안 매웠습니다) 안 짰어요 (안 짰습니다)
	否定 안 + III + 요	・辛くありません ・塩辛くありません		안 매워요 안 짜요
	原因・理由 III + 서	・辛くて ・塩辛くて		매워서 짜서

➡他の活用は付録の「形容詞活用一覧表」（P422）を参照

練習2　例のように直してみましょう！

〈例〉悲しいときは辛いトッポッキが最高です。

もう一度
書いてみよう！

슬플 때는 (매운) 떡볶이가 최고예요.

(1)　トッポッキは辛いですがおいしいです。

떡볶이는 (　　　　) 맛있어요.

(2)　ラーメンが塩辛ければ水や野菜をちょっと入れてください。

라면이 (　　　) 물이나 야채를 좀 넣으세요.

(3)　この水キムチは辛くありません。

이 물김치는 (　　　　　.)

〈解答〉(1) **맵지만**　(2) **짜면**　(3) **안 매워요**

練習3　次の単語を例のように入れ替えて練習してみましょう！

例

반찬이 (おかずが)

맵지만 / 매워요 / 매울까요? / 짰어요 / 짜요 / 짜면

찌개가
(チゲが)

라면이
(ラーメンが)

국물이
(汁が)

음식이
(食べ物が)

맛이
(味が)

멋있다 素敵だ・格好いい

멋있어요 / 멋있었어요
素敵です / 素敵でした

멋있습니다 / 멋있었습니다
素敵です / 素敵でした

매우 좋고 훌륭하다.
（とてもよくてすばらしい。）

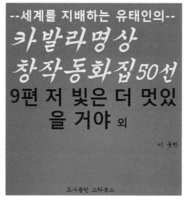

- 의사는 멋있어요.　　　　　お医者さんは格好いいです。
- 헤어스타일이 멋있어요.　　ヘアスタイルが素敵です。
- 폼이 멋있었어요.　　　　　フォームが格好よかったです。
- 배우는 역시 멋있습니다.　　俳優はやっぱり格好いいです。
- 꿈이 멋있었습니다.　　　　夢が素敵でした。

　　日本語の「格好いい、素敵だ」に当たる「멋있다」は「멋 (粋)」からできたことばです。つまり「멋이 (粋が) ＋있다 (ある)」から「이 (が)」が省略され「멋있다」になりました。そして「없다 (ない)」を用いた「멋없다 (素敵ではない・ダサい)」は、「멋있다」の反意語として使います。

　　また、「멋있다」に似ていることばとして「멋지다」があります。「멋지다」は「なかなか粋だ・なかなか素敵だ」などの意味で、「멋있다」を強調した表現ですが、ほとんど意味は変わりありません。

活用情報

	活用形 I	活用形 II	活用形 III
멋있다 (素敵だ)	멋있	멋있으	멋있어

모자가
(帽子が)

練習 1 上の「活用情報」を見て練習してみましょう！

活用形	文型	日本語	書き込み	確認
I 멋있	連体形 I + 는	・素敵な	멋있는	멋있는
	感嘆・確認 I + 네요	・素敵ですね		멋있네요
	逆接 I + 지만	・素敵ですが		멋있지만
II 멋있으	推量・断言 II + ㄹ 거예요	・素敵でしょう		멋있을 거예요
	理由 II + 니까	・素敵だから		멋있으니까
	仮定・条件 II + 면	・素敵であれば		멋있으면
III 멋있어	現在形 III + 요 (I + ㅂ / 습니다)	・素敵です		멋있어요 (멋있습니다)
	過去形 III + ㅆ어요 (III + ㅆ습니다)	・素敵でした		멋있었어요 (멋있었습니다)
	原因・理由 III + 서	・素敵なので		멋있어서

➡他の活用は付録の「形容詞活用一覧表」（P422）を参照

練習2　例のように直してみましょう！

〈例〉建物がとても素敵ですね。

건물이 무척 (멋있네요.)

もう一度
書いてみよう！

⑴　私の彼氏は格好よくて親切です。

제 남자 친구는 (　　　　) 친철해요.

⑵　夜景が素敵なところでデートをしたいです。

야경이 (　　　　) 곳에서 데이트를 하고 싶어요.

⑶　あの人も若いときは格好よかったです。

그 사람도 젊었을 때는 (　　　　　.)

〈解答〉⑴ **멋있고**　⑵ **멋있는**　⑶ **멋있었어요**

練習3　次の単語を例のように入れ替えて練習してみましょう！

例

옷이 (服が)

멋있네요 / 멋있지만 / 멋있으니까 / 멋있어요 / 멋있어서

건물이
（建物が）

집이
（家が）

자동차가
（自動車が）

경치가
（景色が）

꿈이
（夢が）

무섭다 怖い

무서워요 / 무서웠어요　　무섭습니다 / 무서웠습니다

怖いです / 怖かったです　　　怖いです / 怖かったです

`ㅂ変則`

어떤 대상이나 일이 두렵다.

（ある対象やことが恐ろしい。）

- 귀신이 무서워요.　　幽霊が怖いです。
- 지진이 무서워요.　　地震が怖いです。
- 꿈이 무서웠어요.　　夢が怖かったです。
- 선생님이 무섭습니다.　先生が怖いです。
- 영화가 무서웠습니다.　映画が怖かったです。

　「하룻강아지 범 무서운 줄 모른다.（生まれたばかりの子犬は虎を怖がらない）」
ということわざがあります。韓国の昔話やことわざには「호랑이」（虎）がよく登
場しますが、「호랑이」のことを「범」とも言います。

　韓国では昔、「호랑이」はいちばん怖い存在でもありましたが、今も「鬼教師」
のことを韓国では「호랑이 선생님（虎の先生）」と言います。

　韓国人にとっては「호랑이」は身近な存在ですね。「호랑이」にまつわることわ
ざのうち「호랑이도 제 말 하면 온다.（虎も自分の話をすれば来る）」とは「うわさ
をすれば影が差す」という意味です。

	活用形 I	活用形 II	活用形 III
무섭다 (怖い)	무섭	무서우	무서워

練習 1 　上の「活用情報」を見て練習してみましょう！

도깨비가
（鬼が）

活用形	文型	日本語	書き込み	確認
I 무섭	逆接 I + 지만	・怖いですが	무섭지만	무섭지만
	否定 I + 지 않아요	・怖くありません		무섭지 않아요
	羅列 I + 고	・怖く		무섭고
II 무서우	連体形 II + ㄴ	・怖い〜		무서운 –
	理由 II + 니까	・怖いから		무서우니까
	推測 II + ㄹ까요?	・怖いでしょうか		무서울까요?
III 무서워	現在形 III + 요 （I + ㅂ / 습니다）	・怖いです		무서워요 （무섭습니다）
	過去形 III + ㅆ어요 （III + ㅆ습니다）	・怖かったです		무서웠어요 （무서웠습니다）
	原因・理由 III + 서	・怖くて		무서워서

➡他の活用は付録の「形容詞活用一覧表」（P422）を参照

練習2 例のように直してみましょう！

〈例〉試験はお化けよりもっと怖いです。

시험은 귀신보다 더 (무서워요.)

> もう一度
> 書いてみよう！

(1) 韓国人にとって虎は怖いですが親しい動物です。

한국 사람들에게 호랑이는 (　　　　　) 친근한 동물이에요.

(2) 怖い映画は見れません。

(　　　　) 영화는 못 봐요.

(3) 昨夜の夢がすごく怖かったです。

어젯밤 꿈이 엄청 (　　　　　.)

〈解答〉(1) 무섭지만　(2) 무서운　(3) 무서웠어요

練習3 次の単語を例のように入れ替えて練習してみましょう！

例

호랑이가 (虎が)

무섭고 / 무섭지만 / 무서울까요? / 무서워요 / 무서웠습니다

영화가
(映画が)

드라마가
(ドラマが)

지진이
(地震が)

번지점프가
(バンジージャンプが)

練習1　次の空欄を埋めて文を完成してみましょう。

(1) このり巻きは本当においしそうですね。〈맛있다〉

　　이 김밥은 정말 (　　　　　　　　　.)

(2) 先週まではかなり寒かったです。ところがもう暑いですね。〈덥다〉

　　지난주까지는 꽤 추웠어요. 그런데 벌써 (　　　　　.)

(3) 旅行に行くときは普段薄い着を何着か持っていきます。〈얇다〉

　　여행 갈 때는 보통 (　　　) 옷을 여러 벌 가지고 가요.

(4) オンドルの部屋は暖かくていいです。（オンドル：온돌）〈따뜻하다〉

　　온돌방은 (　　　　　) 좋아요.

(5) お弁当が冷たくて電子レンジで温めました。〈차갑다〉

　　도시락이 (　　　　) 전자레인지에 데웠어요.

(6) 食べ物が少なければもっと注文してください。〈적다〉

　　음식이 (　　　　) 더 주문하세요.

(7) 昨日は晴れたのに今日は曇りですね。〈흐리다〉

　　어제는 맑았는데 오늘은 (　　　　　.)

(8) 唐辛子は辛くて食べられません。〈맵다〉

　　고추는 (　　　　　) 못 먹어요.

(9) 彼氏が本当に格好いいですね。〈멋있다〉

　　남자 친구가 참 (　　　　　.)

(10) その映画はどれだけ怖いでしょうか。〈무섭다〉

　　그 영화는 얼마나 (　　　　　?)

〈解答〉(1) 맛있겠네요　(2) 덥네요　(3) 얇은　(4) 따뜻해서　(5) 차가워서　(6) 적으면　(7) 흐리네요
(8) 매워서　(9) 멋있네요　(10) 무서울까요

練習2　次の文を日本語と韓国語に訳してみましょう。

(1) **그 영화는 별로 무섭지 않았어요.**

(2) **식당 앞에 사람들은 많지만 의자는 적었어요.**

(3) **짜고 매운 음식은 좋아하지 않아요.**

(4) **어린이들의 눈은 무척 맑아요.**

(5) **저도 예전에는 멋있었어요.**

(6) 寒いので暖かくしてください。

(7) 携帯電話が本当に薄いですね。(携帯電話：휴대전화、휴대폰)

(8) 心が暖かい人になりたいです。

(9) 鍋が熱いから気をつけてください。

(10) まずかったら食べません。

〈解答〉(1) その映画はあまり怖くなかったです。　(2) 食堂の前の人は多いですが、椅子は少なかったです。　(3) しょっぱくて辛い食べ物は好きじゃありません。　(4) 子供たちの目はとても澄んでいます。　(5) 私も以前は格好よかったです。　(6) **추우니까 따뜻하게 입으세요.**　(7) **휴대폰이 정말 얇네요.**　(8) **마음이 따뜻한 사람이 되고 싶어요.**　(9) **냄비가 뜨거우니까 조심하세요.**　(10) **맛없으면 안 먹어요.**

밝다 明るい ⟷ 어둡다 暗い

밝아요 / 밝았어요   어두워요 / 어두웠어요
밝습니다 / 밝았습니다   어둡습니다 / 어두웠습니다
明るいです / 明るかったです   暗いです / 暗かったです

ㅂ変則

밝다 : **어둡던 곳이 환하게 되다.**
(暗いところが明るくなる。)

어둡다 : **빛이 없거나 약해서 밝지 않다.**
(光がなかったり弱くて明るくない。)

- **달이 밝아요.**   月が明るいです。
- **화면이 좀 어두워요.**   画面がちょっと暗いです。
- **거리가 어두웠어요.**   街が暗かったです。
- **방이 밝습니다.**   部屋が明るいです。
- **표정이 밝았습니다.**   表情が明るかったです。

　「**빛이 밝다** (光が明るい)」、「**표정이 밝다** (表情が明るい)」、「**성격이 밝다** (性格が明るい)」、「**숫자에 밝다** (数字に明るい)」などのように、「**밝다**」と「明るい」の使い方は大差ありません。また、韓国では「**귀가 밝다** (耳がよい)」、「**눈이 밝다** (目がよい)」などのように、聴力や視力がいいことを表すときも使います。

活用情報

	活用形 I	活用形 II	活用形 III
밝다 (明るい)	**밝**	**밝으**	**밝아**
어둡다 (暗い)	**어둡**	**어두우**	**어두워**

練習 1 上の「活用情報」を見て練習してみましょう！

방이
(部屋が)

活用形	文型	日本語	書き込み	確認
I **밝** **어둡**	感嘆・確認 **I + 네요**	・明るいですね ・暗いですね	밝네요 어둡네요	**밝네요** **어둡네요**
	逆接 **I + 지만**	・明るいが ・暗いが		**밝지만** **어둡지만**
	否定 **I + 지 않아요**	・明るくありません ・暗くありません		**밝지 않아요** **어둡지 않아요**
II **밝으** **어두우**	連体形 **II + ㄴ**	・明るい～ ・暗い～		**밝은 -** **어두운 -**
	理由 **II + 니까**	・明るいから ・暗いから		**밝으니까** **어두우니까**
	仮定・条件 **II + 면**	・明るければ ・暗ければ		**밝으면** **어두우면**
III **밝아** **어두워**	現在形 **III + 요** **(I + ㅂ / 습니다)**	・明るいです ・暗いです		**밝아요** **(밝습니다)** **어두워요** **(어둡습니다)**
	過去形 **III + ㅆ어요** **(III + ㅆ습니다)**	・明るかったです ・暗かったです		**밝았어요** **(밝았습니다)** **어두웠어요** **(어두웠습니다)**
	原因・理由 **III + 서**	・明るくて ・暗くて		**밝아서** **어두워서**

⇒他の活用は付録の「形容詞活用一覧表」（P422）を参照

練習2 例のように直してみましょう！

〈例〉表情が本当に明るいですね。

표정이 정말 (밝네요.)

もう一度
書いてみよう！

⑴ コロナウイルスのせいで社会の雰囲気が明るくないです。

코로나바이러스 때문에 사회 분위기가 (.)

⑵ 春になると明るい色の服が着たいです。

봄이 되면 (   ) 색 옷을 입고 싶어요.

⑶ そのカフェは暗くて本を読むにはちょっと不便です。

그 카페는 (   ) 책을 보기에는 좀 불편해요.

〈解答〉⑴ 밝지 않아요　⑵ 밝은　⑶ 어두워서

練習3 次の単語を例のように入れ替えて練習してみましょう！

例

교실이 (教室が)

밝네요 / 밝지만 / 밝으니까 / 어둡지 않아요 / 어두워요

집이
(家が)

표정이
(表情が)

얼굴이
(顔が)

달이
(月が)

가게가
(店が)

22

부드럽다 柔らかい ↔ 딱딱하다 硬い

부드러워요	딱딱해요
/ 부드러웠어요	/ 딱딱했어요
부드럽습니다	딱딱합니다
/ 부드러웠습니다	/ 딱딱했습니다
柔らかいです / 柔らかかったです	硬いです / 硬かったです

ㅂ変則

부드럽다 : **사물의 성질이나 상태가 딱딱하지 않다.**
(物の性質・状態が、硬くない。)

딱딱하다 : **사물의 성질이나 상태가 부드럽지 않다.**
(物の性質・状態が、柔らかくない。)

● 천이 부드러워요.	布が柔らかいです。
● 의자가 딱딱해요.	椅子が硬いです。
● 빵이 딱딱했어요.	パンが硬かったです。
● 표정이 부드럽습니다.	表情が穏やかです。
● 말투가 부드러웠습니다.	口調が柔らかかったです。

「**부드럽다**(柔らかい)」の名詞形は「**부드러움**」です。韓国で実施したあるアンケート調査で、「女性の好きな男性のタイプ」は、「**배려심**(配慮心)、**상냥하고 부드러움**(優しくてソフト)、**성실함**(誠実さ)」の順でした。なお、「男性の好きな女性のタイプ」においては、「**상냥하고 부드러움**」は４位でした。

動詞編

形容詞編

活用一覧表

ㅂ

	活用形 I	活用形 II	活用形 III
부드럽다 (柔らかい)	부드럽	부드러우	부드러워
딱딱하다 (硬い)	딱딱하	딱딱하	딱딱해

練習 1　上の「活用情報」を見て練習してみましょう！

빵이
（パンが）

活用形	文型	日本語	書き込み	確認
I 부드럽 딱딱하	推測 I + 겠어요	・柔らかそうです ・硬そうです	부드럽겠어요 딱딱하겠어요	부드럽겠어요 딱딱하겠어요
	羅列 I + 고	・柔らかくて ・硬くて		부드럽고 딱딱하고
	逆接 I + 지만	・柔らかいですが ・硬いですが		부드럽지만 딱딱하지만
II 부드러우 딱딱하	連体形 II + ㄴ	・柔らかい～ ・硬い～		부드러운 - 딱딱한 -
	理由 II + 니까	・柔らかいから ・硬いから		부드러우니까 딱딱하니까
	仮定・条件 II + 면	・柔らかければ ・硬ければ		부드러우면 딱딱하면
III 부드러워 딱딱해	現在形 III + 요 （I + ㅂ / 습니다）	・柔らかいです ・硬いです		부드러워요 （부드럽습니다） 딱딱해요 （딱딱합니다）
	過去形 III + ㅆ어요 （III + ㅆ습니다）	・柔らかかったです ・硬かったです		부드러웠어요 （부드러웠습니다） 딱딱했어요 （딱딱했습니다）
	原因・理由 III + 서	・柔らかいので ・硬いので		부드러워서 딱딱해서

⇒他の活用は付録の「形容詞活用一覧表」（P422）を参照

練習2　例のように直してみましょう！

〈例〉話し方が柔らかい人がいます。

> もう一度
> 書いてみよう！

　　말투가 (부드러운) 사람이 있어요.

(1)　このパンは少し硬いですがおいしいです。

　　이 빵은 좀 (　　　　　　) 맛있어요.

(2)　最近のカフェには硬い椅子が多いです。

　　요즘 카페에는 (　　　　) 의자가 많아요.

(3)　この肉は柔らかいので食べやすいです。

　　이 고기는 (　　　　　　) 먹기 좋아요.

〈解答〉(1) 딱딱하지만　(2) 딱딱한　(3) 부드러워서

練習3　次の単語を例のように入れ替えて練習してみましょう！

例

고기가 （お肉が）

부드럽겠어요 / 부드러워요 / 딱딱하면 / 딱딱해요 / 딱딱해서

과자가
（お菓子が）

콩자반이
（煮豆が）

표정이
（表情が）

분위기가
（雰囲気が）

23

빠르다 速い ⟷ 느리다 遅い

빠라요 / 빨랐어요	느려요 / 느렸어요
빠릅니다 / 빨랐습니다	느립니다 / 느렸습니다
速いです / 速かったです	遅いです / 遅かったです

르変則

빠르다 : **어떤 일이 이루어지거나 이동하는데 걸리는 시간이 짧다.** (何かが行われたり、移動するのにかかる時間が短い。)

느리다 : **어떤 일이 이루어지거나 이동하는데 걸리는 시간이 길다.** (何かが行われたり、移動するのにかかる時間が長い。)

- **암산이 빨라요.**　　　暗算が速いです。
- **속도가 느려요.**　　　速度が遅いです。
- **말이 빨랐어요.**　　　早口でした。
- **시간이 빠릅니다.**　　時間が早いです。
- **진행이 느렸습니다.**　進行が遅かったです。

　日本語では「速い」と「早い」の使い分けがあります。韓国語においては、「速い」は「**빠르다**」、「早い」は「**이르다**」になります。また、「**빠르다**」からできた「**빨리 (速く)**」は日常生活でよく使われています。「**빨리 빨리 (速く速く)**」、聞いたこととありますね。

活用情報

	活用形Ⅰ	活用形Ⅱ	活用形Ⅲ
빠르다 (速い)	빠르	빠르	빨라
느리다 (遅い)	느리	느리	느려

시간이
（時間が）

練習 1　上の「活用情報」を見て練習してみましょう！

活用形	文型	日本語	書き込み	確認
Ⅰ 빠르 느리	羅列 Ⅰ + 고	・速くて ・遅くて	빠르고 느리고	빠르고 느리고
	感嘆・確認 Ⅰ + 네요	・速いですね ・遅いですね		빠르네요 느리네요
	確認・同意 Ⅰ + 지요?	・速いでしょう？ ・遅いでしょう？		빠르지요? 느리지요?
Ⅱ 빠르 느리	連体形 Ⅱ + ㄴ	・速い～ ・遅い～		빠른 – 느린 –
	理由 Ⅱ + 니까	・速いから ・遅いから		빠르니까 느리니까
	推量・断言 Ⅱ + ㄹ 거예요	・速いでしょう ・遅いでしょう		빠를 거예요 느릴 거예요
Ⅲ 빨라 느려	現在形 Ⅲ + 요 （Ⅰ + ㅂ / 습니다）	・速いです ・遅いです		빨라요 （빠릅니다） 느려요 （느립니다）
	過去形 Ⅲ + ㅆ어요 （Ⅲ + ㅆ습니다）	・速かったです ・遅かったです		빨랐어요 （빨랐습니다） 느렸어요 （느렸습니다）
	原因・理由 Ⅲ + 서	・速いので ・遅いので		빨라서 느려서

➡他の活用は付録の「形容詞活用一覧表」（P422）を参照

練習 2 例のように直してみましょう！

〈例〉バスは遅いので地下鉄に乗りましょう。

버스는 (느리니까) 지하철을 탑시다.

もう一度
書いてみよう！

⑴ 先生の話は速いです（= 早口です）。

선생님 말씀은 (　　　　.)

⑵ 退勤時間なので電車の方が速いでしょう。

퇴근 시간이라서 전철이 (　　　　　　　.)

⑶ ドラマの流れが遅いのでちょっと退屈です。

드라마의 흐름이 (　　　　) 좀 지루해요.

〈解答〉⑴ 빨라요　⑵ 빠를 거예요　⑶ 느려서

練習 3 次の単語を例のように入れ替えて練習してみましょう！

例

세월이 (歳月が)

빠르네요 / 빠르죠? / 빨라요 / 느리니까 / 느렸습니다

걸음이 (歩きが)　**속도가** (速度が)　**진도가** (進度が)　**진행이** (進行が)　**말이** (話が)

24

빨갛다 赤い・노랗다 黄色い

動詞編

形容詞編

活用一覧表

빨개요 / 빨갰어요
빨갛습니다 / 빨갰습니다
赤いです / 赤かったです

노래요 / 노랬어요
노랗습니다 / 노랬습니다
黄色いです / 黄色かったです

ㅎ変則　　　　　　　　　　　ㅎ変則

빨갛다 : **잘 익은 사과나 고추처럼 선명한 붉은 색이다.**
(よく熟したリンゴや唐辛子のように鮮明な赤色である。)

노랗다 : **색이 레몬이나 바나나와 같다.**
(色がレモンやバナナのようだ。)

- **원숭이 엉덩이는 빨개요.**　　　　猿の尻は赤いです。
- **레몬은 노래요.**　　　　　　　　レモンは黄色です。
- **볼이 빨갰어요.**　　　　　　　　頬が赤かったです。
- **해바라기꽃은 노랗습니다.**　　　ひまわりの花は黄色です。
- **은행잎이 노랬습니다.**　　　　　イチョウの葉が黄色でした。

　韓国語には「**빨갛다** (赤い)、**노랗다** (黄色い)」以外にも「**까맣다** (黒い)、**하얗다** (白い)、**파랗다** (青い)」といった色を表すことばがあります。これらのことばはどれも「**ㅎ変則**」で、連体形になるときは、「**빨간**」、「**노란**」、「**까만**」、また、「**해요体**」になるときは、「**빨개요**」、「**노래요**」、「**까매요**」になります。

	活用形Ⅰ	活用形Ⅱ	活用形Ⅲ
빨갛다 (赤い)	빨갛 / 빨가	빨가	빨개
노랗다 (黄色い)	노랗 / 노라	노라	노래

練習 1 上の「活用情報」を見て練習してみましょう！

수박이
(スイカが)

活用形	文型	日本語	書き込み	確認
Ⅰ 빨갛 / 빨가 노랗 / 노라	羅列 Ⅰ + 고	・赤く（て） ・黄色く（て）	빨갛고 노랗고	빨갛고 노랗고
	感嘆・確認 Ⅰ + 네요	・赤いですね ・黄色いですね		빨가네요 노라네요
	逆接 Ⅰ + 지만	・赤いが ・黄色いが		빨갛지만 노랗지만
Ⅱ 빨가 노라	連体形 Ⅱ + ㄴ	・赤い〜 ・黄色い〜		빨간 – 노란 –
	理由 Ⅱ + 니까	・赤くて ・黄色くて		빨가니까 노라니까
	仮定・条件 Ⅱ + 면	・赤ければ ・黄色ければ		빨가면 노라면
Ⅲ 빨개 노래	現在形 Ⅲ + 요 （Ⅰ + ㅂ / 습니다）	・赤いです ・黄色いです		빨개요 (빨갛습니다) 노래요 (노랗습니다)
	過去形 Ⅲ + ㅆ어요 （Ⅲ + ㅆ습니다）	・赤かったです ・黄色かったです		빨갰어요 (빨갰습니다) 노랬어요 (노랬습니다)
	原因・理由 Ⅲ + 서	・赤いので ・黄色いので		빨개서 노래서

⇒他の活用は付録の「形容詞活用一覧表」（P422）を参照

練習2　例のように直してみましょう！

〈例〉紅葉して山が一面赤いですね。

단풍이 들어서 산이 온통 (빨가네요.)

もう一度
書いてみよう！

(1) りんごは赤く、レモンは黄色いです。

사과는 (　　　　),레몬은 (　　　.)

(2) 黄色いマクワウリがおいしそうに見えます。

(　　) 참외가 맛있어 보여요.

(3) お酒を飲んで顔が赤いです。

술을 마셔서 얼굴이 (　　　.)

〈解答〉(1) **빨갛고 / 노래요**　(2) **노란**　(3) **빨개요**

練習3　次の単語を例のように入れ替えて練習してみましょう！

例

얼굴이 (顔が)

빨갛고 / 빨가니까 / 빨개요 / 노라네요 / 노래요 / 노래서

파프리카가
(パプリカが)

토마토가
(トマトが)

색이
(色が)

옷이
(服が)

볼펜이
(ボールペンが)

25

새롭다 (真) 新しい

새로워요 / 새로웠어요
新しいです / 新しかったです

새롭습니다 / 새로웠습니다
新しいです / 新しかったです

ㅂ変則

항상 새로운 상태이거나 전에 없던 것이다.
(いつも新しい状態であったり、以前はなかったことだ。)

- 마케팅이 새로워요.　　　マーケティングが新しいです。
- 기능이 새로워요.　　　機能が新しいです。
- 디자인이 새로웠어요.　　　デザインが新しかったです。
- 기술이 새롭습니다.　　　技術が新しいです。
- 기획이 새로웠습니다.　　　企画が新しかったです。

　　「새롭다」は「(真) 新しい」という意味の他にも、一部の時間や数量を表すこと
ばを主語にして「切実に必要だったり惜しまれる」という意味として使われてい
ます。「천 원이 새로워요」は、「たった1千ウォンの金でも今は大事です」、「시
험이 얼마 남지 않아서 일 분이 새로워요.」は、間もなく試験なので、たった1
分の時間でも惜しまれる」という表現です。また、「추억이 새롭다 (追憶が鮮明
に浮かぶ)」などの表現も使います。

活用情報

	活用形Ⅰ	活用形Ⅱ	活用形Ⅲ
새롭다 (新しい)	새로	새로우	새로워

거리가
(街が)

練習1 上の「活用情報」を見て練習してみましょう！

活用形	文型	日本語	書き込み	確認
Ⅰ 새로	逆接 Ⅰ + **지만**	・新しいですが	새롭지만	새롭지만
	否定 Ⅰ + **지 않아요**	・新しくありません		새롭지 않아요
	並列 Ⅰ + **고**	・新しく		새롭고
Ⅱ 새로우	連体形 Ⅱ + **ㄴ**	・新しい〜		새로운 -
	理由 Ⅱ + **니까**	・新しいから		새로우니까
	仮定・条件 Ⅱ + **면**	・新しければ		새로우면
Ⅲ 새로워	現在形 Ⅲ + **요** （Ⅰ + **ㅂ / 습니다**）	・新しいです		새로워요 （새롭습니다）
	過去形 Ⅲ + **ㅆ어요** （Ⅲ + **ㅆ습니다**）	・新しかったです		새로웠어요 （새로웠습니다）
	原因・理由 Ⅲ + **서**	・新しいので		새로워서

→他の活用は付録の「形容詞活用一覧表」（P422）を参照

もう一度
書いてみよう！

練習2 　例のように直してみましょう！

〈例〉今日から新しいクラスで勉強をすることになりました。

오늘부터 (새로운) 반에서 공부를 하게 됐어요.

⑴　携帯電話の機能は新しいですが、デザインがあまり良くないです。

휴대폰의 기능은 (　　　　　) 디자인이 별로예요.

⑵　心が新しければ日々が新しいです。

마음이 (　　　　　) 나날이 새로워요.

⑶　街はきれいで、新しかったです。

거리는 깨끗하고 (　　　　　.)

〈解答〉⑴ 새롭지만　⑵ 새로우면　⑶ 새로웠어요

練習3 　次の単語を例のように入れ替えて練習してみましょう！

例

길이 (道が)

새롭고 / 새롭지만 / 새로우니까 / 새로워요 / 새로웠습니다

책이
（本が）

추억이
（思い出が）

멤버가
（メンバーが）

디자인이
（デザインが）

나날이
（日に日に）

쉽다 易しい・簡単だ ⟷ 어렵다 難しい

쉬워요 / 쉬웠어요
쉽습니다 / 쉬웠습니다
易しいです / 易しかったです
ㅂ変則

어려워요 / 어려웠어요
어렵습니다 / 어려웠습니다
難しいです / 難しかったです
ㅂ変則

쉽다 : **무엇인가를 하기에 힘들거나 어렵지 않다.**
(何かをするのに大変だったり、難しかったりしない。)

어렵다 : **무엇인가를 하기에 힘들거나 괴롭다.**
(何かをするのに大変だったり苦しい。)

● **문제가 쉬워요.** 　　　　　 問題が簡単です。

● **영어는 어려워요.** 　　　　 英語は難しいです。

● **내용이 쉬웠어요.** 　　　　 内容が簡単でした。

● **방법이 쉽습니다.** 　　　　 やり方が簡単です。

● **시험이 어려웠습니다.** 　　 試験が難しかったです。

　　「쉽다」や「어렵다」は、それぞれ「- 기 쉽다 (〜しやすい、〜しがちだ)」や「-기 어렵다 (〜しにくい、〜しづらい)」の形としても使われます。例えば、「알기쉽다 (わかりやすい)」、「잊기 쉽다 (忘れやすい・忘れがちだ)」、また、「일하기어렵다 (働きにくい)」、「부탁하기 어렵다 (頼みづらい)」などのように使われます。

	活用形 I	活用形 II	活用形 III
쉽다 (易しい)	쉽	쉬우	쉬워
어렵다 (難しい)	어렵	어려우	어려워

練習 1 上の「活用情報」を見て練習してみましょう！

문제가
(問題が)

活用形	文型	日本語	書き込み	確認
I 쉽 어렵	感嘆・確認 I + 네요	・易しいですね ・難しいですね	쉽네요 어렵네요	쉽네요 어렵네요
	逆接 I + 지만	・易しいですが ・難しいですが		쉽지만 어렵지만
	否定 I + 지 않아요	・易しくありません ・難しくありません		쉽지 않아요 어렵지 않아요
II 쉬우 어려우	連体形 II + ㄴ	・易しい～ ・難しい～		쉬운 - 어려운 -
	理由 II + 니까	・易しいから ・難しいから		쉬우니까 어려우니까
	推測 II + ㄹ 것 같아요	・易しいでしょう ・難しいと思います		쉬울 것 같아요 어려울 것 같아요
III 쉬워 어려워	現在形 III + 요 (I + ㅂ / 습니다)	・易しいです ・難しいです		쉬워요 (쉽습니다) 어려워요 (어렵습니다)
	過去形 III + ㅆ어요 (III + ㅆ습니다)	・易しかったです ・難しかったです		쉬워요 (쉽습니다) 어려워요 (어렵습니다)
	原因・理由 III + 서	・易しくて ・難しくて		쉬워서 어려워서

→他の活用は付録の「形容詞活用一覧表」（P422）を参照

例のように直してみましょう！

〈例〉今回の試験問題は簡単そうです。

이번 시험 문제는 (쉬울 것 같아요.)

もう一度
書いてみよう！

(1) 先生と一緒に勉強すれば難しくありません。

선생님과 함께 공부하면 (　　　　　　　.)

(2) 易しい文法から勉強しています。

(　　　) 문법부터 공부하고 있어요.

(3) 韓国語で話すのが難しいです。

한국어로 말하기가 (　　　　.)

〈解答〉(1) 어렵지 않아요　(2) 쉬운　(3) 어려워요

練習 3　次の単語を例のように入れ替えて練習してみましょう！

例

시험이 (試験は)

쉽네요 / 쉬울 것 같아요 / 쉬워서 / 어렵지만 / 어려워요

일이
(仕事が)

취직이
(就職が)

한국어가
(韓国語が)

말하기가
(話すのが)

듣기가
(聞くのが)

싸다 安い ⟷ 비싸다 高い

싸요 / 쌌어요	비싸요 / 비쌌어요
쌉니다 / 쌌습니다	비쌉니다 / 비쌌습니다
安いです / 安かったです	高いです / 高かったです

싸다 : **물건 값이 보통보다 낮다.**
（品物の値段が普通より低い。）

비싸다 : **물건 값이 보통보다 높다.**
（品物の値段が普通より高い。）

● 집이 싸요.	家が安いです。
● 물건이 비싸요.	品物が高いです。
● 음식이 쌌어요.	食べ物が安かったです。
● 값이 좀 비쌉니다.	値段がちょっと高いです。
● 옷이 너무 비쌌습니다.	服が高すぎました。

　「싼 게 비지떡이다」ということわざがあります。直訳すると「安いのはおから
の餅」で、日本の「安物買いの銭失い」、「安かろう悪かろう」と同じく、「安いも
のは品質が悪く、かえって損する」との意味です。

活用情報

	活用形 I	活用形 II	活用形 III
싸다 (安い)	싸	싸	싸
비싸다 (高い)	비싸	비싸	비싸

練習 1 上の「活用情報」を見て練習してみましょう！

값이
(値段が)

活用形	文型	日本語	書き込み	確認
I 싸 비싸	羅列 I + 고	・安く（て） ・高く（て）	싸고 비싸고	싸고 비싸고
	感嘆・確認 I + 네요	・安いですね ・高いですね		싸네요 비싸네요
	否定の逆接 안 + I + 지만	・安くないが ・高くないが		안 싸지만 안 비싸지만
II 싸 비싸	連体形 II + ㄴ	・安い〜 ・高い〜		싼 – 비싼 –
	理由 II + 니까	・安いから ・高いから		싸니까 비싸니까
	仮定・条件 II + 면	・安ければ ・高ければ		싸면 비싸면
III 싸 비싸	現在形 III + 요 （I + ㅂ / 습니다）	・安いです ・高いです		싸요 （쌉니다） 비싸요 （비쌉니다）
	過去形 III + ㅆ어요 （III + ㅆ습니다）	・安かったです ・高かったです		쌌어요 （쌌습니다） 비쌌어요 （비쌌습니다）
	否定 안 + III + 요	・安くありません ・高くありません		안 싸요 안 비싸요
	原因・理由 III + 서	・安いので ・高いので		싸서 비싸서

➡他の活用は付録の「形容詞活用一覧表」（P422）を参照

例のように直してみましょう！

〈例〉セールをして<u>安いので</u>もう一つ買いましょうか。

세일을 해서 (싸니까) 한 개 더 살까요?

もう一度
書いてみよう！

(1) 韓国の食べ物は<u>安くて</u>おいしいです。

한국 음식은 (　　　) 맛있어요.

(2) 品物がいくら良くても<u>高ければ</u>買えません。

물건이 아무리 좋아도 (　　　　) 못 사요.

(3) 飛行機のチケットが<u>高いので</u>旅行を先送りしました。

비행기 티켓이 (　　　　) 여행을 미루었어요.

〈解答〉(1) **싸고**　(2) **비싸면**　(3) **비싸서**

練習3 次の単語を例のように入れ替えて練習してみましょう！

例

물가가 (物価が)

싸고 / 싸네요 / 쌌어요 / 비싸니까 / 비싸요 / 비싸서

| **과일이**
(果物が) | **음식이**
(食べ物が) | **채소가**
(野菜が) | **굉장히**
(すごく) | **무척**
(とても) |

28

아름답다 美しい

아름다워요 /
아름다웠어요
美しいです / 美しかったです

아름답습니다 /
아름다웠습니다
美しいです / 美しかったです

ㅂ変則

색이나 소리, 모양 또는 마음씨 등이 훌륭한 데가 있다.

(色や音、形や心掛けなどが素晴らしいところがある。)

- 작은 것이 아름다워요.　　小さいのが美しいです。
- 꽃이 아름다워요.　　花が美しいです。
- 마음이 아름다웠어요.　　心が美しかったです。
- 세상이 아름답습니다.　　世の中が美しいです。
- 경치가 아름다웠습니다.　　景色が美しかったです。

　　「아름답다」は「美しい」という意味ですが、「아름답다」の語源には諸説があり、「아름」は「나 (私)」だという説もあります。「- 답다」は「〜らしい」なので、「아름답다」は「自分らしい」との意味になります。「自分らしい」ことこそが何より「美しい」ということでしょうね！　「- 답다」という接尾辞は「남자답다 (男らしい)」、「학생답다 (学生らしい)」、「젊은이답다 (若者らしい)」、「군인답다 (軍人らしい)」のように一部の名詞につけられます。

	活用形 Ⅰ	活用形 Ⅱ	活用形 Ⅲ
아름답다 (美しい)	아름답	아름다우	아름다워

練習 1 上の「活用情報」を見て練習してみましょう！

경치가
(景色が)

活用形	文型	日本語	書き込み	確認
Ⅰ 아름답	羅列 Ⅰ + 고	・美しく	아름답고	아름답고
	感嘆・確認 Ⅰ + 네요	・美しいですね		아름답네요
	否定 Ⅰ + 지 않아요	・美しくありません		아름답지 않아요
Ⅱ 아름다우	連体形 Ⅱ + ㄴ	・美しい〜		아름다운 -
	理由 Ⅱ + 니까	・美しいから		아름다우니까
	推量・断言 Ⅱ + ㄹ 거예요	・美しいと思います		아름다울 거예요
Ⅲ 아름다워	現在形 Ⅲ + 요 (Ⅰ + ㅂ / 습니다)	・美しいです		아름다워요 (아름답습니다)
	過去形 Ⅲ + ㅆ어요 (Ⅲ + ㅆ습니다)	・美しかったです		아름다웠어요 (아름다웠습니다)
	原因・理由 Ⅲ + 서	・美しいので		아름다워서

⇒他の活用は付録の「形容詞活用一覧表」（P422）を参照

例のように直してみましょう！

〈例〉新婦がとても美しくて写真をたくさん撮りました。

> もう一度
> 書いてみよう！

신부가 너무 (아름다워서) 사진을 많이 찍었어요.

---

(1) 花嫁の姿が花のように美しいですね。

신부의 모습이 꽃처럼 (.)

---

(2) 旅行に行ったら美しい思い出をたくさん作ってください。

여행 가면 (   ) 추억을 많이 만드세요.

---

(3) その人は心がけがとても美しかったです。

그 사람은 마음씨가 무척 (.)

〈解答〉 (1) **아름답네요** (2) **아름다운** (3) **아름다웠어요**

次の単語を例のように入れ替えて練習してみましょう！

例

풍경이 (風景が)

아름답고 / 아름답네요 / 아름다워요 / 아름다워서 / 아름다우니까

영상이
(映像が)

모습이
(姿が)

한복이
(韓服が)

소리가
(音が)

추억이
(思い出が)

29

아프다 痛い・具合が悪い

아파요 / 아팠어요
痛いです / 痛かったです

아픕니다 / 아팠습니다
痛いです / 痛かったです

으変則

병이 생기거나 복잡한 일로 몸이나 마음이 괴롭다.
（病気になったり、複雑なことで体や心がつらい。）

- 아기가 아파요.　　　　　赤ちゃんの具合が悪いです。
- 배가 아파요.　　　　　　お腹が痛いです。
- 머리가 아팠어요.　　　　頭が痛かったです。
- 마음이 아픕니다.　　　　心が痛みます。
- 가슴이 아팠습니다.　　　胸が苦しかったです。

　韓国の「**아프다**」には、「痛い」や「具合が悪い」という意味があります。
　なお、韓国語の形容詞に「**- 프다**」の形をしたことばは「**아프다**」の他に、「**(배)
고프다** (空腹だ、ひもじい)」、「**슬프다** (悲しい)」、「**고달프다** (辛い、しんどい)」、
「**서글프다** (うら悲しい、もの悲しい)」、「**어설프다** (がさつだ、ぶざまだ)」など
があります。考えてみるといずれもマイナス的な意味ですね。

活用情報

	活用形Ⅰ	活用形Ⅱ	活用形Ⅲ
아프다 (痛い)	아프	아프	아파

머리가
(頭が)

練習1 上の「活用情報」を見て練習してみましょう！

活用形	文型	日本語	書き込み	確認
Ⅰ 아프	羅列 Ⅰ+고	・痛くて	아프고	아프고
	推測 Ⅰ+겠어요	・痛そうです ・痛いでしょう		아프겠어요
	否定 Ⅰ+지 않아요	・痛くありません		아프지 않아요
Ⅱ 아프	連体形 Ⅱ+ㄴ	・痛い〜		아픈 -
	理由 Ⅱ+니까	・痛いから		아프니까
	仮定・条件 Ⅱ+면	・痛ければ		아프면
Ⅲ 아파	現在形 Ⅲ+요 (Ⅰ+ㅂ/습니다)	・痛いです		아파요 (아픕니다)
	過去形 Ⅲ+ㅆ어요 (Ⅲ+ㅆ습니다)	・痛かったです		아팠어요 (아팠습니다)
	原因・理由 Ⅲ+서	・痛いので		아파서

➡他の活用は付録の「形容詞活用一覧表」（P422）を参照

動詞編

形容詞編

活用一覧表

練習2 例のように直してみましょう！

〈例〉頭が痛くて薬を飲みました。

머리가 (아파서) 약을 먹었어요.

> もう一度
> 書いてみよう！

(1) 風邪を引いて喉が<u>痛くて</u>咳も出ます。

감기에 걸려서 목이 (　　　) 기침도 나요.

(2) <u>痛い</u>ところに湿布を貼ってください。

(　　　) 곳에 파스를 붙여 주세요.

(3) 階段で転んで足が<u>痛いです</u>。

계단에서 넘어져서 다리가 (　　　.　)

〈解答〉(1) **아프고**　(2) **아픈**　(3) **아파요**

練習3 次の単語を例のように入れ替えて練習してみましょう！

例

목이 (喉が)

아프겠어요 / 아프지 않아요 / 아프면 / 아파요 / 아팠습니다

다리가
(脚が)

배가
(お腹が)

마음이
(心が)

온몸이
(全身が)

가슴이
(胸が)

자연스럽다 自然だ

자연스러워요	자연스러웠어요
자연스럽습니다	자연스러웠습니다
自然です	自然でした

ㅂ変則

언행 등에 꾸밈이나 거짓이 없어 이상함이 없다.

(言動などに飾りつけや偽りがなく、おかしいところがない。)

- **표정이 자연스러워요.**　　　表情が自然です。
- **행동이 자연스러워요.**　　　行動が自然です。
- **연기가 자연스러웠어요.**　　演技が自然でした。
- **문장이 자연스럽습니다.**　　文章が自然です。
- **발음이 자연스러웠습니다.**　発音が自然でした。

「**자연스럽다** (自然だ)」の「**- 스럽다**」は一部の名詞について「そのような感じがする」という意味の形容詞を作ります。

例として、「**자랑스럽다** (誇らしい)、**조심스럽다** (用心深い)、**고통스럽다** (苦しい)、**걱정스럽다** (心配だ)、**갑작스럽다** (不意だ、突然だ)、**고급스럽다** (高級だ)、**다행스럽다** (幸いだ)」などがあります。

	活用形Ⅰ	活用形Ⅱ	活用形Ⅲ
자연스럽다 (自然だ)	자연스럽	자연스러우	자연스러워

練習1 上の「活用情報」を見て練習してみましょう！

발음이
（発音が）

活用形	文型	日本語	書き込み	確認
Ⅰ 자연스럽	感嘆・確認 Ⅰ + 네요	・自然ですね	자연스럽네요	자연스럽네요
	逆接 Ⅰ + 지만	・自然ですが		자연스럽지만
	否定 Ⅰ + 지 않아요	・自然ではありません		자연스럽지 않아요
Ⅱ 자연스 러우	連体形 Ⅱ + ㄴ	・自然な～		자연스러운 -
	理由 Ⅱ + 니까	・自然ですから		자연스러우니까
	推測 Ⅱ + ㄹ 것 같아요	・自然だと思います		자연스러울 것 같아요
Ⅲ 자연스 러워	現在形 Ⅲ + 요 （Ⅰ + ㅂ / 습니다）	・自然です		자연스러워요 （자연스럽습니다）
	過去形 Ⅲ + ㅆ어요 （Ⅲ + ㅆ습니다）	・自然でした		자연스러웠어요 （자연스러웠습니다）
	原因・理由 Ⅲ + 서	・自然なので		자연스러워서

➡他の活用は付録の「形容詞活用一覧表」（P422）を参照

練習2　例のように直してみましょう！

〈例〉その俳優は自然な演技で人気を集めます。

もう一度
書いてみよう！

그 배우는 (자연스러운) 연기로 인기를 모아요.

(1) 韓国語の発音はとても自然ですね。

한국어 발음이 아주 (　　　　　　　　.)

(2) 練習をたくさんしたのでスピーチが自然だと思います。

연습을 많이 해서 스피치가 (　　　　　　　　.)

(3) 俳優の演技がとても自然なのでまるで実際のようです。

배우의 연기가 너무 (　　　　　　　　) 마치 실제 같아요.

〈解答〉(1) 자연스럽네요　(2) 자연스러운 것 같아요　(3) 자연스러워서

練習3　次の単語を例のように入れ替えて練習してみましょう！

例

행동이 (行動が)

자연스럽네요 / 자연스럽지만 / 자연스러워요 / 자연스러워서

표정이
(表情が)

연기가
(演技が)

문장이
(文章が)

옷차림이
(装いが)

표현이
(表現が)

練習1　次の空欄を埋めて文を完成してみましょう。

(1) 新しい服ですが、色がちょっと暗くて変えたいです。〈어둡다〉

새 옷인데 색깔이 좀 (　　　　　) 바꾸고 싶어요.

(2) 柔らかい言い方を身につけたいです。〈부드럽다〉

(　　　　　) 말투를 익히고 싶어요.

(3) 歳月は早く、習得は遅いです。〈빠르다, 늦다〉

세월은 (　　　　) 습득은 (　　　.)

(4) サルのお尻は赤く、バナナは黄色いです。〈빨갛다, 노랗다〉

원숭이 엉덩이는 (　　　　) 바나나는 (　　　.)

(5) 新入社員の発想がすごく新しかったです。〈새롭다〉

신입사원의 발상이 무척 (　　　　　.)

(6) 日程を合わせるのが難しいようです。〈어렵다〉

일정을 맞추기 (　　　　　.)

(7) 入場料が安ければ考えてみます。〈싸다〉

입장료가 (　　　　) 생각해 볼게요.

(8) 夜景がとても美しかったです。〈아름답다〉

야경이 굉장히 (　　　　　.)

(9) 頭が痛いなら少し休んでください。〈아프다〉

머리가 (　　　　) 좀 쉬세요.

(10) 化粧がとてもナチュラルですね。〈자연스럽다〉

화장이 무척 (　　　　　.)

〈解答〉 (1) 어두워서　(2) 부드러운　(3) 빠르고 / 느려요　(4) 빨갛고 / 노래요　(5) 새로웠어요
(6) 어려울 것 같아요　(7) 싸면　(8) 아름다웠어요　(9) 아프면　(10) 자연스럽네요

練習2 次の文を日本語と韓国語に訳してみましょう。

(1) **사람은 꽃보다 아름다워요.**

(2) **감기에 걸려서 목이 많이 아파요.**

(3) **문장이 자연스러워서 좋아요.**

(4) **밖이 벌써 어둡네요.**

(5) **아침에는 부드러운 음식을 먹고 싶어요.**

(6) 韓国は配達が本当に速いですよね。(配達：배달)

(7) 赤いペンで名前を書いてはいけません。

(8) 新しいデザインがたくさん出ましたね。

(9) 読むのは簡単ですが、書くのは難しいです。

(10) 高ければ買えません。安ければ買います。

〈解答〉(1) 人は花より美しいです。 (2) 風邪を引いて喉がとても痛いです。 (3) 文章が自然でいいです。 (4) 外がもう暗いですね。 (5) 朝は柔らかい食べ物を食べたいです。 (6) **한국은 배달이 참 빠르지요?** (7) **빨간 펜으로 이름을 쓰면 안 돼요.** (8) **새로운 디자인이 많이 나왔네요.** (9) **읽기는 쉽지만 쓰기는 어려워요.** (10) **비싸면 못 사요. 싸면 살게요.**

재미있다 面白い ⟷ 재미없다 面白くない

재미있어요	재미없어요
/ 재미있었어요	/ 재미없었어요
재미있습니다	재미없습니다
/ 재미있었습니다	/ 재미없었습니다
面白いです / 面白かったです	面白くないです / 面白くなかったです

재미있다 : **즐거움과 유쾌한 느낌이 있다.**
（楽しさと愉快な感じがある。）

재미없다 : **즐거움과 유쾌한 느낌이 없다.**
（楽しさと愉快な感じがない。）

● **수업이 재미있어요.**	授業が面白いです。
● **이야기가 재미없어요.**	話が面白くないです。
● **영화가 재미있었어요.**	映画は面白かったです。
● **드라마가 재미없습니다.**	ドラマが面白くありません。
● **만화가 재미없었습니다.**	マンガが面白くなかったです。

　「재미」は一般的に「楽しみ、面白み」などの意味の他にも生活の様子や儲け・稼ぎなどを表すときにも「재미」を用います。例えば、「**요즘 재미가 어떻습니까?**（この頃の景気はどうですか）」、「**결과는 재미없었다.**（結果は芳しくなかった）」など、「재미」に含まれる意味は幅広いです。

活用情報

	活用形Ⅰ	活用形Ⅱ	活用形Ⅲ
재미있다 (面白い)	재미있	재미있으	재미있어
재미없다 (面白くない)	재미없	재미없으	재미없어

練習1 　上の「活用情報」を見て練習してみましょう！

드라마가
（ドラマが）

活用形	文型	日本語	書き込み	確認
Ⅰ 재미있 재미없	推測 Ⅰ + 겠어요	・面白そうです ・面白くなさそうです	재미있겠어요 재미없겠어요	재미있겠어요 재미없겠어요
	逆接 Ⅰ + 지만	・面白いが ・面白くないが		재미있지만 재미없지만
	感嘆・確認 Ⅰ + 네요	・面白いですね ・面白くないですね		재미있네요 재미없네요
Ⅱ 재미있으 재미없으	理由 Ⅱ + 니까	・面白いから ・面白くないから		재미있으니까 재미없으니까
	仮定・条件 Ⅱ + 면	・面白ければ ・面白くなければ		재미있으면 재미없으면
	推量・断言 Ⅱ + ㄹ 거예요	・面白いと思います ・面白くないでしょう		재미있을 거예요 재미없을 거예요
Ⅲ 재미있어 재미없어	現在形 Ⅲ + 요 （Ⅰ + ㅂ / 습니다）	・面白いです ・面白くないです		재미있어요 （재미있습니다） 재미없어요 （재미없습니다）
	過去形 Ⅲ + ㅆ어요 （Ⅲ + ㅆ습니다）	・面白かったです ・面白くなかったです		재미있었어요 （재미있었습니다） 재미없었어요 （재미없었습니다）
	原因・理由 Ⅲ + 서	・面白くて ・面白くなくて		재미있어서 재미없어서

➡ 他の活用は付録の「形容詞活用一覧表」（P422）を参照

練習2 例のように直してみましょう！

〈例〉ドラマが<u>面白くて</u>ずっと見ています。

> もう一度
> 書いてみよう！

　　드라마가 (재미있어서) 계속 보고 있어요.

(1) この映画のほうが<u>面白そうです</u>。

　　이 영화가 (　　　　　　.　)

(2) あの先生の授業は間違いなく<u>面白いと思います</u>。

　　그 선생님 수업은 틀림없이 (　　　　　　.　)

(3) 話が<u>面白くなくて</u>眠かったです。

　　이야기가 (　　　　　　) 졸렸어요.

〈解答〉(1) 재미있겠어요　(2) 재미있을 거예요　(3) 재미없어서

練習3 次の単語を例のように入れ替えて練習してみましょう！

例

책이 (本が)

재미있겠어요 / 재미있네요 / 재미있을 거예요 / 재미없어요

수업이	소설이	방송이	만화가	공부가
(授業が)	(小説が)	(放送が)	(マンガが)	(勉強が)

젊다 若い ↔ 늙다 老いる

젊어요 / 젊었어요
젊습니다 / 젊었습니다
若いです / 若かったです

늙어요 / 늙었어요
늙습니다 / 늙었습니다
老います / 老いました

젊다 : **나이가 많지 않고 활기가 있다.**
（年齢が少なくて、活気がある。）

늙다 : **나이가 많이 들다.**
（年をたくさんとる。）

● **마음만은 젊어요.**　　　　気持ちだけは若いです。

● **사람은 누구나 다 늙어요.**　人はだれでも老います。

● **이젠 늙었어요.**　　　　　もう年を取りました。

● **마음이 젊습니다.**　　　　心が若いです。

● **예전엔 젊었습니다.**　　　昔は若かったです。

　「**젊다**」は「若い」という形容詞ですが、反意語の「**늙다**」は「老いる、年を取る」という動詞です。なお、「威厳があって大様だ・大人びている・上品である」という意味の「**점잖다**」ということばがあります。この「**점잖다**」は「**젊지 않다**」、つまり「若くない」との意味からできた言葉で、年を取ると自然と「威厳ができて、上品にふるまう」ということだったのでしょう。

活用情報

	活用形Ⅰ	活用形Ⅱ	活用形Ⅲ
젊다 (若い)	젊	젊으	젊어
늙다 (老いる)	늙	늙으	늙어

練習 1 上の「活用情報」を見て練習してみましょう！

> 마음이
> （心が）

活用形	文型	日本語	書き込み	確認
Ⅰ 젊 늙	逆接 Ⅰ + **지만**	・若いですが ・老いますが	젊지만 늙지만	젊지만 늙지만
	羅列 Ⅰ + **고**	・若くて ・老いて		젊고 늙고
	変化 Ⅰ + **게 돼요**	・若くなります ・老いるようになります		젊게 돼요 늙게 돼요
Ⅱ 젊으 늙으	理由 Ⅱ + **니까**	・若いから ・老いるから		젊으니까 늙으니까
	仮定・条件 Ⅱ + **면**	・若ければ ・老いれば		젊으면 늙으면
	連体形 Ⅱ + **ㄴ**	・若い〜 ・老いる〜		젊은 – 늙은 –
Ⅲ 젊어 늙어	過去形 Ⅲ + **ㅆ어요** （Ⅲ + **ㅆ습니다**）	・若かったです ・老いました		젊었어요 （젊었습니다） 늙었어요 （늙었습니다）
	否定 **안** + Ⅲ + **요**	・若くないです ・老いてないです		안 젊어요 안 늙어요
	原因・理由 Ⅲ + **서**	・若いので ・老いるので		젊어서 늙어서

➡他の活用は付録の「形容詞活用一覧表」（P422）を参照

練習2　例のように直してみましょう！

〈例〉とても若く見えます。

아주 (젊어) 보여요.

> もう一度
> 書いてみよう！

(1) 心は若いですが、体はついていけませんね。

마음은 (　　　　) 몸이 안 따라 주네요.

(2) 若い人がたくさん集まりました。

(　　　) 사람들이 많이 모였어요.

(3) 昔はおしゃれでしたが、もう、老いました。

옛날에는 멋쟁이였는데 이젠 (　　　　.)

〈解答〉(1) 젊지만　(2) 젊은　(3) 늙었어요

練習3　次の単語を例のように入れ替えて練習してみましょう！

例

외모가 (外見が)

젊고 / 젊지만 / 젊어요 / 늙지만 / 늙었습니다 / 늙어서

사람이 (人が)　**배우가** (俳優が)　**배역이** (配役が)　**몸이** (体が)　**부모님이** (両親が)

조용하다 静かだ ⟷ 시끄럽다 うるさい

조용해요	시끄러워요
/ 조용했어요	/ 시끄러웠어요
조용합니다	시끄럽습니다
/ 조용했습니다	/ 시끄러웠습니다
静かです / 静かでした	うるさいです / うるさかったです

ㅂ変則

조용하다 : **소리가 많이 나지 않고 잠잠하다.**
（あまり物音がしないで騒がしくない。）

시끄럽다 : **듣기 싫을 만큼 소리가 크거나 떠들썩하다.**
（聞きたくないくらい物音が大きかったり騒がしい。）

- 집이 조용해요.　　　　　　家が静かです。
- 동네가 시끄러워요.　　　　町内がうるさいです。
- 거리가 조용했어요.　　　　街中が静かでした。
- 종일 시끄럽습니다.　　　　一日中うるさいです。
- 세상이 시끄러웠습니다.　　世界中がうるさかったです。

　　人の気配もなくひっそりと静まり返っている様子を「쥐 죽은 듯이 조용하다」とも表現します。直訳すると「ネズミが死んだように静かだ」ですね。昔はネズミが多く、天井裏を走り回ったりして相当うるさかったのでしょう。

活用情報

	活用形Ⅰ	活用形Ⅱ	活用形Ⅲ
조용하다 (静かだ)	조용하	조용하	조용해
시끄럽다 (うるさい)	시끄럽	시끄러우	시끄러워

동네가 (町が)

練習1 上の「活用情報」を見て練習してみましょう！

活用形	文型	日本語	書き込み	確認
Ⅰ 조용하 시끄럽	羅列 Ⅰ + 고	・静かで ・うるさくて	조용하고 시끄럽고	조용하고 시끄럽고
	感嘆・確認 Ⅰ + 네요	・静かですね ・うるさいですね		조용하네요 시끄럽네요
	逆接 Ⅰ + 지만	・静かですが ・うるさいですが		조용하지만 시끄럽지만
Ⅱ 조용하 시끄러우	連体形 Ⅱ + ㄴ	・静かな〜 ・うるさい〜		조용한- 시끄러운-
	理由 Ⅱ + 니까	・静かなので ・うるさいから		조용하니까 시끄러우니까
	仮定・条件 Ⅱ + 면	・静かなら ・うるさければ		조용하면 시끄러우면
Ⅲ 조용해 시끄러워	現在形 Ⅲ + 요 (Ⅰ + ㅂ / 습니다)	・静かです ・うるさいです		조용해요 (조용합니다) 시끄러워요 (시끄럽습니다)
	過去形 Ⅲ + ㅆ어요 (Ⅲ + ㅆ습니다)	・静かでした ・うるさかったです		조용했어요 (조용했습니다) 시끄러웠어요 (시끄러웠습니다)
	原因・理由 Ⅲ + 서	・静かなので ・うるさいので		조용해서 시끄러워서

➡他の活用は付録の「形容詞活用一覧表」（P422）を参照

〈例〉外がうるさいので窓を開けないでください。

밖이 (시끄러우니까) 창문을 열지 마세요.

> もう一度
> 書いてみよう！

(1) 中に誰もいないのか静かですね。

안에 아무도 없는지 (　　　　　.　)

(2) 休み時間なので教室がちょっとうるさいです。

쉬는 시간이라서 교실이 좀 (　　　　　.　)

(3) この町はきれいで静かなので住みやすいです。

이 동네는 깨끗하고 (　　　　　) 살기 좋아요.

〈解答〉(1) **조용하네요**　(2) **시끄러워요**　(3) **조용해서**

練習3　次の単語を例のように入れ替えて練習してみましょう！

例

카페가 (カフェが)

조용하네요 / 시끄럽지만 / 조용하니까 / 시끄러웠어요

집이	**학교가**	**회사가**	**도서관이**	**공원이**
(家が)	(学校が)	(会社が)	(図書館が)	(公園が)

좋다 良い ⟷ 나쁘다 悪い

좋아요 / 좋았어요	나빠요 / 나빴어요
좋습니다 / 좋았습니다	나쁩니다 / 나빴습니다
良いです / 良かったです	悪いです / 悪かったです

으変則

좋다 : **됨됨이나 품질 따위가 훌륭하여 만족할 만하다.**
(出来具合や品質などが立派で、満足できるくらいである。)

나쁘다 : **됨됨이나 품질 따위가 좋지 않다.**
(出来具合や品質などがよくない。)

● 기분이 좋아요.	気持ちがいいです。
● 성적이 나빠요.	成績が悪いです。
● 사이가 좋았어요.	仲が良かったです。
● 맛이 좋습니다.	味が良いです。
● 점수가 나빴습니다.	点数が悪かったです。

「よい」は「**좋다**」ですが、「良い子」は「**착한 아이**」のように「**착하다**」と訳す場合もあります。最近は「**착하다**」を人以外にも価格や店、企業などに対しても使っており、「手ごろな価格」を「**착한 가격**」、「良心的な店」を「**착한 가게**」などのように幅広く使っています。

	活用形Ⅰ	活用形Ⅱ	活用形Ⅲ
좋다 (良い)	좋	좋으	좋아
나쁘다 (悪い)	나쁘	나쁘	나빠

練習1 上の「活用情報」を見て練習してみましょう！

맛이
(味が)

活用形	文型	日本語	書き込み	確認
Ⅰ 좋 나쁘	推測 Ⅰ + 겠어요	・良いでしょう ・悪いでしょう	좋겠어요 나쁘겠어요	좋겠어요 나쁘겠어요
	感嘆・確認 Ⅰ + 네요	・良いですね ・悪いですね		좋네요 나쁘네요
	確認・同意 Ⅰ + 지요?	・良いでしょう? ・悪いでしょう?		좋지요? 나쁘지요?
Ⅱ 좋으 나쁘	連体形 Ⅱ + ㄴ	・良い～ ・悪い～		좋은 – 나쁜 –
	理由 Ⅱ + 니까	・良いから ・悪いから		좋으니까 나쁘니까
	仮定・条件 Ⅱ + 면	・良ければ ・悪ければ		좋으면 나쁘면
Ⅲ 좋아 나빠	現在形 Ⅲ + 요 (Ⅰ + ㅂ / 습니다)	・良いです ・悪いです		좋아요 (좋습니다) 나빠요 (나쁩니다)
	過去形 Ⅲ + ㅆ어요 (Ⅲ + ㅆ습니다)	・良かったです ・悪かったです		좋았어요 (좋았습니다) 나빴어요 (나빴습니다)
	原因・理由 Ⅲ + 서	・良くて ・悪くて		좋아서 나빠서

⇒他の活用は付録の「形容詞活用一覧表」（P422）を参照

練習2 例のように直してみましょう！

〈例〉世の中にはいい人が多いです。

> もう一度
> 書いてみよう！

세상에는 (좋은) 사람들이 많아요.

⑴ 提案を断られたら気持ちが悪いでしょう。

제안을 거절 당하면 기분이 (　　　　　．)

⑵ 週末に天気がよければ一緒に散歩しましょう。

주말에 날씨가 (　　　　) 같이 산책해요.

⑶ その子は頭がよくて飛び級しました。

그 아이는 머리가 (　　　　) 월반했어요.

〈解答〉⑴ 나쁘겠어요　⑵ 좋으면　⑶ 좋아서

練習3 次の単語を例のように入れ替えて練習してみましょう！

例

성격이 (性格が)

좋겠어요 / 좋네요 / 좋으니까 / 나쁘면 / 나빠서 / 나빴어요

기억력이
(記憶力が)

건강이
(健康が)

운이
(運が)

품질이
(品質が)

솜씨가
(腕前が)

즐겁다 楽しい

즐거워요 / 즐거웠어요　　즐겁습니다 / 즐거웠습니다
楽しいです / 楽しかったです　　楽しいです / 楽しかったです

ㅂ変則

마음으로 흐뭇하고 기쁘다.
（心で満足し、うれしい。）

- 한국어가 즐거워요.　　韓国語が楽しいです。
- 학교는 즐거워요.　　学校は楽しいです。
- 무척 즐거웠어요.　　とても楽しかったです。
- 여행은 즐겁습니다.　　旅行は楽しいです。
- 어제는 즐거웠습니다.　　昨日は楽しかったです。

　約束や何かがあるとき、日本語では「楽しみにしています」と言いますね。これを韓国語で直訳すると「**즐거움으로 하고 있을 게요**」くらいになりますが、韓国ではこのような言い方はしません。では、どう言えばいいでしょか。「**기다려져요.**（直訳：待つようになります）」「**기대가 돼요.**（直訳：期待になります）」などのように言えばいいでしょう。

活用情報

	活用形Ⅰ	活用形Ⅱ	活用形Ⅲ
즐겁다 (楽しい)	즐겁	즐거우	즐거워

練習1 上の「活用情報」を見て練習してみましょう！

여행은
（旅行は）

活用形	文型	日本語	書き込み	確認
Ⅰ 즐겁	推測 Ⅰ+ 겠어요	・楽しそうです	즐겁겠어요	즐겁겠어요
	羅列 Ⅰ+ 고	・楽しくて		즐겁고
	確認・同意 Ⅰ+ 지요?	・楽しいでしょう？		즐겁지요?
Ⅱ 즐거우	連体形 Ⅱ+ ㄴ	・楽しい〜		즐거운 -
	理由 Ⅱ+ 니까	・楽しいから		즐거우니까
	仮定・条件 Ⅱ+ 면	・楽しければ		즐거우면
Ⅲ 즐거워	現在形 Ⅲ+ 요 (+ ㅂ / 습니다)	・楽しいです		즐거워요 (즐겁습니다)
	過去形 Ⅲ+ ㅆ어요 (Ⅲ+ ㅆ습니다)	・楽しかったです		즐거웠어요 (즐거웠습니다)
	様子 Ⅲ+ 보여요	・楽しく見えます		즐거워 보여요

➡他の活用は付録の「形容詞活用一覧表」（P422）を参照

〈例〉旅行はいつも楽しいです。

여행은 언제나 (즐거워요.)

> もう一度
> 書いてみよう！

(1) 旅行は楽しくて有益です。

여행은 (　　　　　) 유익해요.

(2) 今日も楽しい時間を過ごしてください。

오늘도 (　　　　　) 시간을 보내세요.

(3) 写真を見ると皆楽しく見えます。

사진을 보니 모두 (　　　　　　　.)

〈解答〉(1) 즐겁고　(2) 즐거운　(3) 즐거워 보여요

練習3　次の単語を例のように入れ替えて練習してみましょう！

例

수업이 (授業が)

즐겁겠어요 / 즐겁죠? / 즐거우니까 / 즐거워요 / 즐거워 보여요

운동이
(運動が)

모임이
(集いが)

벚꽃놀이가
(花見が)

불꽃놀이가
(花火が)

36

크다 大きい ⟷ 작다 小さい

커요 / 컸어요
큽니다 / 컸습니다
大きいです / 大きかったです

작아요 / 작았어요
작습니다 / 작았습니다
小さいです / 小さかったです

으変則

크다 : **넓이, 높이, 부피 등이 보통 수준을 넘다.**
（広さ・高さ・体積などが普通の水準を超える。）

작다 : **넓이, 높이, 부피 등이 보통 수준 이하다.**
（広さ・高さ・体積などが普通の水準以下である。）

● 키가 커요.　　　　　　　　　背が高いです。

● 오사카는 도쿄보다 작아요.　　大阪は東京より小さいです。

● 기대가 컸어요.　　　　　　　期待が大きかったです。

● 꿈이 큽니다.　　　　　　　　夢が大きいです。

● 목소리가 작았습니다.　　　　声が小さかったです。

　　韓国語には「손이 크다」という表現があります。これは日本語の「気前がよい」に近い表現で、料理などを作るとき多めに作ったり、何かを実行するときスケールが大きかったりする人を例える表現です。

379

	活用形Ⅰ	活用形Ⅱ	活用形Ⅲ
크다 (大きい)	크	크	커
작다 (小さい)	작	작으	작아

練習1 上の「活用情報」を見て練習してみましょう！

> キガ
> （背が）

活用形	文型	日本語	書き込み	確認
Ⅰ 크 작	羅列 Ⅰ + 고	・大きくて ・小さくて	크고 작고	크고 작고
	感嘆・確認 Ⅰ + 네요	・大きいですね ・小さいですね		크네요 작네요
	否定 Ⅰ + 지 않아요	・大きくありません ・小さくありません		크지 않아요 작지 않아요
Ⅱ 크 작으	連体形 Ⅱ + ㄴ	・大きい〜 ・小さい〜		큰 – 작은 –
	理由 Ⅱ + 니까	・大きいから ・小さいから		크니까 작으니까
	仮定・条件 Ⅱ + 면	・大きければ ・小さければ		크면 작으면
Ⅲ 커 작아	否定 안+Ⅲ+ 요 （Ⅰ + ㅂ / 습니다）	・大きくありません ・小さくありません		안 커요 （안 큽니다） 안 작아요 （안 작습니다）
	過去形 Ⅲ + ㅆ어요 （Ⅲ + ㅆ습니다）	・大きかったです ・小さかったです		컸어요 （컸습니다） 작았어요 （작았습니다）
	様子 Ⅲ + 보여요	・大きく見えます ・小さく見えます		커 보여요 작아 보여요

➡他の活用は付録の「形容詞活用一覧表」（P422）を参照

練習2　例のように直してみましょう！

〈例〉荷物が多くて大きいカバンが必要です。

짐이 많아서 (큰) 가방이 필요해요.

> もう一度
> 書いてみよう！

(1) 私は背があまり高くありません。

저는 키가 그다지 (　　　　　.　)

(2) 本が小さいからハンドバッグにも入っていいです。

책이 (　　　　　) 핸드백에도 들어가고 좋아요.

(3) この服は少し小さく見えます。

이 옷은 좀 (　　　　　.　)

〈解答〉(1) **크지 않아요**　(2) **작으니까**　(3) **작아 보여요**

練習3　次の単語を例のように入れ替えて練習してみましょう！

例

손이 (手が)

크고 / 크네요 / 커요 / 작아요 / 작아 보여요 / 작으니까

발이
(足が)

눈이
(目が)

가방이
(カバンが)

집이
(家が)

부담이
(負担が)

편하다 楽だ ⟷ 불편하다 不便だ

편해요 / 편했어요	불편해요 / 불편했어요
편합니다 / 편했습니다	불편합니다 / 불편했습니다
楽です / 楽でした	不便です / 不便でした

편하다 : **사용이 간편하거나 몸과 마음의 상태가 괴롭지 않다.** (使うのが簡単だったり、心身の状態がつらくない。)

불편하다 : **사용이 어렵거나 몸과 마음의 상태가 괴롭다.**
(使うのが難しかったり、心身の状態がつらい。)

● **혼자가 편해요.**	一人の方が楽です。
● **대화가 불편해요.**	会話が不便です。
● **마음이 편했어요.**	気が楽でした。
● **교통이 편합니다.**	交通が便利です。
● **갈아타기가 불편했습니다.**	乗り換えが不便でした。

　「**편하다**」はもともと「便(利)である」という意味からできたことばです。「**교통이 편(리)하다** (交通が便利だ)」、「**시설이 편(리)하다** (施設が便利だ)」などの「**편하다**」は使い勝手が良くて、楽で「便利だ」という意味です。

活用情報

	活用形Ⅰ	活用形Ⅱ	活用形Ⅲ
편하다 (楽だ)	편하	편하	편해
불편하다 (不便だ)	불편하	불편하	불편해

練習 1　上の「活用情報」を見て練習してみましょう！

의자가
(椅子が)

活用形	文型	日本語	書き込み	確認
Ⅰ 편하 불편하	感嘆・確認 Ⅰ + 네요	・楽ですね ・不便ですね	편하네요 불편하네요	편하네요 불편하네요
	逆接 Ⅰ + 지만	・楽です ・不便ですね		편하지만 불편하지만
	否定 Ⅰ + 지 않아요	・楽ではありません ・不便ではありません		편하지 않아요 불편하지 않아요
Ⅱ 편하 불편하	理由 Ⅱ + 니까	・楽だから ・不便だから		편하니까 불편하니까
	仮定・条件 Ⅱ + 면	・楽ならば ・不便であれば		편하면 불편하면
	推測 Ⅱ + ㄹ 것 같아요	・楽そうです ・不便そうです		편할 같아요 불편할 것 같아요
Ⅲ 편해 불편해	現在形 Ⅲ + 요 （Ⅰ + ㅂ / 습니다）	・楽です ・不便です		편해요 （편합니다） 불편해요 （불편합니다）
	過去形 Ⅲ + ㅆ어요 （Ⅲ + ㅆ습니다）	・楽でした ・不便でした		편했어요 （편했습니다） 불편했어요 （불편했습니다）
	原因・理由 Ⅲ + 서	・楽なので ・不便なので		편해서 불편해서

➡他の活用は付録の「形容詞活用一覧表」（P422）を参照

練習2 例のように直してみましょう！

〈例〉交通がちょっと<u>不便</u>でも大丈夫です。

교통이 좀 (불편해도) 괜찮아요.

もう一度
書いてみよう！

⑴ 韓屋に泊まるのに<u>不便</u>ではありません。

한옥에 묵는데 (　　　　　　　　　 **.)**

⑵ その靴はたくさん歩くには<u>不便</u>そうです。

그 신발은 많이 걷기에는 (　　　　　　　　 **.)**

⑶ この服は<u>楽</u>なので、旅行に行くとき、よく着て行きます。

이 옷은 (　　　　 **) 여행갈 때 자주 입고 가요.**

〈解答〉⑴ **불편하지 않아요** ⑵ **불편할 것 같아요** ⑶ **편해서**

練習3 次の単語を例のように入れ替えて練習してみましょう！

例

소파가 (ソファーが)

편하네요 / 편해요 / 불편하면 / 불편해요 / 불편해서

자리가
(席が)

살기가
(暮らしが)

쓰기가
(使うのが)

마음이
(心が)

몸이
(体が)

- 하다 ① 漢語＋하다 〜である

- 해요 / - 했어요 　　　- 합니다 / - 했습니다
〜です / 〜でした 　　　〜です / 〜でした

일부 한자 명사 뒤에 붙어 상태를 나타냄.

(一部の漢字名詞の後について状態を表す。)

● 우리는 행복해요. 　　　私たちは幸せです。
● 정말 미안해요. 　　　本当にごめんなさい。
● 사람들이 친절했어요. 　　　人々が親切でした。
● 모두 건강합니다. 　　　みんな元気です。
● 시간은 충분했습니다. 　　　時間は十分でした。

　韓国語の中には、「１字漢語＋하다」、または、「２字漢語＋하다」の「漢語＋하다」形容詞があります。

　例をあげると、「강 [強] 하다 (強い)、약 [弱] 하다 (弱い)、장 [壯] 하다 (偉い)、편 [便] 하다 (楽だ)、순 [順] 하다 (おとなしい)」や「행복 [幸福] 하다 (幸せだ)、미안 [未安] 하다 (すまない)、「친절하다 (親切だ)、건강하다 (健康だ)、충분하다 (足りる・充分だ)、부족하다 (足りない・不足する)」などがあります。

	活用形Ⅰ	活用形Ⅱ	活用形Ⅲ
- 하다 (〜である)	- 하	- 하	- 해

練習 1　上の「活用情報」を見て練習してみましょう！

매우
(とても)

活用形	文型	日本語	書き込み	確認
Ⅰ - 하	推測 Ⅰ+ 겠어요	・幸せでしょう	행복하겠어요	행복하겠어요
	逆接 Ⅰ+ 지만	・不親切だが		불친절하지만
	否定 Ⅰ+ 지 않아요	・不幸ではありません		불행하지 않아요
Ⅱ - 하	仮定・条件 Ⅱ+ 면	・不足であれば		부족하면
	推測 Ⅱ+ ㄹ 것 같아요	・充分だと思います		충분할 것 같아요
	疑問 Ⅱ+ 세요	・ご無事ですか		편안하세요?
Ⅲ - 해	現在形 Ⅲ+ 요 （Ⅰ+ ㅂ / 습니다）	・健康です		건강해요 （건강합니다）
	過去形 Ⅲ+ ㅆ어요 （Ⅲ+ ㅆ습니다）	・親切でした		친절했어요 （친절했습니다）
	原因・理由 Ⅲ+ 서	・便利なので		편리해서

➡他の活用は付録の「形容詞活用一覧表」（P422）を参照

練習2 　例のように直してみましょう！

〈例〉この程度なら<u>十分だ</u>と思います。

　　　이 정도면 (충분할 것 같아요.)

もう一度
書いてみよう！

(1)　いいことがたくさんあって<u>幸せでしょう</u>。

　　좋은 일이 많이 생겨서 (　　　　　　　.)

(2)　最近インフルエンザが流行してますが、<u>お元気ですか</u>。

　　요즘 독감이 유행하는데 (　　　　　　　?)

(3)　地下鉄がとても<u>便利なので</u>乗用車はほとんど乗らないです。

　　지하철이 워낙 (　　　　　　) 승용차는 거의 안 타요.

〈解答〉(1) 행복하겠어요　(2) 건강하세요　(3) 편리해서

練習3 　次の単語を例のように入れ替えて練習してみましょう！

例

친절 (親切)

하겠어요 / 하지만 / 하세요? / 해요 / 했어요 / 하지 않아요

| 편리
(便利) | 부족
(不足) | 건강
(健康) | 행복
(幸せ) | 충분
(充分) | 불편
(不便) |

- 하다 ② 固有語＋하다 ～である

- 해요 / - 했어요
～です / ～でした

- 합니다 / - 했습니다
～です / ～でした

일부 고유어 뒤에 붙어 상태를 나타냄.
（一部の固有語の後について状態を表す。）

- 아주 훌륭해요.   とても立派です。
- 정말 대단해요.   本当にすごいです。
- 호응이 굉장했어요.   呼応がすごかったですね。
- 마음이 든든합니다.   心強いです。
- 음식이 넉넉했습니다.   食べ物が十分でした。

　韓国語の中には、「１字固有語＋**하다**」、または、「２字固有語＋**하다**」の「固有語＋**하다**」の形容詞があります。

　それには、「**잘하다**（上手だ）、**못하다**（下手だ）、**참하다**（つつましい）、**착하다**（善良だ）」や「**따뜻하다**（暖かい）、**시원하다**（涼しい）、**조용하다**（静かだ）、**튼튼하다**（丈夫だ）、**싱싱하다**（新鮮だ）、**훌륭하다**（りっぱだ）」などがあります。

活用情報

	活用形Ⅰ	活用形Ⅱ	活用形Ⅲ
- 하다 (〜である)	**- 하**	**- 하**	**- 해**

정말
（本当に）

練習1 上の「活用情報」を見て練習してみましょう！

活用形	文型	日本語	書き込み	確認
Ⅰ **- 하**	推測 Ⅰ + **겠어요**	・心強いでしょう	든든하겠어요	든든하겠어요
	感嘆・確認 Ⅰ + **네요**	・すごいですね		대단하네요
	逆接 Ⅰ + **지만**	・心強いが		든든하지만
Ⅱ **- 하**	理由 Ⅱ + **니까**	・丈夫なので		튼튼하니까
	仮定・条件 Ⅱ + **면**	・十分であれば		넉넉하면
	推測・確認 Ⅱ + **ㄹ까요?**	・十分でしょうか		넉넉할까요?
Ⅲ **- 해**	現在形 Ⅲ + **요** (Ⅰ + **ㅂ/습니다**)	・立派です		훌륭해요 (훌륭합니다)
	過去形 Ⅲ + **ㅆ어요** (Ⅲ + **ㅆ습니다**)	・すごかったです		굉장했어요 (굉장했습니다)
	様子 Ⅲ + **보여요**	・丈夫そうに見えます		튼튼해 보여요

➡他の活用は付録の「形容詞活用一覧表」（P422）を参照

〈例〉コンサート会場の熱気は本当にすごかったです。
콘서트장의 열기는 정말 (대단했어요.)

> もう一度
> 書いてみよう！

(1) 先生と同じチームになって心強いでしょう。
선생님과 한 팀이 되어 (　　　　　.)

(2) 時間が十分であれば英語の勉強もしたいです。
시간이 (　　　　　) 영어 공부도 하고 싶어요.

(3) その傘は丈夫そうに見えます。
그 우산은 (　　　　　.)

〈解答〉(1) **든든하겠어요**　(2) **넉넉하면**　(3) **튼튼해 보여요**

例

조용 (静か)

하네요 / 하니까 / 하면 / 할까요? / 해요 / 했어요

| **대단** (すごい) | **훌륭** (立派) | **굉장** (すごい) | **넉넉** (ゆったり) | **튼튼** (丈夫) |

390

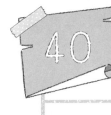

40

힘들다 大変だ・難しい

힘들어요 / 힘들었어요
大変です / 大変でした

힘듭니다 / 힘들었습니다
大変です / 大変でした

ㄹ語幹

어떤 일을 하는 것이 어렵거나 곤란하다.

（何かをすることが難しかったり、困る。）

- 공부하기 힘들어요.　　　　勉強は大変です。
- 동생은 힘들어요　　　　　　弟は大変です。
- 일이 힘들었어요.　　　　　　仕事が大変でした。
- 자녀 교육이 힘듭니다.　　　子供の教育が大変です。
- 유학생활이 힘들었습니다.　留学生活が大変でした。

　「힘들다」は「힘이 들다」から助詞「이」が省略された形で、直訳すると「力が入る」で、「力を要する・骨が折れる・手にあまる」などの意味で使われます。
　なお、「힘들다」は、「먹기 힘들다（食べにくい）」「공부하기 힘들다（勉強しづらい）」などのように「〜しにくい」、「〜しづらい」という意味としても用います。

	活用形Ⅰ	活用形Ⅱ	活用形Ⅲ
힘들다 (大変だ)	힘들 / 힘드	힘들 / 힘드	힘들어

練習1 上の「活用情報」を見て練習してみましょう！

일이
(仕事が)

活用形	文型	日本語	書き込み	確認
Ⅰ 힘들 / 힘드	推測 Ⅰ + 겠어요	・大変でしょう	힘들겠어요	힘들겠어요
	感嘆・確認 Ⅰ + 네요	・大変ですね		힘드네요
	否定 Ⅰ + 지 않아요	・大変ではありません		힘들지 않아요
Ⅱ 힘들 / 힘드	連体形 Ⅱ + ㄴ	・大変な〜		힘든 –
	理由 Ⅱ + 니까	・大変だから		힘드니까
	仮定・条件 Ⅱ + 면	・大変であれば		힘들면
Ⅲ 힘들어	現在形 Ⅲ + 요 (Ⅰ + ㅂ / 습니다)	・大変です		힘들어요 (힘듭니다)
	過去形 Ⅲ + ㅆ어요 (Ⅲ + ㅆ습니다)	・大変でした		힘들었어요 (힘들었습니다)
	原因・理由 Ⅲ + 서	・大変なので		힘들어서

→他の活用は付録の「形容詞活用一覧表」（P422）を参照

練習2　例のように直してみましょう！

〈例〉仕事は大変じゃないですか。

일은 (힘들지 않아요?)

もう一度
書いてみよう！

⑴　徹夜作業をして大変でしょう。

밤샘 작업을 해서 (　　　　　　.　)

⑵　大変なことがあれば教えてください。お手伝いします。

(　　　) 일이 있으면 알려 주세요. 도와 드릴게요.

⑶　仕事と育児を並行するのが大変なので休職しようと思います。

일과 육아를 병행하기가 (　　　　　) 휴직하려고 해요.

〈解答〉⑴ 힘들겠어요　⑵ 힘든　⑶ 힘들어서

練習3　次の単語を例のように入れ替えて練習してみましょう！

例

공부가 （勉強が）

힘들겠어요 / 힘들어요 / 힘드네요 / 힘드니까 / 힘들어서

숙제가
（宿題が）

일이
（仕事が）

말하기가
（話すことが）

듣기가
（聴くことが）

이해하기가
（理解することが）

練習1　次の空欄を埋めて文を完成してみましょう。

(1) 話が面白くて時間が経つのも知らなかったです。〈재미있다〉

이야기가 (　　　　　　) 시간 가는 줄도 몰랐어요.

(2) 歳は取りましたが、気持ちだけは若いです。〈젊다〉

나이는 들었지만 마음만은 (　　　　　.　)

(3) コロナウイルスでマスコミは騒々しいが、街は静かでした。〈시끄럽다, 조용하다〉

코로나 바이러스로 매스컴은 (　　　　) 거리는 (　　　.　)

(4) あの人は実績は良いが性格が悪いです。〈좋다, 나쁘다〉

그 사람은 실적은 (　　　　) 성격이 (　　　.　)

(5) 昨日はおかげさまで楽しかったです。〈즐겁다〉

어제는 덕분에 (　　　　　.　)

(6) 小さい花がたくさん咲いていました。〈작다〉

(　　　　) 꽃이 많이 피어 있어요.　)

(7) このソファーは本当に楽です。〈편하다〉

이 소파는 진짜 (　　　　.　)

(8) 日本人は大体親切です。〈친절하다〉

일본 사람들은 대체로 (　　　　.　)

(9) 今日の演奏は本当に素晴らしかったです。〈훌륭하다〉

오늘 연주는 정말 (　　　　.　)

(10) 仕事をしていて大変だったらおっしゃってください。〈힘들다〉

일하다가 (　　　　) 말씀하세요.

〈解答〉(1) 재미있어서　(2) 젊어요　(3) 시끄럽지만 / 조용했어요　(4) 좋지만 / 나빠요　(5) 즐거웠어요　(6) 작은　(7) 편해요　(8) 친절해요　(9) 훌륭했어요　(10) 힘들면

(1) **이 영화는 유명한 배우가 주연이어서 재미있겠어요.**

_____

(2) **10 년만 더 젊으면 좋겠어요.**

_____

(3) **시끄러워서 잠을 못 잤어요.**

_____

(4) **학교가 집에서 멀어서 좀 불편하지만 교통은 편해요.**

_____

(5) **여행지에서 만난 사람들이 정말 친절했어요.**

_____

(6) いい習慣をつけたいです。

_____

(7) 遊び場の子供たちは楽しくみえますね。

_____

(8) 大きな夢を持たなければなりません。

_____

(9) 野球場の応援熱気がすごいですね。

_____

(10) 最近、仕事が多くて大変です。

_____

〈解答〉(1) この映画は有名な俳優が主演なので面白そうです。　(2) 10 年だけもっと若ければいいですね。　(3) うるさくて寝られませんでした。　(4) 学校が家から遠くて、ちょっと不便ですが交通は便利です。(5) 旅行先で会った人達は本当に親切でした。(6) 좋은 습관을 기르고 싶어요. (7) 놀이터의 아이들이 즐거워 보이네요.　(8) 큰 꿈을 가져야 해요.　(9) 야구장의 응원 열기가 굉장하네요.　(10) 요즘 일이 많아서 힘듭니다.

動詞編

形容詞編

活用一覧表

第 3 部

付録編

付録1　韓国語用言活用の基本

【正則用言】

語幹など ＼ 活用	基本形	活用形Ⅰ	活用形Ⅱ	活用形Ⅲ
語幹は基本形（辞書形）から「다」を取った形	用言の基本形はすべて「다」で終わる	語幹と同じ	語幹末が母音の場合はそのまま、子音の場合は「으」をつける	語幹末が陽母音「ㅏ, ㅗ, ㅑ」の場合は「아」, その他の場合は「어」をつける
子音語幹	받다（もらう）	받 -	받으 -	받아
	좋다（よい）	좋 -	좋으 -	좋아
	얕다（浅い）	얕 -	얕으 -	얕아
	먹다（食べる）	먹 -	먹으 -	먹어
	있다（ある・いる）	있 -	있으 -	있어
ㄹ語幹 *1	놀다（遊ぶ）	놀 - / 노 - *2		놀아
	만들다（作る）	만들 - / 만드 - *2		만들어
	열다（開く）	열 - / 여 - *2		열어
	길다（長い）	길 - / 기 - *2		길어
母音語幹 ㅏ	가다（行く）	가 -		가（←가아 *3）
ㅐ	내다（出す）	내 -		내（←내어）
ㅓ	서다（立つ）	서 -		서（←서어 *3）
ㅔ	세다（数える）	세 -		세（←세어）
ㅕ	펴다（開く）	펴 -		펴（←펴어 *3）
ㅗ	보다（見る）	보 -		봐（←보아）
ㅗ	오다（来る）	오 -		와（←오아 *3）
ㅚ	되다（成る）	되 -		돼（←되어）
ㅜ	주다（あげる）	주 -		줘（←주어）

活用 語幹など		基本形	活用形Ⅰ	活用形Ⅱ	活用形Ⅲ
母音 語幹	ㅟ	쉬다 (休む)	쉬 -		쉬어
	ㅢ	띄다 (目につく)	띄 -		띄어
	ㅣ	마시다 (飲む)	마시 -		마셔 (←마시어)
		치다 (打つ)	치 -		쳐 (←치어 [3])
		- 이다 (〜である)	- 이 -		- 여 (← - 이어)
後に続く語尾など		- 게, - 겠 -, - 고 (싶다, 있다), - 네요, - 는, - 는데, - 죠 (?), - 지 (않다) など		- ㄴ, - 니 (까), - ㄹ (게), - 러, - 려고, - 며, - 면, - 면서, - 세 요, - 시 - など	- 도, - 라, - ㅆ -, - 서, - 야, - 요 など

*1… 「ㄹ」語幹：語幹が「ㄹ」で終わるすべての動詞や形容詞。

〈動詞〉「**걸다** (かける), **날다** (飛ぶ), **놀다** (遊ぶ), **돌다** (回る), **만들다** (作る), **불다** (吹く), **살다** (住む・暮らす), **알다** (知る・分かる), **열다** (開く), **울다** (泣く), **팔다** (売る)」など。

〈形容詞〉「**가늘다** (細い), **길다** (長い), **달다** (甘い), **둥글다** (丸い), **멀다** (遠い), **힘들다** (大変だ)」など。

*2… 後に「s (ㅅ), p (ㅂ), o (오), r (パッチムのㄹ), n (ㄴ)」などの語尾が続くときは語幹のパッチムの「ㄹ」はスポ〜ン (sporn) と抜ける。

*3… この形では使用しない。

399

【変則用言】

活用 語幹など			基本形	活用形Ⅰ	活用形Ⅱ	活用形Ⅲ
語幹は基本形 （辞書形）から 「다」を取った形			用言の基本形はす べて「다」で終わる	語幹と同じ	語幹末が母音 の場合はその まま、子音の 場合は「으」を つける	語幹末が陽母音 「ㅏ，ㅗ，ㅑ」の場 合は「아」，その他 の場合は「어」を つける
子音語幹	ㄷ 変則 [*1]	陽	깨닫다 (気づく)	깨닫 -	깨달으 -	깨달아
		陰	듣다 (聞く)	듣 -	들으 -	들어
	ㅂ 変則 [*2]	陽	가깝다 (近い)	가깝 -	가까우 -	가까워
			돕다 (助ける)	돕 -	도우 -	도와
			아름답다 (美しい)	아름답 -	아름다우 -	아름다워
		陰	굽다 (焼く)	굽 -	구우 -	구워
			춥다 (寒い)	춥 -	추우 -	추워
	ㅅ 変則 [*3]	陽	낫다 (治る)	낫 -	나으 -	나아
		陰	짓다 (建てる)	짓 -	지으 -	지어
	ㅎ 変則 [*4]	陽	빨갛다 (赤い)	빨갛 - / 빨가 -	빨가 -	빨개
			하얗다 (白い)	하얗 - / 하야 -	하야 -	하얘
		陰	그렇다 (そうだ)	그렇 - / 그러 -	그러 -	그래
			부옇다 (ぼやけている)	부옇 - / 부여 -	부여 -	부얘
母音語幹	르 変則 [*5]	陽	빠르다 (速い)	빠르 -		빨라
		陰	부르다 (呼ぶ)	부르 -		불러
	러 変則 [*6]	陰	푸르다 (青い)	푸르 -		푸르러
			하다 (する)	하 -		해 (←하여)
	여 変則 [*7]		공부하다 (勉強する)	공부하 -		공부해 (←하여)
			조용하다 (静かだ)	조용하 -		조용해 (←하여)

語幹など ＼ 活用			基本形	活用形Ⅰ	活用形Ⅱ	活用形Ⅲ
母音語幹	우変則 *8	陰	푸다 (汲む)	푸 -		퍼
	으変則 *9	陽	바쁘다 (忙しい)	바쁘 -		바빠
		陰	치르다 (支払う)	치르 -		치러
		陰	쓰다 (書く・使う)	쓰 -		써
後に続く語尾、接尾辞など				- 게, - 겠 -, - 고 (싶다, 있다), - 네요, - 는, - 는데, - 죠 (?), - 지만, - 지 (않다) など	- ㄴ, - 니 (까), - ㄹ (게), - ㄹ까 -, - 러, - 려고, - 며, - 면, - 면서, - 세요, - 시 - など	- 도, - 라, - ㅆ -, - 서, - 야, - 요 など

〈変則活用について〉

*1… 「ㄷ」変則 : 語幹末が「ㄷ」の一部の動詞。形容詞はない。

語幹末が「ㄷ」パッチムの場合、あとに母音が続くとパッチムの「ㄷ」が「ㄹ」に変わる。

〈例〉☆「ㄷ＋으→ㄹ＋으」：「깨닫다 - 깨달으, 듣다 - 들으」

　　 ☆「ㄷ＋아 / 어 → ㄹ＋아 / 어」：「깨닫다 - 깨달아, 듣다 - 들어」

〈動詞〉「걷다 (歩く), 깨닫다 (悟る), 듣다 (聞く), 묻다 (尋ねる), 싣다 (載せる)」など。

※「닫다 (閉める), 묻다 (埋める), 믿다 (信じる), 받다 (受け取る), 얻다 (得る)」は正則。

*2… 「ㅂ」変則 : 語幹末が「ㅂ」の形容詞の大部分。「ㅂ」変則の動詞は「굽다, 눕다, 돕다」など わずか。

語幹末が「ㅂ」パッチムの場合、あとに母音「으」が続くと、「ㅂ＋으」は「우」になる。なお、母音「아 / 어」が続くと、「ㅂ＋아 / ㅂ＋어」は「워」に変わる。

〈例〉☆「ㅂ＋으 → 우」：「가깝다 - 가까우, 덥다 - 더우」

　　 ☆「ㅂ＋아 / 어 → 워」：「가깝다 - 가까워, 덥다 - 더워」

ただし、「돕다 (助ける), 곱다 (きれいだ)」の２語だけは「아」が続くと、「워」ではなく、「와」に変わり「도와, 고와」となる。

〈動詞〉「굽다 (焼く), 눕다 (横になる), 돕다 (助ける), 줍다 (拾う)」など。

〈形容詞〉「가깝다 (近い), 가볍다 (軽い), 고맙다 (ありがたい), 곱다 (きれいだ), 괴롭다 (苦しい), 귀엽다 (かわいい), 더럽다 (汚い), 덥다 (暑い), 두껍다 (厚い), 뜨겁다 (熱い), 맵다 (辛い), 무겁다 (重い), 무섭다 (怖い), 밉다 (憎い), 반갑다 (嬉しい), 부끄럽다 (恥ずかしい), 부드럽다 (柔らかい), 부럽다 (うらやましい), 새롭다 (新

しい)，**쉽다** (易しい)，**시끄럽다** (うるさい)，**아름답다** (美しい)，**어둡다** (暗い)，**어렵다** (難しい)，**즐겁다** (楽しい)，**춥다** (寒い)」など。

※動詞の「**굽다** (曲がる)，**뽑다** (抜く)，**씹다** (噛む)，**업다** (負う)，**입다** (着る)，**잡다** (捕まえる・取る)，**접다** (折る)，**집다** (掴む)、形容詞の**수줍다** (内気だ)，**좁다** (狭い)」などは正則。

*3…「ㅅ」変則：語幹末が「ㅅ」の動詞の一部。形容詞は「**낫다** (ましだ)」のみ。
　語幹末が「ㅅ」パッチムの場合、あとに母音が続くとパッチムの「ㅅ」は脱落する。
　〈例〉☆「ㅅ+으→으」：「**낫다 - 나으, 잇다 - 이으**」
　　　　☆「ㅅ+아 / 어 → 아 / 어」：「**낫다 - 나아, 잇다 - 이어**」
　〈動詞〉「**긋다** ((線を) 引く)，**낫다** (治る)，**붓다** (注ぐ)，**잇다** (つなぐ)，**짓다** (作る、建てる)」など。
　〈形容詞〉「**낫다** (ましだ)」。
　※動詞の「**빼앗다** (奪う)，**벗다** (脱ぐ)，**솟다** (抜き出る)，**씻다** (洗う)」などは正則。

*4…「ㅎ」変則：語幹末が「ㅎ」の形容詞のすべて。(「**좋다** (よい)」を除く。) 動詞はない。
　語幹末が「ㅎ」パッチムの場合、「- 네요」が続くとパッチムの「ㅎ」は脱落する。母音「으」が続くとパッチム「ㅎ」も母音「으」も脱落する。なお、あとに母音「아 / 어」が続くと、「ㅎ」が脱落し、語幹末の母音がいずれも「ㅐ」になる。
　〈例〉☆「ㅎ+으 → 脱落」：「**파랗다 - 파라, 그렇다 - 그러, 하얗다 - 하야**」
　　　　☆「ㅎ+아 / 어 → ㅐ」：「**파랗다 - 파래, 그렇다 - 그래**」
　ただし、「**하얗다** (白い)」、「**부옇다** (ぼやけている)」などのように、語幹末の母音が「ㅑ」か「ㅕ」の場合、「아 / 어」が続くと語幹末の母音はいずれも「ㅐ」に変わる。
　　　　☆「ㅑ / ㅕ+ㅎ+아 / 어 → 얘：**하얗다 - 하얘, 부옇다 - 부얘**」
　〈形容詞〉「**그렇다** (そうだ)，**까맣다** (黒い)，**노랗다** (黄色い)，**빨갛다** (赤い)，**어떻다** (どうだ)，**이렇다** (こうだ)，**저렇다** (ああだ)，**파랗다** (青い)，**하얗다** (白い)」など。
　※動詞の「**낳다** (産む)，**넣다** (入れる)，**놓다** (置く)，**닿다** (着く)，**쌓다** (積む)」などと形容詞の「**좋다** (よい)」は正則。

*5…「르」変則：語幹末が「르」の動詞・形容詞の多く。
　語幹末が「르」の場合、あとに母音「아 / 어」が続くと、「르」のすぐ前の母音が陽母音の場合は「ㄹ라」、陰母音の場合は「ㄹ러」になる。
　「ㅏ / ㅗ 르+아 → ㄹ라 (모르다 - 몰라)」、「ㅓ / ㅜ / ㅡ / ㅣ 르+어 → ㄹ러 (기르다 - 길러)」
　〈動詞〉「**가르다** (分ける)，**고르다** (選ぶ)，**기르다** (育てる)，**나르다** (運ぶ)，**누르다** (押さえる)，**두르다** (巻く)，**마르다** (渇く・乾く)，**머무르다** (とどまる・泊まる)，**모르다** (知らない)，**바르다** (塗る)，**부르다** (呼ぶ・歌う)，**서두르다** (急ぐ)，**오르다** (上がる・登る)，**자르다** (切る)，**조르다** (ねだる)，**흐르다** (流れる)」など。
　〈形容詞〉「**게으르다** (怠けている)，**다르다** (違う)，**바르다** (正しい)，**이르다** (早い)」など。
　※「**다다르다** (至る)，**들르다** (寄る)，**따르다** (従う)，**치르다** (支払う)」は「으」変則。

*6… 「러」変則：語幹末が「르」で終わる動詞・形容詞のごく一部。

動詞の語幹末が「르」の「러変則」の場合、あとに母音「어」が続くと、「르」が「르러」に変わる。

〈例〉☆「르＋어 → 르러」：「이르다 - 이르러, 푸르다 - 푸르러」

〈動詞〉「이르다 (至る)」。

〈形容詞〉「누르다 (黄色い)，푸르다 (青い)」など。

*7… 「여」変則：「하다」で終わるすべての動詞や形容詞。

「하다」で終わる動詞や形容詞の場合、あとに母音「아」が続くと、「하다」は「하여」に変わる。一般的に「하여」の縮約形の「해」がよく使われる。

〈例〉☆「하다＋아 → 하여＞해」：「사랑하다 - 사랑해, 조용하다 - 조용해」

〈動詞〉「결혼하다 (結婚する)，공부하다 (勉強する)，노래하다 (歌う)，무리하다 (無理する)，보고하다 (報告する)，빨래하다 (洗濯する)，사랑하다 (愛する)，산책하다 (散歩する)，생각하다 (考える)，생활하다 (生活する)，세수하다 (顔を洗う)，소개하다 (紹介する)，숙제하다 (宿題する)，운동하다 (運動する)，운전하다 (運転する)，일하다 (働く)，전화하다 (電話する)，찬성하다 (賛成する)，청소하다 (掃除する)，칭찬하다 (ほめる)」など。

〈形容詞〉「강하다 (強い)，따뜻하다 (暖かい)，딱딱하다 (固い)，똑똑하다 (賢い)，불쌍하다 (かわいそうだ)，불편하다 (不便だ)，비슷하다 (似ている)，산뜻하다 (さっぱりしている)，수수하다 (地味だ)，시원하다 (涼しい)，심심하다 (退屈だ)，용감하다 (勇敢だ)，조용하다 (静かだ)，중요하다 (重要だ)，차분하다 (落ち着いている)，축축하다 (湿っぽい)，튼튼하다 (丈夫だ)，편리하다 (便利だ)，화려하다 (華やかだ)」など。

*8… 「우」変則：語幹末が「ㅜ」で終わる用言。「푸다 (汲む)」のみ。

あとに母音「어」が続くと、「ㅜ」が脱落する。

〈例〉☆「ㅜ＋어 → ㅓ」：「푸다 - 퍼」

〈動詞〉「푸다 (汲む)」。

*9… 「으」変則：語幹末が「ㅡ」の動詞や形容詞。

語幹末が「ㅡ」の場合、あとに母音「아 / 어」が続くと、「ㅡ」のすぐ前の母音が陽母音の場合は「ㅏ」、陰母音の場合は「ㅓ」に変わる。なお、語幹が1音節（「쓰다, 끄다」など）の場合は、「ㅡ」が落ちて「ㅓ」がつき「써, 꺼」になる。

〈例〉☆「ㅡ＋아 / 어 → ㅏ / ㅓ」：「바쁘다 - 바빠, 기쁘다 - 기뻐」

〈動詞〉「끄다 (消す)，뜨다 (浮かぶ)，쓰다 (書く・使う)，따르다 (従う)，모으다 (集める)，들르다 (立ち寄る)，치르다 (支払う)」など。

〈形容詞〉「고프다 (お腹がすく)，나쁘다 (悪い)，바쁘다 (忙しい)，아프다 (痛い)」など。

活用の種類(例) / 活用語尾	가다 行く	먹다 食べる	놀다 遊ぶ	듣다 聞く	굽다 焼く
	正則活用		ㄹ語幹	ㄷ変則	ㅂ変則
(し)そうです 活用形Ⅱ + ㄹ 것 같아요	갈 것 같아요	먹을 것 같아요	놀 것 같아요	들을 것 같아요	구울 것 같아요
(し)た〜 活用形Ⅱ + ㄴ 〜	간	먹은	논	들은	구운
(し)た後に 活用形Ⅱ + ㄴ 후에	간 후에	먹은 후에	논 후에	들은 후에	구운 후에
(し)たいです(か) 活用形Ⅰ + 고 싶어요(?)	가고 싶어요(?)	먹고 싶어요(?)	놀고 싶어요(?)	듣고 싶어요(?)	굽고 싶어요(?)
(し)たが 活用形Ⅲ + ㅆ는데	갔는데	먹었는데	놀았는데	들었는데	구웠는데
(し)たくありません(か) 活用形Ⅰ + 기 싫어요(?)	가기 싫어요(?)	먹기 싫어요(?)	놀기 싫어요(?)	듣기 싫어요(?)	굽기 싫어요(?)
(し)たことがあります(か) 活用形Ⅱ + ㄴ 적이 있어요(?)	간 적이 있어요(?)	먹은 적이 있어요(?)	논 적이 있어요(?)	들은 적이 있어요(?)	구운 적이 있어요(?)
(し)たそうです(か) 活用形Ⅲ + ㅆ대요(?)	갔대요(?)	먹었대요(?)	놀았대요(?)	들었대요(?)	구웠대요(?)
(し)たならば 活用形Ⅲ + ㅆ다면	갔다면	먹었다면	놀았다면	들었다면	구웠다면
(し)たのに 活用形Ⅰ + 더니	가더니	먹더니	놀더니	듣더니	굽더니
(し)たようです 活用形Ⅱ + ㄴ 것 같아요	간 것 같아요	먹은 것 같아요	논 것 같아요	들은 것 같아요	구운 것 같아요
(し)たら 活用形Ⅱ + 면	가면	먹으면	놀면	들으면	구우면

짓다 建てる	고르다 選ぶ	이르다 至る	하다 する	푸다 汲む	쓰다 書く	있다 ある・いる
ㅅ変則	르変則	러変則	여変則	우変則	으変則	存在詞
지을 것 같아요	고를 것 같아요	이를 것 같아요	할 것 같아요	풀 것 같아요	쓸 것 같아요	있을 것 같아요
지은	고른	이른	한	푼	쓴	있은
지은 후에	고른 후에	이른 후에	한 후에	푼 후에	쓴 후에	있은 후에
짓고 싶어요 (?)	고르고 싶어요 (?)	이르고 싶어요 (?)	하고 싶어요 (?)	푸고 싶어요 (?)	쓰고 싶어요 (?)	있고 싶어요 (?)
지었는데	골랐는데	이르렀는데	했는데	펐는데	썼는데	있었는데
짓기 싫어요 (?)	고르기 싫어요 (?)	이르기 싫어요 (?)	하기 싫어요 (?)	푸기 싫어요 (?)	쓰기 싫어요 (?)	있기 싫어요 (?)
지은 적이 있어요 (?)	고른 적이 있어요 (?)	이른 적이 있어요 (?)	한 적이 있어요 (?)	푼 적이 있어요 (?)	쓴 적이 있어요 (?)	있은 적이 있어요 (?)
지었대요 (?)	골랐대요 (?)	이르렀대요 (?)	했대요 (?)	펐대요 (?)	썼대요 (?)	있대요 (?)
지었다면	골랐다면	이르렀다면	했다면	펐다면	썼다면	있었다면
짓더니	고르더니	이르더니	하더니	푸더니	쓰더니	있더니
지은 것 같아요	고른 것 같아요	이른 것 같아요	한 것 같아요	푼 것 같아요	쓴 것 같아요	—
지으면	고르면	이르면	하면	푸면	쓰면	있으면

活用語尾 \ 活用の種類	가다 行く	먹다 食べる	놀다 遊ぶ	듣다 聞く	굽다 焼く
	正則活用		ㄹ語幹	ㄷ変則	ㅂ変則
(し)たり 活用形Ⅰ + **거나**	가거나	먹거나	놀거나	듣거나	굽거나
(し)たりします (か) 活用形Ⅰ + **곤 해요 (?)**	가곤 해요 (?)	먹곤 해요 (?)	놀곤 해요 (?)	듣곤 해요 (?)	굽곤 해요 (?)
(し)て〈並列〉 活用形Ⅰ + **고**	가고	먹고	놀고	듣고	굽고
(し)て〈理由・順序〉 活用形Ⅲ + **서**	가서	먹어서	놀아서	들어서	구워서
(し)ていた 活用形Ⅰ + **던**	가던	먹던	놀던	듣던	굽던
(し)ていたが 活用形Ⅲ + **ㅆ다가**	갔다가	먹었다가	놀았다가	들었다가	구웠다가
(し)ていたら 活用形Ⅰ + **다 보면**	가다 보면	먹다 보면	놀다 보면	듣다 보면	굽다 보면
(し)ています (?) 活用形Ⅰ + **고 있어요 (?)**	가고 있어요 (?)	먹고 있어요 (?)	놀고 있어요 (?)	듣고 있어요 (?)	굽고 있어요 (?)
(し)て〈以来〉 活用形Ⅱ + **ㄴ 지**	간 지	먹은 지	논 지	들은 지	구운 지
(し)ておきます 活用形Ⅲ + **두어요**	가 두어요	먹어 두어요	놀아 두어요	들어 두어요	구워 두어요
(し)てから 活用形Ⅰ + **고서**	가고서	먹고서	놀고서	듣고서	굽고서
(し)てください 活用形Ⅲ + **주세요**	가 주세요	먹어 주세요	놀아 주세요	들어 주세요	구워 주세요

짓다 建てる	고르다 選ぶ	이르다 至る	하다 する	푸다 汲む	쓰다 書く	있다 ある・いる
ㅅ変則	르変則	러変則	여変則	우変則	으変則	存在詞
짓거나	고르거나	이르거나	하거나	푸거나	쓰거나	있거나
짓곤 해요 (?)	고르곤 해요 (?)	이르곤 해요 (?)	하곤 해요 (?)	푸곤 해요 (?)	쓰곤 해요 (?)	있곤 해요 (?)
짓고	고르고	이르고	하고	푸고	쓰고	있고
지어서	골라서	이르러서	해서	퍼서	써서	있어서
짓던	고르던	이르던	하던	푸던	쓰던	있던
지었다가	골랐다가	이르렀다가	했다가	펐다가	썼다가	있었다가
짓다 보면	고르다 보면	이르다 보면	하다 보면	푸다 보면	쓰다 보면	있다 보면
짓고 있어요 (?)	고르고 있어요 (?)	이르고 있어요 (?)	하고 있어요 (?)	푸고 있어요 (?)	쓰고 있어요 (?)	―
지은 지	고른 지	이른 지	한 지	푼 지	쓴 지	있은 지
지어 두어요	골라 두어요	―	해 두어요	퍼 두어요	써 두어요	―
짓고서	고르고서	이르고서	하고서	푸고서	쓰고서	있고서
지어 주세요	골라 주세요	―	해 주세요	퍼 주세요	써 주세요	있어 주세요

活用語尾 ＼ 活用の種類	가다 行く	먹다 食べる	놀다 遊ぶ	듣다 聞く	굽다 焼く
	正則活用		ㄹ 語幹	ㄷ 変則	ㅂ 変則
(し)てしまいました 活用形Ⅲ + **버렸어요**	가 버렸어요	먹어 버렸어요	놀아 버렸어요	들어 버렸어요	구워 버렸어요
(し)てはいけません(か) 活用形Ⅱ + **면 안 돼요**(?)	가면 안 돼요(?)	먹으면 안 돼요(?)	놀면 안 돼요(?)	들으면 안 돼요(?)	구우면 안 돼요(?)
(し)てほしいと 活用形Ⅲ + **달라고**	가 달라고	먹어 달라고	놀아 달라고	들어 달라고	구워 달라고
(し)てみてください 活用形Ⅲ + **보세요**	가 보세요	먹어 보세요	놀아 보세요	들어 보세요	구워 보세요
(し)ても 活用形Ⅲ + **도**	가도	먹어도	놀아도	들어도	구워도
(し)てもいいです(か) 活用形Ⅲ + **도 돼요**(?)	가도 돼요 (?)	먹어도 돼요(?)	놀아도 돼요(?)	들어도 돼요(?)	구워도 돼요(?)
(し)ないでください 活用形Ⅰ + **지 마세요**	가지 마세요	먹지 마세요	놀지 마세요	듣지 마세요	굽지 마세요
(し)ながら 活用形Ⅱ + **면서**	가면서	먹으면서	놀면서	들으면서	구우면서
(し)ながらも 活用形Ⅱ + **면서도**	가면서도	먹으면서도	놀면서도	들으면서도	구우면서도
(し)なくては 活用形Ⅲ + **야지**	가야지	먹어야지	놀아야지	들어야지	구워야지
(し)なくてはいけません(か) 活用形Ⅲ + **야겠어요**(?)	가야겠어요 (?)	먹어야겠어 요(?)	놀아야겠어 요(?)	들어야겠어 요(?)	구워야겠어 요(?)
(し)なければなりません(か) 活用形Ⅲ + **야 돼요**(?)	가야 돼요(?)	먹어야 돼요(?)	놀아야 돼요(?)	들어야 돼요(?)	구워야 돼요(?)

짓다 建てる	고르다 選ぶ	이르다 至る	하다 する	푸다 汲む	쓰다 書く	있다 ある・いる
ㅅ変則	르変則	러変則	여変則	우変則	으変則	存在詞
지어 버렸어요	골라 버렸어요	이르러 버렸어요	해 버렸어요	퍼 버렸어요	써 버렸어요	—
지으면 안 돼요 (?)	고르면 안 돼요 (?)	이르면 안 돼요 (?)	하면 안 돼요 (?)	푸면 안 돼요 (?)	쓰면 안 돼요 (?)	있으면 안 돼요 (?)
지어 달라고	골라 달라고	이르러 달라고	해 달라고	퍼 달라고	써 달라고	있어 달라고
지어 보세요	골라 보세요	이르러 보세요	해 보세요	퍼 보세요	써 보세요	있어 보세요
지어도	골라도	이르러도	해도	퍼도	써도	있어도
지어도 돼요 (?)	골라도 돼요 (?)	이르러도 돼요 (?)	해도 돼요 (?)	퍼도 돼요 (?)	써도 돼요 (?)	있어도 돼요 (?)
짓지 마세요	고르지 마세요	이르지 마세요	하지 마세요	푸지 마세요	쓰지 마세요	있지 마세요
지으면서	고르면서	이르면서	하면서	푸면서	쓰면서	있으면서
지으면서도	고르면서도	이르면서도	하면서도	푸면서도	쓰면서도	있으면서도
지어야지	골라야지	이르러야지	해야지	퍼야지	써야지	있어야지
지어야겠어 요 (?)	골라야겠어 요 (?)	이르러야겠 어요 (?)	해야겠어요 (?)	퍼야겠어요 (?)	써야겠어요 (?)	있어야겠어 요 (?)
지어야 돼요 (?)	골라야 돼요 (?)	이르러야 돼요 (?)	해야 돼요 (?)	퍼야 돼요 (?)	써야 돼요 (?)	있어야 돼요 (?)

活用語尾 ＼ 活用の種類	가다 行く	먹다 食べる	놀다 遊ぶ	듣다 聞く	굽다 焼く
	正則活用		ㄹ 語幹	ㄷ 変則	ㅂ 変則
(一)なさいます (か) 活用形Ⅱ + **세요** (?)	가세요 (?)	먹으세요 (?)	노세요 (?)	들으세요 (?)	구우세요 (?)
(し)に行きます 活用形Ⅱ + **러 가요**	―	먹으러 가요	놀러 가요	들으러 가요	구우러 가요
(し)ました (か) 活用形Ⅲ + **ㅆ어요** (?)	갔어요 (?)	먹었어요 (?)	놀았어요 (?)	들었어요 (?)	구웠어요 (?)
(し)はじめます (か) 活用形Ⅰ + **기 시작해요** (?)	가기 시작해요(?)	먹기 시작해요(?)	놀기 시작해요(?)	듣기 시작해요(?)	굽기 시작해요(?)
(し)ましょう 活用形Ⅲ + **요**	가요	먹어요	놀아요	들어요	구워요
(し)ましょう 活用形Ⅱ + **ㅂ시다**	갑시다	먹읍시다	놉시다	들읍시다	구웁시다
(し)ましょう 活用形Ⅰ + **죠**	가죠	먹죠	놀죠	듣죠	굽죠
(し)ましょうか 活用形Ⅱ + **ㄹ까요？**	갈까요?	먹을까요?	놀까요?	들을까요?	구울까요?
(し)ましょうか、(し)ますか 活用形Ⅱ + **ㄹ래요？**	갈래요?	먹을래요?	놀래요?	들을래요?	구울래요?
(し)ます ①活用形Ⅲ + **요** ②活用形Ⅰ + **ㅂ니다 / 습니다**	①가요 ②갑니다	①먹어요 ②먹습니다	①놀아요 ②놉니다	①들어요 ②듣습니다	①구워요 ②굽습니다
(し)ますか ①活用形Ⅲ + **요？** ②活用形Ⅰ + **ㅂ니까？/ 습니까？**	①가요? ②갑니까?	①먹어요? ②먹습니 까?	①놀아요? ②놉니까?	①들어요? ②듣습니 까?	①구워요? ②굽습니 까?

짓다 建てる	고르다 選ぶ	이르다 至る	하다 する	푸다 汲む	쓰다 書く	있다 ある・いる
ㅅ変則	르変則	러変則	여変則	우変則	으変則	存在詞
지으세요 (?)	고르세요 (?)	이르세요 (?)	하세요 (?)	푸세요 (?)	쓰세요 (?)	있으세요 (?)
지으러 가요	고르러 가요	—	하러 가요	푸러 가요	쓰러 가요	—
지었어요 (?)	골랐어요 (?)	이르렀어요 (?)	했어요 (?)	펐어요 (?)	썼어요 (?)	있었어요 (?)
짓기 시작해요(?)	고르기 시작해요(?)	이르기 시작해요(?)	하기 시작해요(?)	푸기 시작해요(?)	쓰기 시작해요(?)	—
지어요	골라요	이르러요	해요	퍼요	써요	있어요
지읍시다	고릅시다	—	합시다	풉시다	씁시다	있읍시다
짓죠	고르죠	이르죠	하죠	푸죠	쓰죠	있죠
지을까요?	고를까요?	이를까요?	할까요?	풀까요?	쓸까요?	있을까요?
지을래요?	고를래요?	이를래요?	할래요?	풀래요?	쓸래요?	있을래요?
①지어요 ②짓습니다	①골라요 ②고릅니다	①이르러요 ②이릅니다	①해요 ②합니다	①퍼요 ②풉니다	①써요 ②씁니다	①있어요 ②있습니다
①지어요? ②짓습니 까?	①골라요? ②고릅니 까?	①이르러 요? ②이릅니 까?	①해요? ②합니까?	①퍼요? ②풉니까?	①써요? ②씁니까?	①있어요? ②있습니 까?

活用語尾 / 活用の種類	가다 行く	먹다 食べる	놀다 遊ぶ	듣다 聞く	굽다 焼く
	正則活用		ㄹ 語幹	ㄷ 変則	ㅂ 変則
（し）ます〈意志〉 ①活用形Ⅱ + ㄹ게요 ②活用形Ⅰ + 겠습니다	①갈게요 ②가겠습니다	①먹을게요 ②먹겠습니다	①놀게요 ②놀겠습니다	①들을게요 ②듣겠습니다	①구울게요 ②굽겠습니다
（し）ますよ〈意志〉 活用形Ⅱ + ㄹ래요	갈래요	먹을래요	놀래요	들을래요	구울래요
（し）ますね 活用形Ⅰ + 네요	가네요	먹네요	노네요	듣네요	굽네요
（し）ません（か） ①안 + 活用形Ⅲ + 요（?） ②活用形Ⅰ + 지 않아요（?）	①안 가요（?） ②가지 않아요（?）	①안 먹어요（?） ②먹지 않아요（?）	①안 놀아요（?） ②놀지 않아요（?）	①안 들어요（?） ②듣지 않아요（?）	①안 구워요（?） ②굽지 않아요（?）
（し）ませんでした（か） ①안 + 活用形Ⅲ + ㅆ어요（?） ②活用形Ⅰ + 지 않았어요（?）	①안 갔어요（?） ②가지 않았어요（?）	①안 먹었어요（?） ②먹지 않았어요（?）	①안 놀았어요（?） ②놀지 않았어요（?）	①안 들었어요（?） ②듣지 않았어요（?）	①안 구웠어요（?） ②굽지 않았어요（?）
（し）やすいです（か） 活用形Ⅰ + 기 쉬워요（?）	가기 쉬워요（?）	먹기 쉬워요（?）	놀기 쉬워요（?）	듣기 쉬워요（?）	굽기 쉬워요（?）
（し）よう！ 活用形Ⅰ + 자！	가자!	먹자!	놀자!	듣자!	굽자!
（し）ようと思います（か） 活用形Ⅱ + 려고 해요（?）	가려고 해요（?）	먹으려고 해요（?）	놀려고 해요（?）	들으려고 해요（?）	구우려고 해요（?）
（し）ようとしたら 活用形Ⅱ + 려니까	가려니까	먹으려니까	놀려니까	들으려니까	구우려니까
（し）ようとすれば 活用形Ⅱ + 려면	가려면	먹으려면	놀려면	들으려면	구우려면

짓다 建てる	고르다 選ぶ	이르다 至る	하다 する	푸다 汲む	쓰다 書く	있다 ある・いる
ㅅ変則	르変則	러変則	여変則	우変則	으変則	存在詞
①지을게요 ②짓겠습니다	①고를게요 ②고르겠습니다	①이를게요 ②이르겠습니다	①할게요 ②하겠습니다	①풀게요 ②푸겠습니다	①쓸게요 ②쓰겠습니다	①있을게요 ②있겠습니다
지을래요	고를래요	이를래요	할래요	풀래요	쓸래요	있을래요
짓네요	고르네요	이르네요	하네요	푸네요	쓰네요	있네요
①안 지어요 (?) ②짓지 않아요 (?)	①안 골라요 (?) ②고르지 않아요 (?)	①안 이르러요 (?) ②이르지 않아요 (?)	①안 해요 (?) ②하지 않아요 (?)	①안 퍼요 (?) ②푸지 않아요 (?)	①안 써요 (?) ②쓰지 않아요 (?)	―
①안 지었어요 (?) ②짓지 않았어요 (?)	①안 골랐어요 (?) ②고르지 않았어요 (?)	①안 이르렀어요 (?) ②이르지 않았어요 (?)	①안 했어요 (?) ②하지 않았어요 (?)	①안 펐어요 (?) ②푸지 않았어요 (?)	①안 썼어요 (?) ②쓰지 않았어요 (?)	―
짓기 쉬워요 (?)	고르기 쉬워요 (?)	이르기 쉬워요 (?)	하기 쉬워요 (?)	푸기 쉬워요 (?)	쓰기 쉬워요 (?)	―
짓자!	고르자!	이르자!	하자!	푸자!	쓰자!	있자!
지으려고 해요 (?)	고르려고 해요 (?)	이르려고 해요 (?)	하려고 해요 (?)	푸려고 해요 (?)	쓰려고 해요 (?)	있으려고 해요 (?)
지으려니까	고르려니까	이르려니까	하려니까	푸려니까	쓰려니까	있으려니까
지으려면	고르려면	이르려면	하려면	푸려면	쓰려면	있으려면

活用語尾 ＼ 活用の種類	가다 行く	먹다 食べる	놀다 遊ぶ	듣다 聞く	굽다 焼く
	正則活用		ㄹ 語幹	ㄷ 変則	ㅂ 変則
(し)ろ！ 活用形Ⅲ + 라 ！	가라!	먹어라!	놀아라!	들어라!	구워라!

	가다 行く	먹다 食べる	놀다 遊ぶ	듣다 聞く	굽다 焼く
(する)～〈現在〉 活用形Ⅰ + 는 -	가는 -	먹는 -	노는 -	듣는 -	굽는 -
(する)～〈未来〉 活用形Ⅱ + ㄹ -	갈 -	먹을 -	놀 -	들을 -	구울 -
(する)か 活用形Ⅰ + 든지	가든지	먹든지	놀든지	듣든지	굽든지
(する)が 活用形Ⅰ + 는데	가는데	먹는데	노는데	듣는데	굽는데
(する)かと思って 活用形Ⅱ + ㄹ까 봐	갈까 봐	먹을까 봐	놀까 봐	들을까 봐	구울까 봐
(する)かも知れません 活用形Ⅱ + ㄹ지도 몰라요	갈지도 몰라요	먹을지도 몰라요	놀지도 몰라요	들을지도 몰라요	구울지도 몰라요
(する)から 活用形Ⅱ + 니까	가니까	먹으니까	노니까	들으니까	구우니까
(する)から 活用形Ⅰ + 기 때문에	가기 때문에	먹기 때문에	놀기 때문에	듣기 때문에	굽기 때문에
(する)けれども 活用形Ⅰ + 지만	가지만	먹지만	놀지만	듣지만	굽지만
(する)ことが 活用形Ⅰ + 기가	가기가	먹기가	놀기가	듣기가	굽기가
(する)ことができます(か) 活用形Ⅱ + ㄹ 수 있어요(？)	갈 수 있어요 (？)	먹을 수 있어요 (？)	놀 수 있어요 (？)	들을 수 있어요 (？)	구울 수 있어요 (？)

짓다 建てる	고르다 選ぶ	이르다 至る	하다 する	푸다 汲む	쓰다 書く	있다 ある・いる
ㅅ変則	르変則	러変則	여変則	우変則	으変則	存在詞
지어라!	골라라!	이르러라!	해라!	퍼라!	써라!	있어라!

動詞編
形容詞編
活用一覧表

짓다	고르다	이르다	하다	푸다	쓰다	있다
짓는 -	고르는 -	이르는 -	하는 -	푸는 -	쓰는 -	있는 -
지을 -	고를 -	이를 -	할 -	풀 -	쓸 -	있을 -
짓든지	고르든지	이르든지	하든지	푸든지	쓰든지	있든지
짓는데	고르는데	이르는데	하는데	푸는데	쓰는데	있는데
지을까 봐	고를까 봐	이를까 봐	할까 봐	풀까 봐	쓸까 봐	있을까 봐
지을지도 몰라요	고를지도 몰라요	이를지도 몰라요	할지도 몰라요	풀지도 몰라요	쓸지도 몰라요	있을지도 몰라요
지으니까	고르니까	이르니까	하니까	푸니까	쓰니까	있으니까
짓기 때문에	고르기 때문에	이르기 때문에	하기 때문에	푸기 때문에	쓰기 때문에	있기 때문에
짓지만	고르지만	이르지만	하지만	푸지만	쓰지만	있지만
짓기가	고르기가	이르기가	하기가	푸기가	쓰기가	있기가
지을 수 있어요 (?)	고를 수 있어요 (?)	이를 수 있어요 (?)	할 수 있어요 (?)	풀 수 있어요 (?)	쓸 수 있어요 (?)	있을 수 있어요 (?)

活用語尾 ＼ 活用の種類	가다 行く	먹다 食べる	놀다 遊ぶ	듣다 聞く	굽다 焼く
	正則活用		ㄹ 語幹	ㄷ 変則	ㅂ 変則
(する)ことができません (か) ①못 + 活用形Ⅲ + 요 (?) ②活用形Ⅰ + 지 못해요 (?)	①못 가요 (?) ②가지 못해요 (?)	①못 먹어요 (?) ②먹지 못해요 (?)	①못 놀아요 (?) ②놀지 못해요 (?)	①못 들어요 (?) ②듣지 못해요 (?)	①못 구워요 (?) ②굽지 못해요 (?)
(する)ことにしましょう 活用形Ⅰ + 기로 해요	가기로 해요	먹기로 해요	놀기로 해요	듣기로 해요	굽기로 해요
(する)ことを 活用形Ⅰ + 기를	가기를	먹기를	놀기를	듣기를	굽기를
(する)し 活用形Ⅰ + 고	가고	먹고	놀고	듣고	굽고
(する)ために 活用形Ⅰ + 느라고	가느라고	먹느라고	노느라고	듣느라고	굽느라고
(する)ために 活用形Ⅰ + 기 때문에	가기 때문에	먹기 때문에	놀기 때문에	듣기 때문에	굽기 때문에
(する)ために 活用形Ⅰ + 기 위하여	가기 위하여	먹기 위하여	놀기 위하여	듣기 위하여	굽기 위하여
(する)つもりです (か) 活用形Ⅱ + ㄹ 거예요 (?)	갈 거예요 (?)	먹을 거예요 (?)	놀 거예요 (?)	들을 거예요 (?)	구울 거예요 (?)
(する)でしょう? 活用形Ⅰ + 지요 (/ 죠) ?	가죠?	먹죠?	놀죠?	듣죠?	굽죠?
(する)でしょう (?) 活用形Ⅰ + 잖아요 (?)	가잖아요 (?)	먹잖아요 (?)	놀잖아요 (?)	듣잖아요 (?)	굽잖아요 (?)
(する)と 活用形Ⅱ + 면	가면	먹으면	놀면	들으면	구우면
(する)といって 活用形Ⅰ + ㄴ / 는다며	간다며	먹는다며	논다며	듣는다며	굽는다며

짓다 建てる	고르다 選ぶ	이르다 至る	하다 する	푸다 汲む	쓰다 書く	있다 ある・いる
ㅅ変則	르変則	러変則	여変則	우変則	으変則	存在詞
①못 지어요 (?) ②짓지 못해요(?)	①못 골라요 (?) ②고르지 못해요(?)	①못 이르러 요(?) ②이르지 못해요(?)	①못 해요 (?) ②하지 못해요(?)	①못 퍼요 (?) ②푸지 못해요(?)	①못 써요 (?) ②쓰지 못해요(?)	①못 있어요 (?) ②있지 못해요(?)
짓기로 해요	고르기로 해요	이르기로 해요	하기로 해요	푸기로 해요	쓰기로 해요	있기로 해요
짓기를	고르기를	이르기를	하기를	푸기를	쓰기를	있기를
짓고	고르고	이르고	하고	푸고	쓰고	있고
짓느라고	고르느라고	이르느라고	하느라고	푸느라고	쓰느라고	있느라고
짓기 때문에	고르기 때문에	이르기 때문에	하기 때문에	푸기 때문에	쓰기 때문에	있기 때문에
짓기 위하여	고르기 위하여	이르기 위하여	하기 위하여	푸기 위하여	쓰기 위하여	있기 위하여
지을 거예요(?)	고를 거예요(?)	이를 거예요(?)	할 거예요(?)	풀 거예요(?)	쓸 거예요(?)	있을 거예요(?)
짓죠?	고르죠?	이르죠?	하죠?	푸죠?	쓰죠?	있죠?
짓잖아요 (?)	고르잖아요 (?)	이르잖아요 (?)	하잖아요 (?)	푸잖아요 (?)	쓰잖아요 (?)	있잖아요 (?)
지으면	고르면	이르면	하면	푸면	쓰면	있으면
짓는다며	고른다며	이른다며	한다며	푼다며	쓴다며	있는다며

活用語尾 ／ 活用の種類	가다 行く	먹다 食べる	놀다 遊ぶ	듣다 聞く	굽다 焼く
	正則活用		ㄹ 語幹	ㄷ 変則	ㅂ 変則
(する)ところでした 活用形Ⅱ + ㄹ 뻔 했어요	갈 뻔했어요	먹을 뻔했어요	놀 뻔했어요	들을 뻔했어요	구울 뻔했어요
(する)としたら 活用形Ⅰ + 자니까	가자니까	먹자니까	놀자니까	듣자니까	굽자니까
(する)としても 活用形Ⅰ + 더라도	가더라도	먹더라도	놀더라도	듣더라도	굽더라도
(する)途中で 活用形Ⅰ + 다가	가다가	먹다가	놀다가	듣다가	굽다가
(する)に値します 活用形Ⅱ + ㄹ 만해요	갈 만해요	먹을 만해요	놀 만해요	들을 만해요	구울 만해요
(する)ので 活用形Ⅲ + 서	가서	먹어서	놀아서	들어서	구워서
(する)ので 活用形Ⅰ + 길래	가길래	먹길래	놀길래	듣길래	굽길래
(する)ので 活用形Ⅱ + 므로	가므로	먹으므로	놀므로	들으므로	구우므로
(する)のではないかと思って 活用形Ⅱ + ㄹ까 봐	갈까 봐	먹을까 봐	놀까 봐	들을까 봐	구울까 봐
(する)はずがありません 活用形Ⅱ + ㄹ 리 없어요	갈 리 없어요	먹을 리 없어요	놀 리 없어요	들을 리 없어요	구울 리 없어요
(する)ふりをします 活用形Ⅰ + 는 척해요	가는 척해요	먹는 척해요	노는 척해요	듣는 척해요	굽는 척해요
(する)前に 活用形Ⅰ + 기 전에	가기 전에	먹기 전에	놀기 전에	듣기 전에	굽기 전에

짓다 建てる	고르다 選ぶ	이르다 至る	하다 する	푸다 汲む	쓰다 書く	있다 ある・いる
ㅅ変則	르変則	러変則	여変則	우変則	으変則	存在詞
지을 뻔했어요	고를 뻔했어요	이를 뻔했어요	할 뻔했어요	풀 뻔했어요	쓸 뻔했어요	있을 뻔했어요
짓자니까	고르자니까	이르자니까	하자니까	푸자니까	쓰자니까	있자니까
짓더라도	고르더라도	이르더라도	하더라도	푸더라도	쓰더라도	있더라도
짓다가	고르다가	이르다가	하다가	푸다가	쓰다가	있다가
지을 만해요	고를 만해요	이를 만해요	할 만해요	풀 만해요	쓸 만해요	있을 만해요
지어서	골라서	이르러서	해서	퍼서	써서	있어서
짓길래	고르길래	이르길래	하길래	푸길래	쓰길래	있길래
지으므로	고르므로	이르므로	하므로	푸므로	쓰므로	있으므로
지을까 봐	고를까 봐	이를까 봐	할까 봐	풀까 봐	쓸까 봐	있을까 봐
지을 리 없어요	고를 리 없어요	이를 리 없어요	할 리 없어요	풀 리 없어요	쓸 리 없어요	있을 리 없어요
짓는 척해요	고르는 척해요	이르는 척해요	하는 척해요	푸는 척해요	쓰는 척해요	있는 척해요
짓기 전에	고르기 전에	이르기 전에	하기 전에	푸기 전에	쓰기 전에	있기 전에

活用語尾＼活用の種類	**가다** 行く	**먹다** 食べる	**놀다** 遊ぶ	**듣다** 聞く	**굽다** 焼く
	正則活用		**ㄹ 語幹**	**ㄷ 変則**	**ㅂ 変則**
(する) ほど 活用形Ⅱ + **ㄹ 수록**	갈수록	먹을수록	놀수록	들을수록	구울수록
(する) やいなや 活用形Ⅰ + **자마자**	가자마자	먹자마자	놀자마자	듣자마자	굽자마자
(する) ようです (か) 活用形Ⅱ + **ㄹ 것 같아요 (?)**	갈 것 같아요 (?)	먹을 것 같아요 (?)	놀 것 같아요 (?)	들을 것 같아요 (?)	구울 것 같아요 (?)
(する) ようにしましょう 活用形Ⅰ + **도록 해요**	가도록 해요	먹도록 해요	놀도록 해요	듣도록 해요	굽도록 해요
(する) ようになります (か) 活用形Ⅰ + **게 돼요 (?)**	가게 돼요 (?)	먹게 돼요 (?)	놀게 돼요 (?)	듣게 돼요 (?)	굽게 돼요 (?)
(する) んですよ 活用形Ⅰ + **거든요**	가거든요	먹거든요	놀거든요	듣거든요	굽거든요
(すれ) ば 活用形Ⅱ + **면**	가면	먹으면	놀면	들으면	구우면

420

짓다 建てる	고르다 選ぶ	이르다 至る	하다 する	푸다 汲む	쓰다 書く	있다 ある・いる
ㅅ変則	르変則	러変則	여変則	우変則	으変則	存在詞
지을수록	고를수록	이를수록	할수록	풀수록	쓸수록	있을수록
짓자마자	고르자마자	이르자마자	하자마자	푸자마자	쓰자마자	―
지을 것 같아요(?)	고를 것 같아요(?)	이를 것 같아요(?)	할 것 같아요(?)	풀 것 같아요(?)	쓸 것 같아요(?)	있을 것 같아요(?)
짓도록 해요	고르도록 해요	이르도록 해요	하도록 해요	푸도록 해요	쓰도록 해요	있도록 해요
짓게 돼요(?)	고르게 돼요(?)	이르게 돼요(?)	하게 돼요 (?)	푸게 돼요 (?)	쓰게 돼요 (?)	있게 돼요 (?)
짓거든요	고르거든요	이르거든요	하거든요	푸거든요	쓰거든요	있거든요
지으면	고르면	이르면	하면	푸면	쓰면	있으면

活用の種類 活用語尾	좋다 よい	짜다 しょっぱい	달다 甘い	덥다 暑い	낫다 ましだ
	正則活用		ㄹ語幹	ㅂ変則	ㅅ変則
（よ）い〜 活用形Ⅱ + ㄴ -	좋은	짠	단	더운	나은
（よ）いが、（よ）いのに 活用形Ⅱ + ㄴ데	좋은데	짠데	단데	더운데	나은데
（よ）いが 活用形Ⅰ + 지만	좋지만	짜지만	달지만	덥지만	낫지만
（よ）いかもしれません 活用形Ⅱ + ㄹ지도 몰라요	좋을지도 몰라요	짤지도 몰라요	달지도 몰라요	더울지도 몰라요	나을지도 몰라요
（よ）いから 活用形Ⅱ + 니까	좋으니까	짜니까	다니까	더우니까	나으니까
（よ）いから 活用形Ⅰ + 기 때문에	좋기 때문에	짜기 때문에	달기 때문에	덥기 때문에	낫기 때문에
（よ）いけれども 活用形Ⅰ + 지만	좋지만	짜지만	달지만	덥지만	낫지만
（よ）いし 活用形Ⅰ + 고	좋고	짜고	달고	덥고	낫고
（よ）いじゃないですか 活用形Ⅰ + 잖아요	좋잖아요	짜잖아요	달잖아요	덥잖아요	낫잖아요
（よ）いそうです 活用形Ⅰ + 다고 해요	좋다고 해요	짜다고 해요	달다고 해요	덥다고 해요	낫다고 해요
（よ）いため 活用形Ⅰ + 기 때문에	좋기 때문에	짜기 때문에	달기 때문에	덥기 때문에	낫기 때문에
（よ）いでしょう（?） 活用形Ⅰ + 죠（?）	좋죠（?）	짜죠（?）	달죠（?）	덥죠（?）	낫죠（?）

빠르다 速い	푸르다 青い	빨갛다 赤い	바쁘다 忙しい	조용하다 静かだ	이다 〜である	없다 ない・いない
르変則	러変則	ㅎ変則	으変則	여変則	指定詞	存在詞
빠른	푸른	빨간	바쁜	조용한	- 인	없는
빠른데	푸른데	빨간데	바쁜데	조용한데	- 인데	없는데
빠르지만	푸르지만	빨갛지만	바쁘지만	조용하지만	- (이) 지만	―
빠를지도 몰라요	푸를지도 몰라요	빨갈지도 몰라요	바쁠지도 몰라요	조용할지도 몰라요	- 일지도 몰라요	없을지도 몰라요
빠르니까	푸르니까	빨가니까	바쁘니까	조용하니까	- (이) 니까	없으니까
빠르기 때문에	푸르기 때문에	빨갛기 때문에	바쁘기 때문에	조용하기 때문에	- (이) 기 때문에	없기 때문에
빠르지만	푸르지만	빨갛지만	바쁘지만	조용하지만	- (이) 지만	없지만
빠르고	푸르고	빨갛고	바쁘고	조용하고	- (이) 고	없고
빠르잖아요	푸르잖아요	빨갛잖아요	바쁘잖아요	조용하잖아 요	- (이) 잖아 요	없잖아요
빠르다고 해요	푸르다고 해요	빨갛다고 해요	바쁘다고 해요	조용하다고 해요	- (이) 라고 해요	없다고 해요
빠르기 때문에	푸르기 때문에	빨갛기 때문에	바쁘기 때문에	조용하기 때문에	- (이) 기 때문에	없기 때문에
빠르죠 (?)	푸르죠 (?)	빨갛죠 (?)	바쁘죠 (?)	조용하죠 (?)	- (이) 죠 (?)	없죠 (?)

活用語尾 ＼ 活用の種類	좋다 よい	짜다 しょっぱい	달다 甘い	덥다 暑い	낫다 ましだ
	正則活用		ㄹ語幹	ㅂ変則	ㅅ変則
（よ）いでしょうか 活用形Ⅱ + ㄹ까요 ?	좋을까요?	짤까요?	달까요?	더울까요?	나을까요?
（よ）いでしょうね（?） 活用形Ⅰ + 겠죠 (?)	좋겠죠 (?)	짜겠죠 (?)	달겠죠 (?)	덥겠죠 (?)	낫겠죠 (?)
（よ）いです ①活用形Ⅲ + 요 ②活用形Ⅰ + ㅂ / 습니다	①좋아요 ②좋습니다	①짜요 ②짭니다	①달아요 ②답니다	①더워요 ②좋습니다	①나아요 ②낫습니다
（よ）いですか ①活用形Ⅲ + 요 ? ②活用形Ⅰ + ㅂ / 습니까 ?	①좋아요? ②좋습니까?	①짜요? ②짭니까?	①달아요? ②답니까?	①더워요? ②덥습니까?	①나아요? ②낫습니까?
（よ）いですが 活用形Ⅰ + 지만	좋지만	짜지만	달지만	덥지만	낫지만
（よ）いと 活用形Ⅱ + 면	좋으면	짜면	달면	더우면	나으면
（よ）いといって 活用形Ⅰ + 다며	좋다며	짜다며	달다며	덥다며	낫다며
（よ）いと思います 活用形Ⅱ + ㄹ 거예요	좋을 거예요	짤 거예요	달 거예요	더울 거예요	나을 거예요
（よ）いとしても 活用形Ⅰ + 더라도	좋더라도	짜더라도	달더라도	덥더라도	낫더라도
（よ）いながら 活用形Ⅱ + 면서	좋으면서	짜면서	달면서	더우면서	나으면서
（よ）いながらも 活用形Ⅱ + 면서도	좋으면서도	짜면서도	달면서도	더우면서도	나으면서도

빠르다 速い	푸르다 青い	빨갛다 赤い	바쁘다 忙しい	조용하다 静かだ	이다 〜である	없다 ない・いない
르変則	러変則	ㅎ変則	으変則	여変則	指定詞	存在詞
빠를까요?	푸를까요?	빨갈까요?	바쁠까요?	조용할까요?	- 일까요?	없을까요?
빠르겠죠(?)	푸르겠죠(?)	빨갛겠죠(?)	바쁘겠죠(?)	조용하겠죠(?)	- (이) 겠죠(?)	없겠죠(?)
①빨라요 ②빠릅니다	푸르러요 ②푸릅니다	①빨개요 ②빨갛습니다	①바빠요 ②바쁩니다	①조용해요 ②조용합니다	① - 이에요 / 예요 ② - 입니다	①없어요 ②없습니다
①빨라요? ②빠릅니까?	①푸르러요? ②푸릅니까?	①빨개요? ②빨갛습니까?	①바빠요? ②바쁩니까?	①조용해요? ②조용합니까?	① - 이에요? / 예요? ② - 입니까?	①없어요? ②없습니까?
빠르지만	푸르지만	빨갛지만	바쁘지만	조용하지만	- (이) 지만	없지만
빠르면	푸르면	빨가면	바쁘면	조용하면	- (이) 면	없으면
빠르다며	푸르며	빨갛다며	바쁘다며	조용하다며	- (이) 라며	없다며
빠를 거예요	푸를 거예요	빨갈 거예요	바쁠 거예요	조용할 거예요	- 일 거예요	없을 거예요
빠르더라도	푸르더라도	빨갛더라도	바쁘더라도	조용하더라도	- (이) 더라도	없더라도
빠르면서	푸르면서	빨가면서	바쁘면서	조용하면서	- (이) 면서	없으면서
빠르면서도	푸르면서도	빨가면서도	바쁘면서도	조용하면서도	- (이) 면서도	없으면서도

活用語尾＼活用の種類	좋다 よい	짜다 しょっぱい	달다 甘い	덥다 暑い	낫다 ましだ
	正則活用		ㄹ 語幹	ㅂ 変則	ㅅ 変則
（よ）いならば 活用形Ⅱ + **면**	좋으면	짜면	달면	더우면	나으면
（よ）いので 活用形Ⅲ + **서**	좋아서	짜서	달아서	더워서	나아서
（よ）いので 活用形Ⅰ + **길래**	좋길래	짜길래	달길래	덥길래	낫길래
（よ）いので 活用形Ⅱ + **므로**	좋으므로	짜므로	달므로	더우므로	나으므로
（よ）いはずがありません 活用形Ⅱ + **ㄹ 리 없어요**	좋을 리 없어요	짤 리 없어요	달 리 없어요	더울 리 없어요	나을 리 없어요
（よ）いほど 活用形Ⅱ + **ㄹ수록**	좋을수록	짤수록	달수록	더울수록	나을수록
（よ）いようです（か） 活用形Ⅱ + **ㄹ 것 같아요（?）**	좋을 것 같아요（?）	짤 것 같아요（?）	달 것 같아요（?）	더울 것 같아요（?）	나을 것 같아요（?）
（よ）かったが 活用形Ⅲ + **ㅆ지만**	좋았지만	짰지만	달지만	더웠지만	나았지만
（よ）かったでしょう（か） 活用形Ⅲ + **ㅆ겠지요（?）**	좋았겠지요 （?）	짰겠지요 （?）	달았겠지요 （?）	더웠겠지요 （?）	나았겠지요 （?）
（よ）かったそうです（か） 活用形Ⅲ + **ㅆ대요（?）**	좋았대요 （?）	짰대요（?）	달았대요 （?）	더웠대요 （?）	나았대요 （?）
（よ）かったです（か） 活用形Ⅲ + **ㅆ어요（?）**	좋았어요 （?）	짰어요（?）	달았어요 （?）	더웠어요 （?）	나았어요 （?）
（よ）かったようです 活用形Ⅲ + **ㅆ던 것 같아요**	좋았던 것 같아요	짰던 것 같아요	달았던 것 같아요	더웠던 것 같아요	나았던 것 같아요

빠르다 速い	푸르다 青い	빨갛다 赤い	바쁘다 忙しい	조용하다 静かだ	이다 〜である	없다 ない・いない
르変則	러変則	ㅎ 変則	으変則	여変則	指定詞	存在詞
빠르면	푸르면	빨가면	바쁘면	조용하면	-(이) 면	없으면
빨라서	푸르러서	빨개서	바빠서	조용해서	-이어서/ 여서	없어서
빠르길래	푸르길래	빨갛길래	바쁘길래	조용하길래	-(이) 길래	없길래
빠르므로	푸르므로	빨가므로	바쁘므로	조용하므로	-이므로	없으므로
빠를 리 없어요	푸를 리 없어요	빨갈 리 없어요	바쁠 리 없어요	조용할 리 없어요	-일 리 없어요	없을 리 없어요
빠를수록	푸를수록	빨갈수록	바쁠수록	조용할 수 록	-일수록	없을수록
빠를 것 같아요 (?)	푸를 것 같아요 (?)	빨갈 것 같아요 (?)	바쁠 것 같아요 (?)	조용할 것 같아요 (?)	-일 것 같아요 (?)	없을 것 같아요 (?)
빨랐지만	푸르렀지만	빨갛지만	바빴지만	조용했지만	-이었지만 / 였지만	없었지만
빨랐겠지요 (?)	푸르겠지요 (?)	빨갛겠지요 (?)	바빴겠지요 (?)	조용했겠지 요 (?)	-이었겠지 요 (?) / 였 겠지요 (?)	없었겠지요 (?)
빨랐대요 (?)	푸르렀대요 (?)	빨갛대요 (?)	바빴대요 (?)	조용했대요 (?)	-이었대요 (?) / 였대 요 (?)	없었대요 (?)
빨랐어요 (?)	푸르렀어요 (?)	빨갰어요 (?)	바빴어요 (?)	조용했어요 (?)	-이었어요 (?) / 였어 요 (?)	없었어요 (?)
빨랐던 것 같아요	푸르렀던 것 같아요	빨갰던 것 같아요	바빴던 것 같아요	조용했던 것 같아요	-이었던 것 / 였던 것 같아요	없었던 것 같아요

活用語尾 ＼ 活用の種類	좋다 よい	짜다 しょっぱい	달다 甘い	덥다 暑い	낫다 ましだ
	正則活用		ㄹ 語幹	ㅂ 変則	ㅅ 変則
（よ）かったら 活用形Ⅱ + **면**	좋으면	짜면	달면	더우면	나으면
（よ）かったり 活用形Ⅰ + **거나**	좋거나	짜거나	달거나	덥거나	낫거나
（よ）かったり 活用形Ⅰ + **든지**	좋든지	짜든지	달든지	덥든지	낫든지
（よ）く 活用形Ⅰ + **고**	좋고	짜고	달고	덥고	낫고
（よ）くありません（か） 活用形Ⅰ + **지 않아요（？）**	좋지 않아요（？）	짜지 않아요（？）	달지 않아요（？）	덥지 않아요（？）	낫지 않아요（？）
（よ）くて 活用形Ⅲ + **서**	좋아서	짜서	달아서	더워서	나아서
（よ）くても 活用形Ⅲ + **도**	좋아도	짜도	달아도	더워도	나아도
（よ）くなくちゃ 活用形Ⅲ + **야지**	좋아야지	짜야지	달아야지	더워야지	나아야지
（よ）くなくてはいけません 活用形Ⅲ + **야겠어요**	좋아야겠어 요	짜야겠어요	달아야겠어 요	더워야겠어 요	나아야겠어 요
（よ）くなります 活用形Ⅲ + **져요**	좋아져요	짜져요	달아져요	더워져요	나아져요
（よ）ければ 活用形Ⅱ + **면**	좋으면	짜면	달면	더우면	나으면
（よ）さそうです 活用形Ⅱ + **ㄹ 것 같아요**	좋을 것 같아요	짤 것 같아요	달 것 같아요	더울 것 같아요	나을 것 같아요

빠르다 速い	푸르다 青い	빨갛다 赤い	바쁘다 忙しい	조용하다 静かだ	이다 ～である	없다 ない・いない
르変則	러変則	ㅎ変則	으変則	여変則	指定詞	存在詞
빠르면	푸르면	빨가면	바쁘면	조용하면	- (이) 면	없으면
빠르거나	푸르거나	빨갛거나	바쁘거나	조용하거나	- (이) 거나	없거나
빠르든지	푸르든지	빨갛든지	바쁘든지	조용하든지	- (이) 든지	없든지
빠르고	푸르고	빨갛고	바쁘고	조용하고	- (이) 고	없고
빠르지 않아요 (?)	푸르지 않아요 (?)	빨갛지 않아요 (?)	바쁘지 않아요 (?)	조용하지 않아요 (?)	- (이) 지 않아요 (?)	없지 않아요 (?)
빨라서	푸르러서	빨개서	바빠서	조용해서	- 이어서 / 여서	없어서
빨라도	푸르러도	빨개도	바빠도	조용해도	- 이어도 / 여도	없어도
빨라야지	푸르러야지	빨개야지	바빠야지	조용해야지	- 이어야지 / 여야지	없어야지
빨라야겠어 요	푸르러야겠 어요	빨개야겠어 요	바빠야겠어 요	조용해야겠 어요	- 이어야겠 어요 / 여야 겠어요	없어야겠어 요
빨라져요	푸르러져요	빨개져요	바빠져요	조용해져요	—	없어져요
빠르면	푸르면	빨가면	바쁘면	조용하면	- (이) 면	없으면
빠를 것 같아요	푸를 것 같아요	빨갈 것 같아요	바쁠 것 같아요	조용할 것 같아요	- 일 것 같아요	없을 것 같아요

 **著者プロフィール**

チョ・ヒチョル（曺喜澈）

お、ハングル！ 主宰、元東海大学教授、2009～10年NHKテレビハングル講座講師、著書に『韓国語コロケーション（名詞編）』『おっ、ハングル（韓国語入門テキスト）』『ひとりでできる韓国語初中級』（共著、駿河台出版社）『1時間でハングルが読めるようになる本』（学研）など。

チョン・ソヒ（錢昭熹）

韓国語教室 **≡コリアgo** 代表、目白大学大学院卒業（韓国言語文化修士）、駐日韓国大使館東京韓国教育院韓国語講師、在日本大韓民国民団東京本部東京コリアン・アカデミ韓国語講師、著書に『ひとりでゆっくり韓国語入門』（共著、CUON）『ひとりでできる韓国語初中級』（共著、駿河台出版社）『ステップアップのための韓国語基本文型トレーニング』（共著、白水社）。

韓国語活用ガイドブック

2021年12月15日　初版1刷発行

著　者	チョ・ヒチョル
	チョン・ソヒ
DTP・印刷・製本	株式会社フォレスト
発行	駿河台出版社
	〒101-0062　東京都千代田区神田駿河台3-7
	TEL：03-3291-1676　FAX：03-3291-1675
	www.e-surugadai.com
発行人	井田　洋二